시냇가로 물러나 사는 즐거움

시냇가로 물러나 사는 즐거움

처음 펴낸 날 | 2012년 12월 30일

지은이 | 김태완

책임편집 | 박지웅

주간 | 조인숙
편집부장 | 박지웅
편집 | 무하유
펴낸이 | 홍현숙
펴낸곳 | 도서출판 호미
등록 | 1997년 6월 13일(제1-1454호)
주소 | 서울시 마포구 연남동 239-44 1층
편집 | 02-332-5084
영업 | 02-322-1845
팩스 | 02-322-1846
전자우편 | homipub@hanmail.net

디자인 | (주)끄레 어소시에이츠

출력 | 문형사
인쇄 | 영프린팅
제본 | 성문제책

ISBN 978-89-97322-08-4 03810
값 | 13,000원

ⓒ김태완, 2012

(호미) 생명을 섬깁니다. 마음밭을 일굽니다.

자연 한시 읽기
시냇가로 물러나 사는 즐거움

김태완 지음

호미

들어가는 이야기

한시를 통해 삶을 돌아보고 자연과 접속한다

    지금부터 한시漢詩를 소개하려고 합니다. 뜬금없이 무슨 한시냐고요? 여기서 함께 이야기를 나누려고 하는 한시는 그저 내가 심심파적으로 읽거나 아니면 가끔 시골에 내려가 아버지 어머니 일손을 돕다가 때마침 부는 바람에 땀을 들이기도 하고 아픈 허리를 들어 먼산바라기를 할 때나 들밥을 먹고 쉴 때 한 구절 떠올려 보던 시편들을 모은 것입니다.

    그래서 여기에서 이야기하는 한시들은 주로 들에서 보고 듣고 느끼고 한 일들을 읊조린 시편들이라 아마 여러분이 자주 들어 보고 읽어 본 시도 있겠지요.

    굳이 한시라고 생각하지 마시고, 자연과 들과 농사를 읊은 옛사람의 시를 읽는다고 생각해 주시길. 누가 썼든, 어떤 글자로 썼든 내 느낌과 내 생각을 담을 수 있는 시라면 한번쯤 읽어 볼 만하지 않을까요?

    시란, 난해한 관념의 희롱이나 공허한 언어의 조탁이 아니라 삶의 한

가운데에서 겪고 느낀 점을 한번쯤 걸러서 표현한 노랫말이라고 봅니다.

　여기에 소개하는 한시의 주요 무대는 농업을 생산 기반으로 삼은 과거의 촌락공동체입니다. 따라서 소재나 제재는 거의 모두 농촌의 자연과 농경의 현실에서 따온 것입니다.

　물론 정치 현실을 읊거나 순수하게 자기 정서를 노래한 것도 있지마는 정치 현실을 노래하더라도 핍박받고 착취당하는 백성의 삶을 노래하고 순수한 자기 정서를 표현하더라도 자연의 경물에서 발상을 따온 것을 가려 뽑았습니다.

　저는 책상물림이고, 글쟁이고, 말쟁입니다. 어릴 때 농촌에서 자라서 농촌의 정조를 조금은 압니다. 아버지가 농사꾼이어서, 나는 스스로를 가난한 농부의 장남이라고 입버릇처럼 말했고, 농민의 아들을 내 정체성의 하나로 녹여 왔지만, 한편으로는 아주 어려서부터 글을 읽고 쓰는 것이 내 일이 되리라는 생각을 믿어 의심하지 않았습니다. 그래서 지금도 책상 앞에 앉아 이 글을 씁니다.

　글쟁이라고 한 것은 글을 읽고 쓰는 일로 밥을 먹고 있다는 말이고, 말쟁이라고 한 것은 어떤 모습으로든 남들한테 지식을 전하면서 밥을 먹고 있기 때문입니다.

　그러니 바람이 불 때마다 말라 가는 나뭇잎이 내는 소리도 몸으로 느끼지 못하고 창문 너머로 눈으로만 보고 있지요. 삶의 세계와 동떨어져 있는 창백한 관찰자인 내 모습입니다.

　내가 가장 마음 아파하는 것은, 우리 아이가 어려서부터 자기 세계를 만들어 가는 가장 중요한 시기에 나처럼 창문 너머로 나뭇잎이 지는 것을 보고 있다는 것입니다. 아이 때는 모든 것을 눈과 귀와 손과 발과 몸으로 느껴야 하는데, 요즘은 오로지 머리로만 알아야 하는 시대로군요. 아니면 손에까지 들려 있는 컴퓨터 스마트폰의 깜박거리는 화면과 귀에 꽂은 이어폰으로만 보고 들을 뿐입니다.

아이가 세상을 알아 가는 것을 철이 든다, 철을 안다고 했지요. 철을 안다고 하면 어떤 철을 말하는 것인지 적실하게 알지는 못하겠습니다만, 아마 한 해의 흐름을 짐작하고 거기에 맞춰서 살아가는 슬기를 말하는 것이 아닐까요?

한 해가 날수로는 삼백예순다섯 날, 절기로는 24절기, 달수로는 열두 달이지만 계절로는 네 계절이 됩니다. 한 해는 이렇게 네 계절, 열두 달, 24절기, 삼백예순다섯 날을 두고 돌아갑니다.
사람들이 하루하루는 의식하지 못하지만, 절기와 달과 계절이 오고 감은 느끼고 살지요. 절기에 따라 생장수장生長收藏하는 식물의 생장 주기에 따라 삶을 일궈 온 것이 우리 옛사람들의 삶이었습니다.
자연에 순응한다는 말은 쉽게 하는 말이지만, 정말 삶이란 문명의 한복판에서 살아가는 내 몸조차도 자연의 운행을 따라가는 일입니다.
내가 자연에 순응하여 내 힘을 주체적으로 투입하면 내가 자연과 주체적인 관계를 맺게 되지만, 관념이나 개념, 기계, 수단을 중간에 끼워 넣어서 관계를 맺게 되면 나는 자연에서 벗어난 것입니다.

농사는 사람이 자연과 주체적으로 만나는 행위입니다. 사람이 문화를 창조하는 가장 원초적인 행위입니다. 그러나 이제는 자연과 이런 주체적인 관계를 맺을 수 없게 되었습니다. 이제 이런 옛이야기를 하는 것은 정말 귀신 씨 나락 까먹는 소리가 되고 말았습니다. 케케묵은 고릿적 이야기가 되고 말았습니다.

우리가 조상 때부터 줄곧 써 오던 달력을 음력이라고 하지만, 더 엄밀하게 말하면 태음태양력이라고 합니다. 태음력은 달만을, 태양력은 해만을 기준으로 삼는데, 태음태양력은 해도 달도 함께 갑니다.

달이 찼다가 이지러지는 주기만 기준으로 삼아 만든 순수한 태음력에는 윤달이 없어서 달력의 날짜와 실제 계절이 해마다 조금씩 달라져서 오랜 세월이 흐르면 아주 달라집니다.

이슬람 사람들이 사용하는 달력은 순수 태음력이라서 그들의 최대 종교 행사인 라마단 축제는 해마다 조금씩 계절이 달라집니다. 그런데 우리가 사용했던 태음태양력은 계절과 달력의 차이를 깁기 위해 윤달을 끼워 넣는 방식을 씁니다.

쉽게 말하면, 계절은 태양의 주기를, 날과 달은 달의 주기를 따르고 남는 날은 모아서 '여벌달(윤달)'로 두는 것입니다.

해가 한 바퀴 돌아 제자리에 오는 주기는 365일이 조금 넘고, 달이 찼다가 이지러졌다가 하는 한 달의 주기는 29일 또는 30일인데, 한 해에 달이 찼다가 이지러지기는 열두 번 하고도 조금 넘습니다.

태양의 주기로만 한 해를 세면 365일 조금 넘고, 달의 주기로만 세면 354일입니다. 그래서 태양의 기준과 달의 기준 사이에는 한 해에 꼭 열하루 하고도 몇 시간이 차이가 납니다.

음력으로 세어서 남은 열하루 몇 시간을 세 해 동안 모으면 한 달이 되지요. 남은 이 한 달을 네 해째에 '여벌달'로 넣습니다. 그렇게 해서 계절과 달력을 맞췄던 것입니다.

계절을 더 자세히 나눈 것이 24절기입니다. 지구에서 보아 태양이 지나가는 하늘 위의 길을 황도黃道라고 하는데, 24절기는 아시다시피 태양이 황도를 지나가는 위치를 스물넷으로 나눈 것이지요.

춘분, 추분, 하지, 동지, 이렇게 넷으로 기준을 정하고 입춘과 입추, 입하와 입동을 넣어서 입춘에서 입하 사이를 봄, 입하에서 입추 사이를 여름, 입추에서 입동 사이를 가을, 입동에서 입춘 사이를 겨울이라 합니다.

사이사이에 계절의 대표적인 현상을 나타내는 이름을 넣어서 절기로 삼습니다.

봄에는 봄이 서는 입춘, 비가 내리기 시작하는 우수, 겨울잠 자던 벌레가 꿈틀대고 나오는 경칩, 봄의 마루인 춘분, 하늘이 맑게 개고 따뜻해지는 청명, 곡식을 뿌리라고 비가 내리는 곡우가 있습니다.

여름에는 또한 여름이 서는 입하, 만물이 땅을 조금씩 채워 나가는 소만, 보리를 베어 내고 나락을 심는다는 망종, 여름의 마루인 하지, 더워지는 소서, 아주 무덥고 습한 대서가 있습니다.

가을에는 가을이 서는 입추, 더위가 물러가는 처서, 흰 이슬이 내리는 백로, 가을의 마루인 추분, 찬 이슬이 내리는 한로, 서리가 내리는 상강이 있습니다.

겨울에는 겨울이 서는 입동, 눈이 내리기 시작하는 소설, 눈이 많이 내려 쌓이는 대설, 겨울의 마루인 동지, 추위가 심해지는 소한, 매서운 추위가 다해 가는 대한이 있습니다.

그런데 이런 24절기는 중국 화북지방을 기준으로 한 것이라서 우리 실정에는 맞지 않는 것이 있다고 하네요. 중국에서는 대한이 더 춥지만, '대한이 소한네 집에 놀러 갔다가 얼어 죽었다'는 속담처럼 우리나라에서는 소한이 더 춥다고 말입니다.

여기 가려 뽑은 시는 대체로 철을 소재로 철에 따라 보고 듣고 느끼고 한 일들을 읊은 시입니다. 그래서 한 해를 두고 흘러가는 세월을 그림처럼 떠올릴 수 있는 것들입니다. 아울러 몸으로 삶을 살고 벌거벗은 몸으로 자연을 마주했던 옛사람의 삶을 그려 낸 것들입니다.

방 안에서 창문을 통해 계절이 오고감을 멀거니 보고 있는 우리 아이가 자연과 호흡하며 사는 모습이 어떠한 것인지 간접적으로나마 접해 보기를 바라며 이 글을 썼습니다.

그저 퇴행적인 향수를 되뇌며 위안을 삼으려는 것이 아닙니다. 나는 아직도 사람은 자연의 일부라고 믿고 있습니다. 내 몸은 여전히 자연의 순환 시스템에 따라 반응하고 있다고 믿습니다.

또한, 삶이란 지금으로부터 3,000여년 전 고대「시경」의 세계에서 그러했던 것처럼 계절의 순환과 리듬을 따라가야 한다고 생각합니다.

이 글은 전문적인 시 감상이나 해설이 아닙니다. 인상비평에 불과하다고 혹평을 들을지도 모르겠습니다. 그러니 시 감상이라고 하기보다 시를 실마리로 삼은 신변잡기의 수필이라고 해야 할 것입니다.

그리하여 글의 소재는 주로 내가 어린 시절 산골 농촌에서 나고 자라며 겪은 일화에서 따온 것이지만, 이런 일화를 통해 나는 자연에서 소외된 오늘의 나를 돌아보고 지금 자연과 나의 관계가 어떠한지, 그리고 어떠해야 하는지 다시금 성찰하려고 합니다.

2012년 겨울, 김태완

차례

들어가는 이야기 한시를 통해 삶을 돌아보고 자연과 접속한다　4

가을
자연과 벗하니 발 아래 세상이로고 | 도연명　16
가을비를 가로지르는 기러기 울음 | 위응물　22
영감은 지팡이 짚고 허둥지둥 나서고 | 이달　24
밭 갈던 은자의 마음을 알다 | 도연명　27
만 리를 달려간 마음이 닿은 곳 | 최치원　31
정자를 태워 뱃길을 밝히다 | 이이　34
가을엔 편지를 하겠어요 | 장적　39
한 조각 달에 비친 여인의 그리움 | 이백　41
달빛 아래 메밀꽃은 눈꽃이 되고 | 백거이　45
귀뚜라미 귀뚤귀뚤 글을 읽는 밤 | 김극기　49
늙은 나무에 꽃 피니 마음은 늙지 않았네 | 김시습　59
싹이 보일 때 미리 경계하라 | 이황　64
땅을 일구는 사람의 삶은 다시 이어지고 | 이달　67

받은 만큼 돌려주는 것이 자연의 이치 | 김응조   71
돈으로는 살 수 없는 보배들 | 최충   97
바람이 고요를 깨우다 | 경위   101
그대 곁에 서성이는 그리움 | 위응물   103
저녁 무렵 어촌을 그리다 | 이제현   105

겨울

눈 내리니 봄이 멀지 않다 | 진화   110
삶과 자연과 시가 어울리던 시절 | 백거이   116
친구여, 와서 한잔하세 | 백거이   118
그림 같은 자연에 깃들다 | 유종원   120
휘파람 불며 언덕에 오르는 날 | 김극기   125
숲 속 멀리 밥 짓는 하얀 연기 | 이숭인   129
일필휘지로 그린 네 계절 | 도연명   131
자야, 전선에 그리움을 부치다 | 이백   137
겨울에 땅은 힘을 모은다 | 이황   140
자나깨나 일 | 김응조   149
한 줄기 햇살을 기다리며 | 조희일   163
하늘은 사라진 적 없으니 | 정몽주   170
나그네는 천 리 밖에서 늙어 가고 | 고적   173

봄

말은 말이요, 달은 달이요 | 김인후   176
바람처럼 왔다 가는 보름달 | 송익필   181
백 마디 말보다 꽃 | 왕유   184
새싹은 돋고 시냇물은 다시 흐르고 | 정몽주   186
떠나는 우리 님 | 정지상   188
봄비와 봄밤이 만나니 | 두보   191
꽃은 어느새 지고 | 맹호연   196
비에 피는 꽃, 바람에 지는 꽃 | 송한필   198
살구꽃으로 불 밝힌 마을 | 두목   200
길 떠나는 친구여, 한잔하세 | 왕유   203
새 소리에도 놀라고 꽃을 보고서도 눈물을 흘리다 | 두보   206
꽃 피는 봄이 오면 | 김극기   211
봄을 맞은 농가 풍경 | 김응조   220
한가로운 봄날을 노래함 | 범성대   238
시냇가로 물러나 사는 즐거움 | 이황   246
빈집엔 봄만 다녀가고 | 진화   252
머물러 있는 청춘인 줄 알았는데 | 왕유   258

여름

낟알마다 농부의 고생 | 이신   264

달을 이고 호미 메고 돌아오는 저녁 | 도연명   267

맑은 아침에 글 읽는 즐거움 | 서경덕   274

훈훈한 바람은 보리밭에 일렁이고 | 김극기   280

푸른 시냇물에 발 담그고 | 이황   287

콩은 빈 깍지, 관아에선 세금 독촉 | 김응조   303

있는 그대로 그 모습 | 왕유   317

구름에 몸을 숨기다 | 가도   320

글을 마치며 달밤에 아우를 그리며   323

참고도서   333

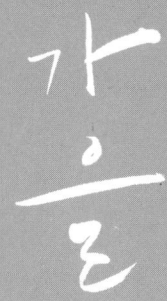

가을로 들어서니 해는 낮아지고 하늘은 높아만 간다. 당최 식을 줄을 모를 것 같던 여름도 스멀스멀 찾아오는 가을에 자리를 내주려고 한다. 온갖 곡식도 저마다 살아온 날들의 이야기를 몸속에 갈무리하여 씨앗으로 남길 것은 씨앗으로, 살로 남길 것은 살로 응축하고 있다.

가을은 한 삶을 마무리하는 계절이다. 흙에서 왔으니 흙으로 돌아가고, 씨앗에서 싹 터 자랐으니 씨앗으로 전해 가는 것이 삶의 이치이겠다. 그러니 감회가 깊을밖에. 가을은 이렇게 성찰과 귀향의 계절이다.

자연과 벗하니 발아래 세상이로고

술을 마시며(飮酒)

마을에 초막을 엮고 살아도
수레 소리 떠들썩하지 않네.
그대는 아는가, 그 까닭을
마음이 멀어지니 절로 그렇다네.
동쪽 울타리 밑에서 국화를 꺾어 들고
물끄러미 남산을 보네.
날이 저물어 산그늘 길게 눕고
날던 새도 짝지어 돌아온다네.
이 가운데 참뜻이 있건만
말을 하려 하나 이미 말을 잊었네.

結廬在人境 而無車馬喧
問君何能爾 心遠地自偏
採菊東籬下 悠然見南山
山氣日夕佳 飛鳥相與還
此中有眞意 欲辨已忘言

도연명陶淵明의 '술을 마시며(飮酒)'이다. 도연명은 이 제목으로 스무 수를 남겼는데, 그 가운데 다섯째 수이다. 「문선文選」에는 '잡시雜詩'라는 제목으로 실려 있다. 도연명은 '귀거래사歸去來辭' 시 한 편만으로도 영원히 그 이름이 남을 것이다. 그만큼 '귀거래사'가 상징하는 바가 크다.

늘 관직에서 물러나려고 하여 평생을 두고 벼슬에 임명되고 사직하기를 수십 번 되풀이했다는 퇴계 이황도 도연명을 아주 좋아했다.

그래서 이황은 도연명의 시가 '담담하고 깨끗하며 한적하고 아취가 있어서 구절과 운율에는 어떤 의도가 없는 듯하고, 말을 꾸민 것은 자연스러우며, 시의 뜻은 순박하고 고풍스러워서 그의 시를 읽고 맛을 보면 속세의 먼지를 털어 버리고 만물 가운데 홀로 초탈하게 서 있는' 느낌을 준다고 하였다.

옛날 중국과 우리나라에서는 지식인들이 과거를 보아 관직에 나아갔다가 뜻이 맞지 않거나 불우한 일을 당하여 은퇴하는 것을 으레 귀거래사를 읊조린다는 말로 나타냈다. 때로는 귀거래사를 읊으며 고향으로 돌아가 자연을 벗하는 것을 고귀한 일로 여기기도 했다.

명예와 이익의 부침浮沈을 겪고 권력과 부귀의 허망함을 뼈저리게 느끼고 나면 누구나 고향으로 돌아가고 싶어한다. 사실 고향으로 돌아가고자 하는 마음은 경쟁이 없던 어린 시절, 배만 부르면 아무것도 바랄 것이 없었던 시절, 오로지 앞날의 희망만 있던 시절, 때로 실수를 저지르고 잘못을 해도 너그러운 웃음으로 넘어가던 시절로 돌아가고자 하는 마음이 아닐까?

어쨌든 벼슬에서 물러난 사람 가운데 벼슬이 정말 죽도록 싫어서 떠난 사람은 아마 몇 안 될 것이다. 왕조시대에는 벼슬을 해야만 사람 행세를 할 수 있었고, 자기 포부를 실현할 수 있을 뿐만 아니라 제대로 사람대접을 받을 수 있었던 만큼, 여러 가지 이유로 아예 벼슬에 접근하기 어려운 사람을 제외하고는 누구나 벼슬하는 것을 지상 목표로 생각했고 당연한 일로 여겼다.

그러니 공신의 후예이며 명문 귀족이었지만, 가난했던 도연명으로서는 벼슬하려고 여기저기 기웃거리고 권력자에게 아첨하려던 지난날이 잘못되었고 전원으로 돌아가려는 선택이 옳았다고(覺今是而昨非) 마음먹기란 쉽지 않았겠다. 그런데도 도연명은 과감하고도 단호하게, 세상 사람 누구나 바라는 부귀영화를 학질 떼듯이 떼어 버리고 초막을 얽어 숨어 살았다.

사람이 사는 곳, 사람이 많이 사는 번화한 곳에 집을 짓고 사는데도 오히려 수레와 말이 오가는 소리가 시끄럽지 않다고 한다. '수레 소리로 시끄럽지 않다'는 말은, 지은이가 세속의 출세나 부귀영화에 관심을 두지 않아서 드나드는 사람이 없다는 뜻이겠다. '멀다'는 말은, 부귀공명과 같은 속세의 출세와 도연명의 마음의 거리를 나타내는 말이라 하겠다. 마음이 속세와 멀어지니 아무리 번화한 곳이라도 한적한 곳이 되었다.

후한 말, 환관의 횡포와 황건적의 봉기, 호걸들의 분쟁을 겪은 뒤 위, 촉, 오 세 나라로 나뉘어 다투던 혼란의 시대를 종식한 것은, 이들 세 나라가 아니라 위의 신하였던 사마 씨가 세운 진晉이었다.

그러나 기껏 천하를 통일한 진은 오래가지 못하고, 북쪽에서 내려온 다섯 이민족에 밀려 장강을 건너 남쪽으로 피난하여 망명정권을 세웠다. 남쪽의 한족과 북쪽의 이민족이 서로 대치하여 581년에 수隋가 다시 통일하기까지 남쪽은 남쪽대로 북쪽은 북쪽대로 여러 나라가 끊일 새 없이 일어나고 사라졌다.

약 360년간의 이 시기를 '위진남북조魏晉南北朝' 시대라고 하는데, 전란의 세월이 오래 이어지면서 지식인들은 저절로 현세의 부귀영화와 출세에 뜻을 잃고 안심입명을 추구하거나 정감을 미친 듯이 토해 내기도 하였다. 도연명도 변화무상한 세태에 염증을 느끼고 역사의 소용돌이 속에서 벗어나 삶의 성찰과 품위를 추구하여 은거하려고 했을 터이다.

옛날 사람이나 요즘 사람이나 저마다 특히 좋아하는 꽃이 있다. 그런데 옛날 선비들은 꽃에 의미를 부여하여서 그 꽃이 지니고 있는 기상을 사랑했다. 북송 시대의 염계 주돈이는 '연꽃'을 좋아하여 연꽃을 사랑하는 까닭을 글로 남기기도 하였다. 퇴계 이황은 매화를 몹시 좋아하여 '매형梅兄'이라고 부르고, 숨을 거두기 전에, 매화 화분에 물을 주라고 유언했다고 한다.

그런데 '국화' 하면 바로 도연명이다. 그래서 도연명이 국화를 들고 있는 그림도 있다. 동쪽 울타리 아래에 핀 국화꽃과 아래 구절의 남산은 썩 잘 어울린다. 우선, 국화꽃은 울타리 아래에 피어 있으니 국화꽃을 꺾으려면 고개를 숙여야 한다. 그리고 남산은 아무리 낮은 봉우리라도 사람보다는 높을 테니 눈길을 들어올려야 한다. 고개를 숙였다가 눈길을 들어올리는 동작이 물 흐르듯이 자연스레 이어진다. 의도하지는 않았지만, 유정有情한 시선의 움직임과 그 모습 그대로 무정無情한 산의 고요함이 어울려 빚은 절묘한 화해諧諧이다.

여기서 말하는 남산은 무엇일까? 김동환의 시 '산 너머 남촌에는'에 "산 너머 남촌에는 누가 살길래/해마다 봄바람이 남으로 오네" 하는 구절이 있다. 남쪽으로부터 훈훈한 바람이 불어와 추운 겨울을 몰아내고 생명이 충만한 봄을 가져오기 때문일까? 북반구에 사는 사람들은 남쪽을 따뜻한 곳, 사람이 살기 좋은 곳으로 생각했다.

도연명의 시에서 말하는 남산은 꼭 무어라고 지정하기보다 그가 마음속 깊이 간직하고 있는 동경憧憬을 공간으로 나타낸 것이라 할까?

산기山氣는 산이 풍기는 느낌과 분위기 같은 것이겠다. 해가 질 무렵, 산에 이내가 끼고 밥 짓는 연기가 감돌고 황혼이 곱게 물들어 온다. 해가 지고 땅거미가 길게 내려앉으면 날아다니던 새도 짝을 지어 둥지로 돌아온다. 이런 모습 가운데 진의眞意, 곧 삶의 참뜻이 있다고 한다.

사실 참삶의 이치는 그리 거창한 것 같지는 않다. 하늘이 돌아가고 계절이 바뀌는 데 따라 땅은 싹을 틔워 꽃을 피우고 열매를 맺게 하고 또 시들이고 얼려서 한살이를 마치게 하고, 해는 떴다가 지고 달은 찼다가 이지러지고, 별은 꼭 제철만큼만 자리를 차지하여 빛나고, 새와 짐승은 새끼를 치고 길러서 떠나보내고, 늙어서 죽고…….

공자는 이런 말을 했다.

"하늘이 무슨 말을 하는가. 네 계절이 운행하고 온갖 만물이 자라는데 하늘이 무슨 말을 하는가?"

　이런 이치를 하나하나 밝히려고 하니 벌써 말을 잊어버렸다고 한다. 변辨이란, 변별하고 나누어서 밝힌다는 말이니 아주 강하게 자신의 뜻을 밝히고 싶다는 말일 게다. 그런데 그만 이미 말을 잊었단다.

　「장자」에 "내 언제나 말을 잊은 사람과 만나 말을 해 볼까?" 하는 말이 있다. 말은 뜻을 나타내기 위해 꼭 필요한 연장이지만, 때로는 말이 뜻을 제대로 나타내지 못하거나 참뜻을 나타내는 데 도리어 방해가 되기도 하고, 말 때문에 서로 오해하고 싸우기도 한다.

　말이 많으면 그만큼 참뜻에서 멀어진다. 세계에 대한 합리적 해명이 불가능함을 말을 잊었다는 한마디로 나타냈다.

　가끔 시골집에 내려가 김을 매거나 감자를 캐거나 고추를 따다가 아픈 허리를 펴고 해가 넘어가는 산을 보면서, 이 시를 되새겨보곤 한다. 그럴 때면 도연명이 이 시를 읊은 속내를 조금은 알 듯도 하다.

가을비를 가로지르는 기러기 울음

기러기 소리를 듣고(聞雁)

아득한 고향 땅 어디이더냐
돌아가고픈 생각이 간절하여라
회남 땅 가을비 내리는 밤
높은 서재에서 기러기 소리 듣네
故園渺何處 歸思方悠哉
淮南秋雨夜 高齋聞雁來

    위응물韋應物(중당中唐, 770~835)은 간결하고 담백한 시어로 전원의 풍물을 묘사한 시로 잘 알려진 시인이다. 그가 읊은 '기러기 소리를 듣고'는 고향을 그리워하는 정조를 아주 쉽고 간결하게 묘사하였지만, 읽는 이의 심금을 울린다.
    위응물은 저주滁州라는 곳에 지방관으로 나간 적이 있는데, 이 시는 그 무렵에 지은 것으로 여겨진다. 짤막한 시이지만, 고향을 그리는 마음이 잘 나타나 있다. 마치 "고향 땅이 여기서 얼마나 되나/푸른 하늘 끝닿은 저기가 거긴가?" 하는 우리 동요 '고향 땅'이 연상되는 시구이다.

낯선 지방에 관리로 와서 마음이 심란한데 가을밤 비가 내려서 더욱 고향 생각이 간절하다. 높은 서재는 지방관의 관사에 딸린 서재이겠다. 서재에서 글을 읽을 양으로 앉아 있자니 기러기 울음소리가 들려온다.

어떤 사람이 당시唐詩의 오언절구를 이렇게 평가하였다.
"오언절구에서 왕유는 자연스럽고, 이백은 경지가 높고 오묘하며, 위응물은 예스럽고 담백하다. 이들의 오언절구는 모두 조화의 경지에 들어갔다."
이 평가와 같이 위응물의 시는 정말 고졸하면서 담백하고, 평이하면서도 함축미가 깊다. 질박하면서도 자연스러워 억지로 꾸민 것이 없다.

영감은 지팡이 짚고 허둥지둥 나서고

대추 서리(撲棗謠)

이웃집 꼬마가 대추 서리 왔는데
영감이 문 나서며 꼬마를 쫓네
이 꼬마 도리어 영감에게 소리친다.
"내년에 대추 익을 때까지도 못 살 거면서."
隣家小兒來撲棗 老翁出門驅小兒
小兒還向老翁道 不及明年棗熟時

가을은 쓸쓸하고 애상에 잠기게 하는 계절이기만 한 걸까? 역시 가을은 높푸른 하늘, 투명한 햇살과 공기, 꽃보다 붉은 단풍잎, 거미줄에 맺힌 영롱한 이슬, 누렇게 물결치는 곡식과 발갛게 익어 가는 실과, 덩달아 푸근하고 배부른 마음, 이런 것이 가을의 그림이다.

조선 중기의 시인 이달李達이 지은 이 시는 그런 가을의 정경을 명랑하게 그리고 있다. 요즘이야 시골이라도 집집이 과일나무가 몇 그루씩은 있어서 과일이 그립지 않지만, 예전에는 농촌이라도 과일이 참 귀했다. 물론 자두, 살구, 복숭아, 앵두, 능금, 대추, 밤나무 들이 없는 것은 아니지만, 이런 실과나무를 심어서 가꾸는 집은 먹고살기에 넉넉한 몇 집뿐이었다. 딱히 누구네 거랄 것도 없는 이런 나무들도 반은 야생이 되어서 열매도 작았다. 양식거리가 아닌 실과나무를 애써 심어서 가꾸기에는 나무를 심을 땅도, 가꾸고 돌볼 여유도 없었기 때문이다. 실과나무를 심고 가꾼다 해도 대추, 밤, 감, 호두 같은 주로 제사에 쓰는, 그러면서도 관리에 크게 손이 가지 않는 실과나무를 집 주위나 둑, 산비탈에 몇 그루씩 세워 둘 뿐이었다.

그래서 어쩌다 있는 실과나무에 열린 과일을 몰래 따 먹으려는 아이들과 과일을 지키려는 어른들 사이에 실랑이도 참 많았다. 사과와 배는 워낙 귀해서 구경하기도 어렵고 감은 먹자면 아직도 한참은 남은 한가을에는 토실토실 영근 밤과 검붉게 익은 대추가 아이들을 나무 밑으로 불러들였다.

다 익어서 쭈글쭈글해진 대추는 단맛뿐이지만, 한창 탱글탱글하게 익은 대추는 단맛과 함께 새콤한 맛도 있고 물기도 배어 있어서 일품이다. 그래서 아직 파란기가 채 가시지도 않아 노래지면서부터, 아이들은 대추나무 밑을 돌아다닌다.

파란 하늘에 고추잠자리 날면 대추도 덩달아 단맛이 농익는다. 몰래 대추나무 가에 가서 서너 번 장대로 후려친 다음 얼른 대추를 거둬서 주머니에 쑤셔 넣고 쏜살같이 도망가서 대추를 깨물면 새콤달콤한 맛이 아이 머릿속에 가을을 깊이 새겨 넣는다.

대추 서리에 재미를 낸 동네 꼬마들이 하나둘 대추나무 주위를 맴돌면 대추나무집 주인 영감도 약이 올라 잔뜩 노리고 있다가 막 대추나무에 기어오르는 놈을 향해 벼락같이 소리를 친다. "네 이놈들! 거기 섰거라!"

영감은 지팡이를 짚고 허둥지둥 나서며 야단을 치고 대추나무에서 다람쥐 튀듯이 뛰어내린 꼬마들은 도망을 가면서도 힐끔 돌아보며 약 올린다. "바람아 불어라, 대추야 널쪄라(떨어져라)! 아아(아이)들아 주(주워) 먹어라, 대추나무집 영감⋯⋯." 이런 노래를 부르며 대추나무집 영감을 놀리면서. '저 영감만 없었으면 대추를 실컷 먹을 걸. 저 영감, 죽었으면 좋겠네.' 차마 이런 말은 못하고 내년에 대추 익을 이맘때쯤에는 살아있지 못할 거라고 소원 섞인 악담을 한다.

그렇지만 내년 이맘때가 되면 아마 꼬마도 대추 따는 재미가 그리 신통하지 않을 것도 같다. 지키지 않는 과일나무에서 과일을 따는 것은 그다지 재미가 없을 테니까. 꼬마는 노인이 밉고 노인은 꼬마가 성가시지만, 노인도 꼬마도 서로한테 없어서는 안 될 사이다.

파란 하늘과 검붉은 대추, 자라는 아이와 삶이 다해 가는 노인, 꼬마의 재빠른 동작과 노인의 둔한 몸놀림이 풍성한 가을의 한 장면 속에서 역동적으로 시각적으로 대비되어 있다. 가을에 빠질 수 없는 삽화이다.

밭 갈던 은자의 마음을 알다

경술년 구월에 서쪽 논에서 올벼를 거두고(庚戌歲九月中於西田穫早稻)

사람에겐 저마다 살 길이 있지만
입고 먹는 것이 시작이지.
도무지 이런 일을 안 하고서도
편안히 사는 사람 그 누구인가.
봄 오면 농사일해 놓아야만
가을에 조금이라도 거둘 게 있지.
새벽엔 바지런히 일하고
해 지면 쟁기 지고 돌아온다네.
산속이라 서리와 이슬도 많고
날씨도 먼저 추워진다네.
농사일 아무리 괴롭다 한들
이 어려움 어찌 마다할 수 있으랴.
팔다리는 꼼짝할 수 없이 피곤해도
그저 뜻밖에 근심만 없다면야.
손발 씻고 처마에 앉아 쉬며
한 바가지 술로 시름을 푼다.

그 옛날 밭 갈던 은자의 마음도
천 년 후 내 마음 같았으리라.
내내 이만큼만 하다면
몸소 밭 가는 일 탓할 게 없지.
　　人生歸有道　衣食固其端
　　孰是都不營　而以求自安
　　開春理常業　歲功聊可觀
　　晨出肆微動　日入負耒還
　　山中饒霜露　風氣亦先寒
　　田家豈不苦　弗獲辭此難
　　四體誠乃疲　庶無異患干
　　盥濯息簷下　斗酒散襟顔
　　遙遙沮溺心　千載乃相關
　　但願長如此　躬耕非所歎

　도연명이 지은 시이다. 시는 길어도 전혀 어렵지 않다. 오히려 이런저런 풀이를 한다는 게 군더더기 같다. 다만, 끝에서 네 번째 행의 '요요저닉심'이라는 말만 한 마디하고 넘어가자.
　'요요'란, 아득하다는 말이니 아주 먼 옛날이라는 뜻이고, 문제는 '저닉심', 곧 '저닉의 마음'이라는 말인데, 여기서 저닉이란 한 사람이 아니고, 장저長沮와 걸닉桀溺이라는 아주 옛날 중국의 은자 두 사람을 가리키는 말이다. 이 말에는 유래가 있다.

그 옛날 공자가 뜻을 펴려고 천하를 떠돌 때 일이다. 어느 나라에서 무슨 일이 있어 샛길로 가다가 그만 길을 잃고서 나루터로 가는 길을 찾게 되었다. 마침 길가에 밭이 있고 장저라는 이와 걸닉이라는 이가 밭을 갈고 있었다. 이들은 자기 재주를 숨기고 숨어 사는 이들이었다.

공자는 제자인 자로를 시켜서 나루터 가는 길을 묻게 했다. 자로가 먼저 장저한테 나루터 길을 물었더니, 장저가 되물었다.

"말고삐를 잡고 있는 사람은 누구요?"

이에 자로가 공자라고 답하니, 장저가 대뜸 "그 사람이라면 길을 알고 있을 거외다" 하고는 뒤도 돌아보지 않았다. 머쓱해진 자로가 이번에는 걸닉한테 물었다. 걸닉은 자로한테 그대는 누구냐고 물었다. 이에 자로가 공자의 제자인 자로라고 밝히니, 걸닉이 이렇게 말했다.

"도도히 흘러가는 홍수처럼 온 세상이 이렇게 흘러가는데, 그대는 누구와 더불어 이 물결을 바꾸려 하는가? 사람을 피해 다니는 사람을 따라다니기보다는 차라리 세상을 피해 사는 우리 같은 사람을 따르는 게 낫지 않겠는가?"

그러고는 밭매기를 멈추지 않았다. 자로가 돌아가서 이 말을 전하니 공자가 한숨을 쉬면서 말했다.

"새나 짐승하고 살 수는 없지 않겠느냐? 내가 사람들과 함께 살지 않고 누구와 함께 살겠느냐? 세상이 제대로 돌아가고 있다면 나도 세상을 바꾸려고 하지 않았을 것이다."

도연명은 무엄하게 공자를 비판하려는 것은 아니었을 터이다. 그저 명예와 출세와 부귀와 공명과 온갖 욕망이 뒤엉켜서 돌아가는 세상사, '참 나'가 아니라 '거짓 나'로 살아야 하는 현실에서 벗어나려고 했던 은자들의 마음을 알 듯도 하다는 겸손의 말이 아닐까? 자신도 가난한 집안을 일으키려고 마음에도 없던 벼슬을 살다가 팽개치고 겨우 며칠 전에야 전원으로 돌아왔으니까.

만 리를 달려간 마음이 닿은 곳

가을밤에 우연히 읊다(秋夜偶吟)

가을바람에 괴로이 읊조리네.
세상에 날 알아주는 이 적어서.
창밖은 한밤중 비는 내리고
등불 앞에 앉아도 마음은 만 리에.
秋風唯苦吟 世路少知音
窓外三更雨 燈前萬里心

가을의 시는 유독 향수를 읊은 것이 많다. 우리나라 역사상 최초의 공식 조기 유학생인 최치원崔致遠의 시이다. 이 시는 하도 유명해서 예전에는 중등학교 교과서에도 소개되었다.

최치원은 신라 말의 학자이다. 열두 살엔가 중국에 들어가 공부를 하여 그곳에서 과거에 합격하고 여러 벼슬을 살기도 하였다. 황소黃巢라는 사람이 반란을 일으켰을 때에는, 이 반란군을 토벌하는 장수의 종사관으로 따라가서 황소를 토벌하자는 격문을 썼다. 그 글이 하도 준엄하여서 그만 황소가 도망을 갔다고 한다.

최치원 외에도 수많은 사람이 넓은 세상인 당에서 출세해 보겠다고 유학을 갔다. 그 가운데는 중국에서 나름대로 성공하여 출세한 사람도 있을 테고 실패한 사람은 수도 없이 있었으리라.

아무튼, 최치원은 넓은 세상에서 보고 듣고 갈고닦은 재주를 고국 백성을 위해 펼치려고 귀국했지만, 나라 형편이 어지럽고 기득권을 누리는 사람들이 넓은 마음으로 받아들이지 않아서 가야산을 떠돌다 쓸쓸히 일생을 마쳤다고 한다.

짧은 시이지만, 고향을 그리는 마음이 간절하다. 가을바람은 늘 소슬하게 분다. 여름에 소나기를 몰아오는 바람을 소슬하게 분다고는 하지 않는다. 겨울바람도 소슬하게 분다고 하지 않는다. 가을바람은 단풍잎도 물기가 마르고 한 잎 두 잎, 잎을 떨구고 남은 성긴 잎 사이로 불어서 그럴까. 유독 소슬하게 분다고 해야 가을바람답다. 몹시 춥지는 않지만, 그래도 살갗에 소름이 돋게 하는 바람이라서 그런가? 아무튼, 소슬하다는 말만 들어도 차디차면서도 상쾌한 느낌이 든다.

그런 가을바람이 불 때 고향 생각을 하면서 시를 읊는다. 가뜩이나 만리타국 땅인데 알아주는 사람은 별로 없다. 그러니 밤비라도 내리면 더욱 고향이 그립다. 등불 앞에 앉으면 절로 마음은 고향에 가 있다.

이 시를 역발상으로 보는 풀이가 있다. 최치원은 당에서 갈고닦은 학식과 견문을 조국 신라에서 펴보려는 장한 꿈을 꾸며 귀국했으나 강고한 신분제와 기득권 세력의 견제로 끝내 뜻을 펴지 못했다.

실의에 빠진 그는 자기 재능을 알아주던 벗들이 있고 능력을 펼칠 기회와 가능성이 아직도 열려 있고 청춘의 추억이 아름답게 남아 있는 중국의 연고지를 그리워하면서 이 시를 읊었다고 한다. 이런 풀이도 그럴듯하고 나름대로 의미가 있다.

내가 서울로 유학 와서 공부하던 때만 하더라도 고향 집을 시골에 두고 올라온 사람이 많아서 방학이면 학교가 썰렁하고 방학을 맞아 고향으로 돌아가는 학우를 보내는 서울 촌놈들의 눈길에는 부러움이 있었다.

그런데 이제 아버지 세대는 시골 태생이라도 본인은 서울에서 나고 자란 사람이 많아 그런지 고향이니 향수니 귀향이니 하는 말들이 점차 서먹해지고 있는 분위기이다.

아버지 어머니는 시골에서 일생을 살았고, 우리는 시골에서 나서 자라 서울이나 대도시에서 살고 있고, 우리 아이들은 도시에서 나서 도시에서 살아가니 이젠 고향도 박물관에나 영화관에나 가야 찾을 수 있는 날이 머지않은 것 같다.

정자를 태워 뱃길을 밝히다

화석정花石亭

숲 속 정자에 가을이 깊어
시인의 상념 끝이 없네.
기나긴 강물은 하늘 닿아 푸르고
서리 맞은 단풍잎은 햇빛 받아 붉었네.
산은 외로운 달을 토하고
강은 기나긴 바람을 머금었네.
변방 기러기는 어디로 날아가나
울음소리 저녁 구름 속을 아득히 사라지네.

林亭秋已滿 騷客意無窮
遠水連天碧 霜楓向日紅
山吐孤輪月 江含萬里風
塞鴻何處去 聲斷暮雲中

율곡 이이李珥 선생이 여덟 살 때 지었다는 시이다. 이 시는 '화석정花石亭'이라는, 율곡 선생의 고향 근처 임진강 강변에 있는 정자에서 느낀

가을의 정취를 읊은 시라고 한다.

'화석정'은 임진왜란 때 선조가 어두운 밤길에 피난을 갈 때, 이 정자를 태워서 뱃길을 밝힌 것으로도 잘 알려져 있다. 나라에 큰 변이 있으리라는 것을 짐작한 율곡 선생이 비상시를 대비하여 조상 때부터 내려오던 정자에 늘 기름을 먹여 두었단다.

율곡 선생이 돌아가시고 나서 몇 해가 안 되어서 정말로 임진왜란이 일어났다. 선조와 조정 신하들은 허둥지둥 피난을 떠나게 되었는데, 임진강까지 왔을 때 그만 날이 어두워져 어쩔 줄을 모르고 있었다. 그때 이항복 선생이 강가에 정자가 있는 것을 보고 불을 질러 나루터를 밝혀 무사히 강을 건너게 되었다고 한다. 실제로 있었던 일인지는 모르겠다.

아무리 천재였다지만, 여덟 살 아이가 쓴 시라니 놀랍다. 하기야 아이들은 모두 시인이란다. 아이들이 하는 말을 귀담아들어 보면 깜짝 놀랄 만큼 기발하고 신선하다. 아이들은 보고 듣는 것을 하나하나 그대로 보고 듣기 때문에 저마다 다르게 본다. 어른들은 오랜 경험으로 쌓인 틀을 가지고 보고 듣기 때문에 새로운 것을 보거나 듣더라도 미리 가지고 있던 틀에 비추거나 걸러서 받아들인다. 그러니 새로울 게 없다.

어쨌든 율곡 선생의 시에서는 너무 조숙한 느낌이 드는 게 사실이다. 어린아이의 정서라기보다는 많이 보아 둔 글귀를 가지고 어른스럽게 지은 것 같다는 느낌이 든다. 이제 겨우 초등학교 1학년쯤 된 아이가 시인의 상념 운운한다면 좀 어색할 것 같기도 하다. 그래도 시인이 여덟 살 천재 소년이라는 점을 의식하지 않고 시만 맛본다면 참 좋다.

정자가 서 있는 숲 속이 온통 단풍잎으로 덮여 있으니, 가을이 깊어도 한참 깊은 게다. 가을이 깊었다는 것은 겨울이 머지않았고, 겨울이 머지않았다는 것은 한 해가 다 가고 있다는 뜻이니, 부지런히 달음박질치는 한 해를 보내는 시인의 상념이야 한이 있으랴?

굽이굽이 흘러 서해를 향해 아득히 멀어지는 강물은 하늘을 담아 더욱 투명하고 파랗지. 게다가 금방이라도 붉은 물이 뚝뚝 들 것 같은 선홍색 단풍잎은 벽옥 같은 푸른 강물에 대비되어 해와 붉기를 다투기라도 할 듯하다. 아쉬워 걸음을 옮기지 못하고 정자 가를 배회하고 있노라니 어느새 동산에는 둥근 바퀴 같은 달이 떠오른다.

달은 참 감질나게 뜬다. 반달이야 아예 언제 떴는지도 모르게 하늘 중간에서부터 아니면 서쪽 하늘에서 보이지만, 보름달은 해가 서쪽으로 넘어간 다음 동산 너머에서 수줍은 듯이 주위를 아주 조금씩 밝히면서 얼굴을 내보인다. 공산토월空山吐月! 빈산이 달을 토한다는 말이 제격이다. 산은 강을 건너지 못하고 강은 산을 넘지 못하니 산줄기 따라 길게 이어진 강물 위로 바람도 강의 길이만큼 달아난다.

기러기는 줄을 지어 어디론지도 모르게 날아간다. 기러기 저야 왜 갈 곳을 모르겠는가! 그저 땅에 발 딛고 사는 우리 눈에 어디로 가는지 모를 뿐. 기러기가 어디로 가는지 모르지만, 저녁 구름 속으로 소리만 남겨 놓고 사라진다. 시인은 상념을 기러기 울음에 부친다. 어둠이 더 짙어지면 이제는 싸늘한 바람과 끝없이 흐르는 강물뿐. 이렇게 숲 속의 가을은 깊어간다.

시참詩讖이라는 말이 있다. 무심코 읊은 시 속에 은연중에 자기 앞날을 예견하는 듯한 구절이 들어 있는 것을 말한다. 말하자면 말이 씨가 된다고나 할까! 예컨대, '낙엽 따라 가버린 사랑'을 부른 가수가 '낙엽 따라 가버렸다'고 노래를 불러서 요절했다거나, '아내에게 바치는 노래'에서 "나는 다시 태어나도 당신만을 사랑하리다"라고 노래를 불렀기 때문에 이 노래를 부른 가수가 일찍 죽었다고 하는 식이다.

시와 시인에 얽힌 일화에는 이런 예가 많다. 가장 유명한 시참은 중국 수 양제의 일화이다. 수 양제가 운하를 완성하고서 배를 띄워 양주揚州로 내려갔다. 하루는 문득 감흥이 일어 시를 한 수 읊었다.

삼월 삼일 강가에서
잉어가 물결에 노니는 것을 본다.
낚싯대로 잡으려 하나
돌아와 쉬는 교룡일까 두렵네.
三月三日到江頭 正見鯉魚波上游
意欲持鉤往撩取 恐是蛟龍還復休

양제는 이 시를 악공한테 주어서 곡조를 붙여서 궁녀들이 합창하게 하였다. 그러나 식자들은 이 시가 상서롭지 못하다고 여겼다. 왜냐하면 당시 이연李淵이 차츰 세력을 키우고 있었는데, 잉어의 이鯉와 이 씨의 이李가 발음이 같기 때문이다. 여기서 말하는 잉어 또는 교룡은 이연을 암시한다는 것이다. 곧 잉어인 이연이 용으로 변한다는 것이다.

또 한번은 술을 찾으며 시를 읊었다.

궁궐 나무 그림자 짙어 제비가 나는데
흥망은 예로부터 슬프게 하나니.
다른 날 미루迷樓 경치가 좋으면
궁중은 붉은 빛을 가득 토하리
宮木陰濃燕子飛 興衰自古漫成悲
他日迷樓更好景 宮中吐燄奕紅輝

이 시는 내용이나 기법이 졸렬하였다. 그러나 양제는 미루에서 술을 마시며 음악을 즐기고 득의만면하였다. 그러다가 마침내 이연이 쳐들어오자 미루에 숨어서 자살하고 말았다. 당의 병사들이 미루에 불을 붙였다. 불은 한 달이 지나도록 꺼지지 않았다. 시구대로 궁중이 붉은 빛을 가득 토했음은 물론이다.

이이가 쓴 이 시에도 시참이 있다고 한다. 바로 "울음소리 저녁 구름 속을 아득히 사라지네(聲斷暮雲中)"라는 구절이다. '단斷'이라는 글자는 자른다는 뜻이니 이로써 율곡 선생은 자기 생애가 짧으리라는 것을 암시하였다고 한다. 물론 평탄하지 않은 자기 삶을 무의식중에 직감하고 읊을 수도 있고, 부정적인 암시를 하여서 그 영향을 받은 것이라 할 수도 있지만, 아무튼 이는 결과에 따른 해석이 아닌가 생각한다.

가을엔 편지를 하겠어요

가을의 상념(秋思)

낙양성에서 가을을 맞아
집에 편지를 보내려니 자꾸만 생각이 떠오른다.
서두르다 못다 한 말이 있을까 하여
전할 사람 떠나려 할 제 또 뜯어본다.
洛陽城裏見秋風 欲作家書意萬重
復恐忽忽說不盡 行人臨發又開封

당의 시인 장적張籍의 시이다. 장적은 통속하고 쉬운 시어로 많은 내용을 함축한 표현을 잘 부려 쓴 시인이다. 장적은 우리한테는 그리 잘 알려진 시인은 아니지만, 이 시 한 편으로 이름값을 하였다.

반드시 고향이 아니더라도, 가을은 누구한테라도 편지를 쓰고 싶은 계절이다. 오죽하면 어느 시인이 "가을엔 편지를 하겠어요. 누구라도 그대가 되어 받아 주세요" 하고 읊었을까. 우리는 고향 생각이 간절하면 으레 편지를 썼다. "부모님 전 상서. 부모님 슬하를 떠난 지도 어언……" 하고, 늘 비슷한 인사말로 시작하는 편지를.

그러나 이제는 아무도 편지를 쓰지 않는다. 전자우편으로 쓰는 편지도 이제는 성가셔서 온갖 간단한 메신저로 실시간 통신을 한다. 그러다 보니 생각을 짜내고 마음을 엮은 글은 보기 어려워졌다. 정말 어쩌다 편지를 쓰는 일이 있어도 그건 이미 회고적 취미일 뿐, 삶의 현실이 아니다.

한 조각 달에 비친 여인의 그리움

자야의 노래(子夜吳歌)

장안엔 한 조각 달
온 집에선 다듬이 소리
가을바람 끝없이 불어와
마음은 온통 옥관에 가 있네
어느 날에나 오랑캐를 평정하고서
서방님 원정에서 돌아오시려나

長安一片月 萬戶擣衣聲
秋風吹不盡 總是玉關情
何日平胡虜 良人罷遠征

이백李白의 '자야의 노래(子夜吳歌)' 가운데 셋째 수이다. 자야오가란 원래 자야가子夜歌라고도 한다. 자야는 동진(東晉, 317~420) 때 살았던 여자의 이름이란다. 삼국시대를 통일한 진은 다섯 유목민족(五胡)의 세력에 쫓겨서 장강을 건너 남쪽으로 옮겨 갔는데, 이때를 동진이라고 한다. 동진은 옛날 전국시대와 삼국시대 오나라 땅이던 곳에 있었기 때문에 동진시대의 노래를 오가吳歌라고 별칭으로 불렀다.

자야는 노래와 음악에 아주 뛰어났다. 당시 유행하던 속요의 곡조에 붙여서 다섯 글자씩 넉 줄로 된 노래를 지어서 정인情人한테 보냈다고 한다. 또 자야는, 자시子時의 한밤중이라는 뜻도 있어 자야가를 한밤중(子夜)에 임을 그리며 지은 노래라고 하는 설도 있다. 아무튼, 남북조 시대에 시인들이 이 자야가를 본떠 많은 시를 지었는데, 이들을 자야가라고 한다.

자야가로 된 시는 42수가 전하고, 자야사시가子夜四時歌도 75수가 전한다. 이들 시는 모두 남조의 진陳, 송宋, 제齊의 시인들이 지은 것인데, 원래는 네 구로 되어 있으며 남녀가 만나는 기쁨, 부부가 이별하는 슬픔 등을 그려 낸 것이라 한다.

이백도 자야가를 본떠 봄, 여름, 가을, 겨울에 여인이 하는 일의 대표를 들어서 임을 그리는 마음을 담아 자야오가라는 연작시 네 수를 지었는데, 원래의 네 구에 두 구를 더하여서 민간에서 유래한 가요의 특색을 반영하였다.

특히 셋째, 넷째 수에서, 이백은 원정을 떠난 낭군을 기다리는 여인의 정서와 함께 현실의 고충을 노래함으로써, 시의 화자인 여인의 정한情恨을 사실적으로 반영하였다. 이 시는 가을에 해당하는 셋째 수이다.

남자가 군대에 가면 뒤에 남는 여자의 심정은 정말로 아릴 것이다. 더구나 교통도 통신도 발달하지 않았던 옛날에는 더 말할 나위도 없겠지. 원정에 동원하였으면 모든 보급품을 국가가 책임져야 하지만, 추운 겨울에 입을 군복마저도 동원된 장정의 식구가 마련해야 했다. 그래서 온 장안의 집집에서는 밤을 새워, 겨울에 입을 군복 옷감을 다듬이질하고 마름질하고 바느질을 해야 한다. 온 식구는 아들과 남편과 아버지의 안위에 대한 걱정과 노동의 고달픔을 오로지 출정한 곳으로 마음을 실어 보냄으로써 삭인다.

옥관은 한 무제 때 설치된 옥문관玉門關으로서, 왕유의 시에 나오는 양관陽關과 함께 서역으로 통하는 요충지이다. 서역에서 나는 옥을 수입하는 길이라서 이런 이름이 붙었다고 한다.

시의 표현기법도 자연스러우면서 교묘하다. 장안은 하나이며 전체이고 만호萬戶는 다수이며 개별이다. 달도 유일한 사물이며 하나로서 전체이고 다듬이소리는 수많은 개별의 소리이다. 달은 무심한 자연물이고 다듬이소리는 유정한 사람이 내는 소리이다.

달은 하나이면서 밤하늘에 높이 떠서 만물을 비춰 내고 다듬이소리는 저마다 다른 사람이 내지만, 하나로 뭉쳐서 장안의 밤하늘을 울린다. 하나는 다수로 분화하고, 다수는 하나로 수렴한다. 달은 장안 밤하늘에 교교히 떠 있으나 정지해 있는 듯이 보여서 정적 이미지를 띠고 사람은 한 사람도 보이지 않지만, 집집에서 밤새 들려오는 다듬이소리가 유정물의 살아있음과 동적 이미지를 제공한다.

다듬이소리는 한국 전통문화를 대표하는 소리 가운데 하나로도 인정될 만큼 아름다운 소리이다. 일정한 간격으로 리듬이 드러나면서도 강약의 구분이 이루어지고, 두 사람이 마주 앉아 '협연協演' 하면 리듬의 배치와 강약의 조화가 배가한다.

그러나 소리 울림의 아름다움에 반비례하여 다듬이질하는 여인의 고통은 더욱 크다. 다듬이질은 옷을 만들거나 빨아서 새로 입도록 손질할 때 반드시 거쳐야 하는 공정이다. 손때가 묻은 다듬이 방망이와 다듬잇돌은 그 단단하기가 여인의 시리고 아린 삶의 고단함을 그대로 반영한다. 옛 여인은 옷을 하나 마련하려도 이렇게 노동의 고통이 컸다.

가을바람은 그칠 줄 모르고 불어오고 마음은 온통 옥관을 향한다. 달과 다듬이소리와 가을바람은 삼중으로 여인의 그리움을 증폭시킨다. 여기에 '온통(總是)'이라는 글자가 더하여 뭉게구름처럼 걷잡을 수 없이 이는 그리움을 모아서 마지막 '옥관'으로 향하게 함으로써, 그리움을 공간적으로 매듭짓는다.

그리하여 어떤 사람이 마지막 두 구를 삭제하여 절구로 만들었더라면 더욱 풍부한 의미를 담고 함축하여 시의 완성도가 높았을 것이라 하였지만, 오히려 시적 화자가 민간의 여인이라는 점을 드러내고 시가 원래 민가民歌에서 유래한 것임을 생각하면 오히려 절제의 미는 학자연하는 사람의 미이고 넘치는 감성을 분출하는 것은 민중의 미이다. 이 시에서는, 넘침은 도리어 넘침이 아니다.

달빛 아래 메밀꽃은 눈꽃이 되고

시골 밤(村夜)

마른 풀은 희끗희끗 벌레는 찌륵찌륵
마을의 남도 북도 인적이 끊어졌다.
홀로 문 앞에 나와 들을 바라보니
달은 밝아 메밀꽃이 눈처럼 희다.
霜草蒼蒼蟲切切 村南村北行人絶
獨出門前望野田 月明蕎麥花如雪

백거이의 시이다. 백거이는 당 현종과 양귀비의 연애를 그린 장편 서사시 '장한가長恨歌'로 유명하지만, 사실 당을 대표하는 시인 가운데 한 사람이다. 3,800여 편에 이르는 작품을 남겼으나, 시를 지어서 노파한테 읽어 주어 노파가 이해하지 못하는 곳은 고칠 정도로 치밀하게 퇴고했다고 전한다. 백거이는 일상어를 적절하게 잘 사용하였고 신중하게 시어를 선택했기 때문에 다른 대시인들의 사례에 견주어 그의 시에는 주석이 거의 없다고 한다. 그의 시는 주석을 할 필요가 없었던 것이다.

초기에는 현실의 삶을 반영하고 현실의 변혁을 위해 문학을 하였으나,

정치적 좌절을 겪은 뒤로는 인생을 달관하고 인생의 의미를 찾는 문학을 하였다고 한다. 자가 낙천樂天이어서 백낙천으로 더 알려져 있다.

풀이 서리를 맞아 푹 삶겼다가 말라 희끗희끗해질 무렵이면 찌륵찌륵 울 벌레가 남아 있을지 모르겠다. 또한 서리가 내린 뒤에도 메밀꽃이 하얗게 피어 있는지는 모르겠다. 아무튼, 초목도 제 삶을 마감하고 벌레들도 마지막 남은 삶을 이어 가는데 시골 마을에 밤이 드니 인적이 도무지 끊어졌다. 혼자 밖에 나와 들판을 바라보니 달은 밝아서 메밀꽃만 온통 희부옇다. 서리 맞아 희끗희끗한 풀과 찌륵찌륵 우는 벌레, 인적이 끊어져 휑뎅그렁한 마을이 주는 처량함과 밝은 달 아래 끝없이 펼쳐진 희부연 메밀꽃의 장관이 절묘하게 대비되어 있다.

우리나라는 국토가 대부분 산악지형이라서 시골이라 하여도 들이 끝없이 펼쳐진 곳은 많지 않고 더구나 메밀을 심을 정도면 산골도 깊은 산골이다. 조금이라도 평탄하고 물이 있으면 논을 풀어서 나락을 심었기 때문에, 메밀은 높은 지대의 밭이나 산밭에 심었다.

물론 아주 극심한 가뭄이 들어서 도저히 나락을 심을 수 없을 때는 논에도 메밀을 심었지만. 그래서 강원도나 경상북도 산골 오지에서나 너른 메밀밭을 볼 수 있을까? 그렇다 하더라도 몇 뙈기씩 여기저기 드문드문 펼쳐져 있었을 뿐이다.

요즘처럼 상업적 농업이 농사를 지배하면서 메밀을 대규모로 심었지 과거에는 산골 사람들의 식량이나 가뭄이 심한 때 구황작물로 심었기 때문에 메밀꽃이 희부연 너른 들판을 보기가 쉽지 않다. 그런데 중국은 장강 남쪽을 제외하고는 대부분 평원이라서 마을이 아무리 드문드문 형성되어 있다 하더라도 사방으로 넓게 펼쳐져 있고 큰길을 중심으로 동서남북이 구획되어 있고 마을을 벗어난 들판에는 어느 한 가지 곡식이 끝없이 심겨 있다. 메밀꽃이 희부연 들판을 밤에 혼자 나와 바라보고 있는 시인의 심정은 어떠하였을까?

  메밀은 차가운 식물이다. 메밀은 여린 잎이 나면서부터 가녀리고 처량하다. 벼나 다른 곡식처럼 당당하게 자리를 차지하지도 못하고 자라나는 기세가 대단하지도 않다. 한쪽에서 천대받으며 눈칫밥 먹는 부엌데기 같다. 다른 식물이 대접받으며 대궁(대)도 청춘으로 자랄 때, 메밀은 추운 날씨에도 헐벗은 거지의 발처럼 메마르고 앙상하며 벌겋다.

  메밀은 꽃도 소박하고 수줍게 핀다. 이효석의 아름다운 소설 '모밀꽃 필 무렵'의 인상 깊은 마지막 장면처럼 "소금을 뿌린 듯이 흐뭇하게 피어 있는" 메밀꽃은, 곡식을 맺는 다른 꽃들도 화려한 게 없지만, 희어서 더욱 쓸쓸하다.

  메밀은 생육 기간도 짧고 건조한 땅에서도 잘 자라 초여름에 가뭄이 극심하여 모내기를 하지 못하였을 때 심을 수 있는 구황작물로는 더없이 좋은 작물이다. 오죽하면 "세 모 중에 한 모만 땅에 묻어 주소!" 하고 부탁을 한다고 하였을까? 세 모 가운데 한 모만 땅에 묻히면 뿌리가 내리고 싹이 터서 자란다는 말이다. 그리하여 척박하고 돌이 많으며 볕이 적어서 다른 작물을 심기에 적당하지 않은 심심 산골짜기의 궁상스럽고 빈한한 삶을 대변한다. 몇 식구가 비탈진 자갈밭을 일구어 메밀을 심고 오로지 여기에 목숨 줄을 의탁하는 그런 삶이 메밀에는 보인다.

　메밀은 어릴 때는 순을 솎아서 삶아 무쳐서 나물로도 먹었는데 아릿한 메밀 순과 짭조름한 소금, 고소한 기름이 어우러져 별미였다. 그러나 성질이 차서 너무 많이 먹으면 배가 아프고 애가 떨어진다는 말도 있었다.

　가을에 메밀을 수확하고 남은 짚은 볏짚과는 달리 앙상하고 거칠며 탄력이 없어 뚝뚝 부러진다. 메밀 껍질이나 짚은 찬 성질을 가지고 있어서 베개 속에 넣기도 한다. 메밀 가루는 끈기가 없어 주로 묵을 쑤어 먹는데, 메밀묵을 먹을 때는 반드시 무를 같이 먹어야 한다. 국수를 만들 때도 밀가루처럼 발효를 시켜서 홍두깨로 밀어서 만들지 못하고 끓는 솥 위에 국수틀을 올려놓고 반죽하여 바로 뽑아서 끓여야 한다.

　어릴 때는 겨울 한 철 별미로 먹거나 잔치 때 간식으로 먹던 메밀묵이나 메밀국수가 성인병에 좋은 효능이 있다고 찾아다니며 먹게 되었으니 세월 참 희한하게 돌아간다.

귀뚜라미 귀뚤귀뚤 글을 읽는 밤

농가의 네 계절(田家四時)

뼈저린 농사일도
가을 되니 잠시 틈이 나네
서리 맞은 기러기 단풍 물든 언덕 날고
비 맞은 귀뚜라미 국화꽃 둘레 돈다
목동의 피리 소리 안갯속에 사라지고
나무꾼 노랫소리 달을 안고 돌아오네
어서 빨리 거둬들이세
빈 산 널린 배와 밤을
搰搰田家苦 秋來得暫閒
雁霜楓葉塢 蛩雨菊花灣
牧笛穿烟去 樵歌帶月還
莫辭收拾早 梨栗滿空山

김극기가 농가의 네 계절을 읊은 시 가운데 가을 편이다. 봄부터 여름까지 잠시도 쉬지 않고 이어지던 농사일도 가을이 되니 하나하나 마무리가 된다. 가을걷이를 마치면 중요한 농사일은 정리가 되고, 이제 소소한 일거리를 할 차례이다. 농사가 끝났다고 일이 모두 끝나는 것은 아니다.

  이엉을 엮어서 집을 이고, 허물어진 담을 고쳐 쌓고, 논에 도구를 쳐서 논물을 빼고, 곡식을 갈무리하는 일은 끝이 없다. 가루로 빻을 것은 가루로 빻고, 줄기로 말릴 것은 줄기로 말리고, 껍질을 벗겨서 말릴 것은 껍질을 벗겨 두고, 움을 파서 묻을 것은 움을 파서 묻고, 소금으로 절일 것은 소금으로 절여서 독에 넣어 묻어 두어야만 한겨울을 날 수 있다. 그래도 이렇게 갈무리를 하고 나면 어깨를 펴고 한숨을 돌린다. 나무를 하는 일이야 겨우내 소일거리로 할 수도 있으니까.

  단풍이 곱게 물든 언덕 위로는 찬 서리를 맞으면서 기러기 날아가고, 가을비에 촉촉이 젖는 국화 포기 둘레로 귀뚜라미가 비를 피해 울고 있다. 기러기와 귀뚜라미! 가을의 그림에는 빼놓을 수 없는 것들이다. 기러기는 기역 자로 날다가 니은 자로 날다가 하면서 아주 질서 있게 날아간다. 힘 있는 기러기가 앞에서 날면 차례차례로 지친 기러기가 뒤에서 난다. 그러다가 맨 앞장을 선 기러기가 힘이 들면 뒤로 쳐지고 그다음에 날던 기러기가 앞장을 선다. 이런 방식으로 날면 뒤에 나는 기러기일수록 훨씬 힘을 덜 들이고도 날 수 있어서 먼 길을 가더라도 지친 날개를 쉬며 갈 수 있다.

  이렇게 기러기가 질서 있게 가는 모습을 한자어로 안행雁行이라고 한다. 아버지뻘 되는 사람과 함께 갈 때는 뒤에서 따라가는데 이것을 수행隨行이라고 하고, 형뻘 되는 사람과 함께 갈 때는 나란히 서서 한두 발짝

뒤로 떨어져서 가는데, 이것을 기러기가 기역 자로 나는 모습과 같다고 해서 안행이라고 한다. 안행이라는 글자는 남의 형제를 높여 부르는 말로도 쓴다. 이럴 때는 '안항'이라고 읽는다. 다닐 행行 자가 열이나 차례를 가리킬 때는 '항'으로 소리가 나기 때문이다. 옛날에는 수염 허연 노인이 낯선 젊은이를 처음 대할 때, "안항은 어떻게 되시는가?" 하고 묻기도 했다. 형제가 어떻게 되는가, 형제 가운데 몇째인가 하고 묻는 말인 셈이다.

기러기는 또 철마다 어김없이 찾아오고 때가 되면 돌아가기 때문에 서로 오가기 어려운 먼 곳에 떨어진 사람과 소식을 전해 주고 이어 주는 새로도 알려져 있다. 「춘향가」에는 이런 구절이 있다.
"새벽서리 찬바람에 울고 가는 저 기러기, 한양성내 가거들랑 도령님께 이내 소식 전해 주오."
요즘도 어린 아기를 어르며 부르는 노래 가운데 이런 노래가 있다.
"아침 바람 찬 바람에 울고 가는 저 기러기, 우리 선생 계실 적에 엽서 한 장 써 주셔요……."
아침, 바람, 기러기, 우리 선생, 엽서 한 장 이렇게 끝소리가 유성음으로 이어지는 소리의 울림이 맑기도 하고, 노랫말도 재미있지만 이 노래가 사실은 일본에서 온 노래라고 한다. 아무튼, 소식을 전하는 전령사로 기러기가 나온다는 점에서는 기러기에 담은 정서의 변치 않는 이어내림이 기특하다.

언제 물러갈지 모르는 더위와 실랑이하다 지칠 무렵이면, 귀뚜라미가 창으로 기어들어온다. 여름의 고비에서 어김없이 찾아온 귀뚜라미가 이제는 반갑기보다도 측은하기까지 하다. 수천 년 전, 중국 농민들의 일상을 노래한 「시경」에서도 귀뚜라미가 방으로 들어오니 해도 저물어 간다고 읊은 것을 보면, 귀뚜라미는 농사일을 마감하고 한 해가 가는 것을 알리는 가을의 전령사인 게 분명하다.

낮에는 매미가, 밤에는 귀뚜라미가 계절의 오고 감을 알려 준다. 뜨거운 뙤약볕 아래에서 나무그늘에 몸을 숨기고 목청이 찢어져라 짝을 찾는 매미나 점잖게 은은한 달빛이 비치고 이슬이 흐뭇하게 맺히는 밤에 벗을 찾는 귀뚜라미나 모두 어쩌면 제철을 그리도 잘 알고 찾아오는지.

귀뚜라미는 아주 옛날부터 사람들에게 친숙한 벌레였다. 고향을 떠난 길손에게 가을이 되면 제일 먼저 향수에 젖게 하는 것이 귀뚜라미 울음이 아닐까? 향수를 느끼는 계절은 가을이고, 가을 하면 가장 먼저 떠오르는 청각적 심상이 귀뚜라미 울음소리니까. 1980년대에 서정적이고 우수 젖은 목소리로 많은 사랑을 받은 가수 백영규가 부른 노래 '슬픈 계절에 만나요'도 "귀뚜라미 울음소리는 가슴 깊이 파고드는데……" 하는 노랫말로 시작한다. 아무튼, 귀뚜라미가 없다면 가을은 메마른 낙엽으로만 황량하게 남을 것 같다.

그러니까 초등학교 4, 5학년쯤이던가? 음악 시간에 '귀뚜라미'라는 노래를 배운 기억이 난다. 정확한 제목은 모르지만, 노랫말은 이러했다. "귀뚜라미 귀뚤귀뚤 고요한 밤에, 귀뚜라미 귀뚤귀뚤 글을 읽는다. 가을이라 즐거운 밤 달이 밝아서 귀뚜라미 귀뚤귀뚤 글을 읽는다."

마침 저녁을 먹고 쉬다가 귀뚜라미 소리가 하도 청아해서 아이한테 이 노래를 들려주고 물었다. "현일아! 옛사람들은 귀뚜라미가 우는 소리를 글 읽는 소리로 들었는데, 너는 귀뚜라미 소리가 어떻게 들리느냐?" 그랬더니 아들 녀석이 한다는 소리가 "개학이 사흘밖에 안 남았는데, 아직 숙제를 덜 해서 야단났다. 빨리 숙제하자 하고 숙제하는 소리같이 들려요" 한다. 숙제를 하지 않고 방학 내내 놀기만 한다고 제 엄마한테 야단을 자주 듣더니, 제 딴에도 걱정이 되었나 보다. 아무튼, 하필이면 귀뚜라미가 글을 읽는다고 했을까?

귀뚜라미를 영국 사람들은 크리켓, 일본 사람들은 고오로기, 프랑스 사람들은 끄리-끄리라고 한다. 모두 귀뚜라미의 울음소리를 흉내 내어 부르는 이름이다. 귀뚜라미라는 우리말 이름도 귀뚜라미 우는 소리에서 나온 것이다.

이름의 유래는 그렇다 하더라도 귀뚜라미의 울음을 듣고 글 읽는 것을 연상했다는 것은 참으로 여러 가지를 생각나게 한다. 글을 읽어서 과거 시험을 보아 출세하는 것이 얼마나 큰 꿈이었으면 한갓 벌레 울음마저 글 읽는 소리로 들었을까? 예전에는, 글은 당연히 소리 내어 읽는 것으로 알았다. 내가 어릴 때만 해도 학교에 다니는 아이가 학교에서 교과서라고 받아 오면 으레 부모님 앞에서 소리 내어 읽곤 했다. 주민의 학력이 신통하지 않았던 예전에는, 아이가 학교에 들어가 책을 받아 와서 할배 할매, 아버지 어머니 앞에서 떠듬떠듬 읽으면, 그분들은 뜻을 알건 모르건 그렇게 흐뭇해할 수가 없었다. 나도 책 읽기를 좋아해서 여름방학이면 사랑방 마루에 앉아서 동네 형들이 배우던 국어 책이나 도덕 책을 소리 내어 읽곤 했다. 그러면 우리 집 마당을 지나가던 동네 아저씨 아주머니들이 다들 흐뭇해하면서 "아! 참, 글을 처렁처렁 잘 읽는다" 하고 지나가는 말로 한마디씩 격려해 주었다.

지금으로부터 3천여 년 전, 고대 중국 화북 지방에서 부르던 노래를 모아 놓은 「시경」에도 귀뚜라미를 읊은 노래가 있다. 지금 중국의 하북성 河北省과 산서성山西省 사이에 있었던 당나라에서 부르던, 노래 이름이 '귀뚜라미(蟋蟀)' 라는 노래이다.

"귀뚜라미가 집안에 들어오니 이 한 해도 저무는구나. 지금 우리가 즐기지 않으면 세월은 가 버리리라. 너무 즐기지는 말지니 직분을 생각해야지. 즐기더라도 지나치지 않는 것, 바로 훌륭한 사내가 조심할 일이지……."

이 노래는 봄여름 동안 남정들은 남정들대로 아낙네는 아낙네들대로 저마다 자기 할 일을 열심히 하고 가을이 되어 마을로 돌아와 축제를 벌이면서 부르던 노래라고 한다.

아주 옛날에는 한 해를 넷으로 나누지 않고 농사짓는 철과 농사를 쉬는 철로 나누었을 것이다. 늦봄에서 늦가을까지는 농사철, 늦가을에서 이른 봄까지는 쉬는 철, 이렇게 말이다. 중국에서는 아주 오랜 옛날에는 봄이 되면 마을 사람이 모두 봄이 온 것을 축하하는 축제를 벌인 뒤 마을에서 멀리 떨어진 공동 경작지로 가서 남자는 남자끼리 땅을 일궈 농사를 짓고, 여자는 여자끼리 지내면서 뽕을 따서 누에를 치고 길쌈을 했다고 한다.

그러다가 귀뚜라미가 울어서 가을을 알리면 남자는 가을걷이를 하고 여자는 길쌈을 마치고 마을로 돌아와 추수감사제를 지내고 저마다 자기 집으로 돌아가 문을 굳게 닫고 바람벽을 손을 봐서 찬바람이 들이치지 못하도록 둘러막고 춥고 긴 겨울을 보냈다고 한다. 우리나라에서도 근래까지 아주 드물게 남아 있던 농막農幕이 이런 농사 형태의 흔적이다.

그러니 고단한 농사를 짓던 봄여름이 지나고 이제 가을걷이를 하고 집으로 돌아갈 날이 가까이 다가왔다는 것을 알려 주는 귀뚜라미 소리가 얼마나 반갑고 기특했을까?

이렇게 봄맞이 축제와 가을걷이 축제는 청춘남녀의 만남이 이루어지는 약혼과 결혼의 축제이기도 했다.

지금도 귀뚜라미 울음소리를 들으면 지난날 툇마루에 눕거나 마당에 멍석을 펴고 앉아서 희미한 등불 아래 옥수수를 먹으면서 별도 보고 글도 읽고 입담 좋은 동네 할매의 옛이야기를 듣던 때가 그리워진다. 그리고 쑥을 태우는 매캐한 모깃불도 빼놓을 수 없는 늦여름, 초가을의 풍경이다.

어느 해 늦은 여름날, 나보다 한 살 많은 명희라는 뒷집 누이가 종일 내 밑에 밑의 아우를 업어 가며 봐주었다. 저녁이 되어 옥수수를 잔뜩 꺾어서 한 솥 쪄서 그걸 저녁 삼아 먹게 되었다. 어머니가 김이 설설 나는 옥수수 가운데 알이 고르고 굵은 놈 하나를 집어서 명희한테 "오늘 우리

아 봐주느라 애먹었다. 아니! 강낭(옥수수) 하나 먹어라" 하고 주었다. 명희는 아무 소리 하지 않고 옥수수를 받아서는 허겁지겁 얼른 먹고는 일어서서 가겠다고 하였다. 어머니가 옥수수를 싸서 주겠다고 해도 듣지도 않고 후딱 나가 버렸다.

마침 나는 오줌을 누러 안마루를 돌아서 사랑마루 쪽으로 갔다. 사랑마루턱 밑에는 오줌통을 갖다 놓았는데, 할배와 우리가 밤에 볼일을 보고 할배 친구분들도 오시면 그 오줌통에 볼일을 보셨다. 오줌통이 가득 차면 밭에 갔다 뿌렸던 것이다.

내가 오줌을 누러 사랑마루 밑에 놓인 오줌통으로 가서 볼일을 보는데 우리 집 사랑마루와 담을 사이에 둔 명희네 집에서 두런두런 하는 소리가 들렸다. "명희야, 니 부포 아지매(할매 택호가 부포댁이었다)네 언나(어린 아기) 봐주러 간다듸 왜 이리 빨리 오노?" 새집 아지매(뒷집 맏아들 찬동이 형네 집은 새로 세간이 나서 새집이라고 불렀다)가 명희한테 물었다. 명희는 잔뜩 상기된 소리로 이렇게 말하였다. "땀 뻘뻘 흘리며 종일 아(아기) 봐줬듸마는 강낭 한 송이밖에 안 주고. 씨!"

나는 볼일을 보고 엄마한테 명희가 한 말을 전했다. 그 말을 들은 어머니가 얼른 옥수수 한 바구니를 담아서 새집으로 가지고 갔다. "형님요. 명희가 우리 아 봐주느라 애 많이 먹어서 배고플 채미니(참이니) 우선 하나 먹으라고 했듸마는 지(제) 딴에는 한 송이만 준다고 언간이(어지간히) 섭섭했던 모양이시더." 새집 아지매와 어머니는 서로 허허 웃었다.

목동牧童 하면 늘 피리가 붙어 다닌다. 소를 타고 피리를 불면서 뉘엿

뉘엿 지는 해를 안고 돌아오는 모습은 동양화의 흔한 소재이다. 그건 그렇고 중국에서는 어떤지 몰라도 우리나라에서는 직업으로 목동 일을 하는 사람은 거의 없었다. 젖소를 키우는 목장이 생겨난 뒤에도 직업으로 목장에서 일하는 사람을 목부牧夫라고 하지 목동이라고 하지는 않는다. 목부는 품삯을 받으면서 소를 돌보는 사람을 말하고, 목동이라 하면 아직 농사일을 제대로 하기에는 어리고 그렇다고 놀고먹을 나이는 지나서 소 뜯기는 일을 거드는 여남은 살 총각 아이를 부르는 말이다.

개천가에는 풀이 많아서 그리로 소를 몰아다 놓고 아이들은 개울에서 고기를 잡기도 하고 멱을 감기도 하고 종일 놀다가 해가 기울면 소를 몰고 돌아오는 게 여름 한 철의 풍경이기도 했다.

이 시에서는 목동이 안갯속에 피리를 불며 가는 것을 가을의 한 정경으로 그려 놓았다. 겨울이 되면 마른 짚을 넣어 끓인 쇠죽을 먹여야 할 테니 그래도 풀에 물기가 조금이라도 남아 있을 때 풀을 뜯어 먹이려고 소를 끌고 나왔다가 저녁 안갯속으로 소를 몰고 돌아가나 보다.

절에 가 보면 대웅전 벽을 따라 소를 찾아가는 그림 열 폭이 그려져 있는 것을 볼 수 있다. 동자가 소를 찾아가는 것을 불교에서는 본성을 찾아가는 것에 비유하였다. 검거나 누런 소는 본성을 망각하고 함부로 날뛰는 것이고, 흰 소는 본성을 찾아 갈 길을 알게 된 것을 상징한다.

이 열 폭 그림 가운데 여섯 번째 그림이 '기우귀가騎牛歸家', 곧 소를 타고 집으로 돌아가는 그림이다. 동자는 완전히 길이 들어 새하얗게 된 소를 타고 구멍 없는 피리를 불면서 집으로 돌아간다. 완전히 새하얀 소는 동자가 뭐라 하지 않아도 저절로 갈 길을 알고 동자를 태우고 집으로 돌아간다. 동자가 부는 구멍 없는 피리에서 나는 소리는 우리의 감각으로 알 수 없는 본성의 소리란다.

 가을이 되면, 이슬 내린 풀숲을 헤집고 다니며 아람을 줍는 재미도 쏠쏠하다. 길에 떨어진 아람은 줍는 사람이 임자지만, 나무에 달린 것은 따면 안 된다. 그래서 행여나 하는 마음으로 밤나무 밑을 지나면서 길바닥에 떨어진 몇 알을 주워 주머니에 넣고 아쉬운 마음으로 나무 위를 올려다보면, 송이가 벌었으면서도 아직 떨어지지 않고 대롱대롱 매달려 있는 아람이 어김없이 있다. 기다리기가 감질나서 신발짝을 벗겨 던지거나 돌멩이를 던지다가 주인집 아이한테서 곱지 않은 눈총을 받기도 하고 때로는 야단을 맞기도 한다.

늙은 나무에 꽃 피니 마음은 늙지 않았네

낙엽落葉

떨어지는 잎이라 쓸지 말지니
맑은 밤 듣기에 딱 알맞다네
바람 불면 우수수 슬피 울고
달 뜨면 어지러이 그림자 지네
창을 두드려 나그네 꿈을 깨우고
섬돌에 쌓여 이끼를 묻네
비마저 내리면 이 시름 어이하랴
빈산은 여월 대로 여위어 가는데

落葉不可掃 偏宜淸夜聞
風來聲慽慽 月上影紛紛
敲窓驚客夢 疊砌沒苔紋
帶雨情無奈 空山瘦十分

매월당 김시습金時習의 시다. 김시습은 별명이 '오세五歲'이다. 한자어로 '오세'라고 했으니, 당시 사람들이 불렀다면 아마 '다섯 살배기' 또는 '다섯 살짜리'라고 했을 거다. 말이나 소 같으면 '다습'이라고 했겠지만, 사람이니 그냥 다섯 살짜리라고 해야겠다. 우리 속담에 '하룻강아지 범 무서운 줄 모른다'는 말이 있는데, 사실 하룻강아지는 하릅강아지라고 해야 맞지 않을까? '하릅'이란, 난 지 한 해가 되는 짐승 새끼를 가리키는 말이다.

미국 개척시대 이야기를 다룬 소년 소설에 「아기사슴 이야기」라는 책이 있다. 원래 제목은 '이얼링yearling'인데, 내가 어릴 때는 '하릅사슴' 또는 '하릅사슴 이야기'로 되어 있었다. 한 살배기 사슴과 소년 사이에 피어난 우정을 다룬 아름다운 이야기이다. 그런데 언젠가부터 이 책 제목이 '아기사슴 이야기'로 굳어 버렸다. 하릅이라는 말이 불편해서 쓰이지 않게 된 것은 어쩔 수 없지만, 살려 쓸 만한 좋은 말은 자꾸 쓰다 보면 입에도 익게 될 텐데 말이다.

김시습은 이름부터 예사롭지 않다. 「논어」 첫머리에 나오는 유명한 말씀, "배우고 때로 익히면 또한 기쁘지 아니한가(學而時習之, 不亦說乎)?"라는 말에서 따왔을 것이다. 그래서 그의 자字도 '열경悅卿'이다. 기쁘다는 말과 관련이 있는 별칭이다. 이렇게 옛사람의 이름과 자는 서로 연관성이 있다. 옛날에는 서재 이름을 '시습재時習齋'로 붙이거나 마음을 닦는 글로 '시습잠時習箴'을 지은 사람이 많았는데, 이런 이름에서 부지런히 배우고 익히겠다는 마음 다짐을 볼 수 있다. 김시습의 아버지 이름은 '일성日省'인데 이 말도 증자가 하루 세 번(또는 세 가지) 자기를 반성했다는 「논어」의 구절과 관련이 있다.

그의 별명이 다섯 살짜리라고 붙게 된 내력이 있다. 김시습은 태어난 지 여덟 달 만에 글을 알았다고 한다. 말은 늦게 했지만, 문리는 알아서 입으로 읽지는 못해도 그 뜻을 알았단다.

세 살에 "복사꽃 붉고 버들 푸르러 삼월이 저무네" 하는 시구와 "구슬을 푸른 바늘로 꿴 것은 솔잎의 이슬"이라는 시구를 지었다고 한다. 또 유모가 맷돌에 보리를 가는 것을 보고 "비도 안 오는데 우렛소리 어디서 우나, 누런 구름 조각조각 사방으로 흩어지네" 하고 읊기도 했단다.

이런 소문은 당시 정승이던 허조許稠한테까지 들렸다. 그 뒤, 허조가 김시습을 불러서 보고 "내가 늙었으니, 늙을 노 자로 글을 지어 보아라" 하였다. 이에 김시습은 "늙은 나무에 꽃이 피었으니 마음은 늙지 않았네" 하였다. 허조는 무릎을 치면서 신동이라고 격찬했다.

이 소문이 세종 임금의 귀에도 들어갔다. 세종 임금은 승정원에 일러 김시습을 시험해 보라고 했다. 승정원의 쟁쟁한 벼슬아치가 운을 떼자마자 김시습은 척척 대구를 지어냈다. 세종 임금은 그의 재능을 듣고, "내가 보고 싶기는 하다만 남들이 들으면 이상하게 여길까 두려우니 이 아이의 재능을 감춰 두어 드러내지 말고 잘 가르치고 길러라. 나이가 장성하고 학업이 성취하면 내가 장차 크게 쓰겠다" 하였다. 그러고는 비단 50 필을 주고 가지고 가게 했다. 어떻게 하려나 보려는 심산이었겠지.

그랬더니 김시습은 비단 50필을 다 풀어서 끝과 끝을 묶은 다음 한쪽 끝을 들고 집으로 가지고 갔다. 나머지 비단이 다 딸려 온 것은 물론이다. 이후부터 '다섯 살짜리 신동'에 대한 소문이 온 나라에 떠들썩했다.

세월이 흘러 청년이 된 김시습은 삼각산에서 글을 읽던 중, 수양대군이 단종을 쫓아냈다는 소식을 듣고는 문을 닫고 통곡하였다. 그 뒤, 책을 불사르고 머리를 깎고 중이 되어 온갖 기행을 일삼으며 일생을 마쳤다.

　자기 재능을 알아준 세종에게 보답하여 세종의 손자이며 자기 또래인 단종을 도와서 새로운 시대에 새 군주와 함께 포부를 펼치려던 김시습은 모든 꿈이 물거품으로 돌아가자, 도의가 뒤집힌 세상을 비웃으며 나름대로 저항을 했던 것이다.

　세종 임금이 김시습의 재능을 칭찬한 말에도 참 깊은 뜻이 담겨 있다. '재능을 감춰 두고 드러내지 않는다'는 말을 한자어로 '도회韜晦'라고 한다. '도韜'는 활집, 검을 넣어 두는 자루주머니를 가리키는 말인데, 원래는 칼을 칼집에 넣어 둔다는 데서 나온 말이다. 여기서 감춘다는 뜻이 나왔다. 그리고 '회晦'는 그믐, 어둠을 가리키는 말인데, 역시 숨긴다는 뜻이 있다. 그래서 도회라고 하면 재능을 감추고 드러내지 않는다는 말이 되겠다.

　사람은 누구나 자기를 드러내고 싶고 남한테 인정을 받고 싶어 한다. 재능이 뛰어난 사람일수록 더 그런 경향이 있다. 그런데 일찍부터 남달리 뛰어난 재능을 드러낸 사람이라 하여 나중에 가서도 뛰어난 재능을 발휘하는 경우는 드물다. 일찍 재능을 발휘하고 일찍 시들어 버리는 안타까운 경우가 참 많다. 일찍 피는 꽃이 빨리 지는 셈이다. 북송의 학자인 정이는 사람을 망치는 것 가운데 하나로 일찍 출세하는 것을 꼽기도 했다. 원래는 반대 당의 영수였던 소식蘇軾, 곧 소동파蘇東坡를 겨냥한 말이었다지만, 그럼에도 참 뜻이 깊은 말이다.

오래 묵힌 술이 향이 깊고, 오래 달인 국이 진국이듯 재능이 있다면 그것을 쉽사리 꺼내 보이지 말고 오래도록 갈고닦아야 더 큰 재목으로 자랄 수 있다. 그리고 세월이 흘러야만 비로소 얻을 수 있는 지혜는 따로 있으니까.

지적인 재능에 지혜가 합해야 재능을 올바로 좋은 데 쓸 수 있다. 뛰어난 재능과 좋은 머리를 나쁜 데만 쓰는 사람도 적지 않은데, 이런 사람은 무능하고 어리석은 사람보다 더 해롭다.

세종 임금이 김시습의 재능을 감춰 두고 드러내지 말라고 한 것도 자칫 재능만 믿고 일찍 피었다가 일찍 질까 봐 염려해서 그렇게 한 것이다. 인재를 알아보고 인재를 아끼고 인재를 잘 키우려고 한 세종 임금의 뜻이 참으로 깊다.

싹이 보일 때 미리 경계하라

네 계절의 숨어 사는 즐거움(四時幽居好)

가을날 숨어 사는 맛이 좋아
서늘한 바람에 저절로 가슴이 상쾌하네.
벼랑 끝 단풍은 붉은 비단으로 흐무러지고
울타리 밑 국화는 황금으로 찬란하다.
나락이 익으니 밥 짓고 술 빚으며
닭이 살찌니 간간이 삶고 끓이네.
서리를 밟으면 얼음이 언다고 예부터 경계했으니
해가 저문다고 마음을 쓰랴?

秋日幽居好 凉飂自爽襟
崖楓爛紅錦 籬菊粲黃金
稻熟更炊釀 雞肥間煮燖
霜氷古所戒 歲晚若爲心

네 계절을 소재로 하여 숨어 사는 즐거움을 읊은 퇴계 이황李滉 선생의 시 가운데 가을을 읊은 시이다. 귀뚜라미 울음이 가을을 꾸미는 청각적 심상이라면 붉은 단풍과 노오란 국화는 시각적 심상이다. 퇴계 선생은 중국의 시인으로는 도연명을 특히 좋아했다. 넷째 구의 "울타리 밑 국화"는 도연명의 '음주'라는 시에 나오는 "동쪽 울타리 밑에서 국화를 꺾어 들고 그윽이 남산을 바라본다"는 구절을 닮았다.

경상북도에서는 흔히 벼라는 말보다 나락이라는 말을 더 많이 쓴다. 나락이라는 말은 신라 시대의 말이 일부 소개된 「계림유사」에도 나오니 참 오랫동안 써 온 말이다. 퇴계 선생도 경북 안동 사람이었으니, 굳이 나락이라고 옮겨 보았다.

일곱째 구의 "서리를 밟으면 얼음이 언다"는 말은 「주역」에서 따온 말로 생각된다. 「주역」의 두 번째 괘인 곤괘坤卦의 첫 효에 이런 말이 있다. "서리를 밟으면 단단한 얼음이 이른다."

곤괘는 아래위의 괘가 모두 음효陰爻로만 된 순음괘純陰卦이다. 맨 아래의 음효는 처음에 생겨난 효라서 음이라도 아주 약하다. 그러나 음이든 양이든 생겨나면 자라게 되어 있다. 음이 차례로 자라나 여섯 효 모두 음이 되면 그것이 곤괘이다. 생겨나면 자라는 것은 당연한 일이므로 처음 음이 생겨날 때부터 경계하는 것이다.

서리가 곧 얼음은 아니다. 그러나 서리가 내렸다면 얼음이 머지않았다는 것은 정해진 사실이다. 서리는 음의 기운이 맺혀 이루어진 것이라고 한다. 음의 기운이 약하게 맺히면 서리가 되지만, 왕성하게 엉기면 물이 얼어 얼음이 되는 것이다. 그러므로 서리가 내리면 얼음이 곧 단단하게 어는 때가 오리라는 것을 알고 미리 대비해야 한다. 음은 부정적인 것을 상징한다. 아무리 부정적인 일이라도 처음에는 아주 미약하다. 그러나 그것을 내버려 두면 점차 자라나서 왕성해진다. 그러므로 처음에 싹이 보일 때 경계해야 한다.

곤괘의 「문언文言」에서는 이렇게 풀이하였다.
"선을 쌓은 집안에는 반드시 자손에게까지 경사가 남고, 악을 쌓은 집안에는 반드시 후손에게까지 재앙이 남는다. 신하가 임금을 죽이고, 자식이 부모를 죽이는 일은 하루아침, 하루저녁에 일어나는 변고가 아니다. 그런 일은 점차로 유래하는데, 유래를 분별하면서 빨리 분별하지 못하기 때문이다."
세상 일은 모두 싹이 처음 생겨나서 차츰차츰 자라서 이루어진다. 그러므로 좋은 일이든 나쁜 일이든 실마리가 처음으로 보일 때 잘 살펴야 한다. 서리를 밟았으면 '아하! 곧 단단한 얼음이 어는 겨울이 다가오겠구나!' 하고 겨울을 대비하듯이 말이다.

땅을 일구는 사람의 삶은 다시 이어지고

무덤에 제사지내고(祭塚謠)

흰둥이 앞서고 누렁이 뒤따르고
밭머리 풀숲에 무덤은 총총
늙은이 제 지내고 밭두렁 해 저문 길로
어린 애 부축받고 취해 돌아간다.
白犬前行黃犬隨 野田草際塚纍纍
老翁祭罷田間道 日暮醉歸扶小兒

조선 중기의 시인 이달李達의 시이다. 이달은 농촌에서 고달프게 하루하루를 살아가는 필부필부匹夫匹婦의 삶을 담담하게 그린 시가 여러 편 있다. 감정을 깊이 집어넣지도 않고 비분강개하지도 않고 그저 관찰하듯이 그린 시이지만, 삶의 애환과 농촌의 정경을 더 투명하게 보여주고 있다.

가을은 제례의 계절이다. 봄부터 여름까지 흘린 땀이 고스란히 배어서 알알이 영근 곡식과 과일을 차려서 조상한테 바치고 농사를 도와준 하늘과 땅의 온갖 것에게 고마움을 표시하는 제사를 지낸다. 조상 제사는 모든 사회의 보편적 문화현상이겠지만, 농경 사회에서는 그 의미가 더 도드라진다.

내가 물려받아 일구는 이 땅은 흙 한 알갱이에까지 할아버지의 할아버지, 그 할아버지의 할아버지, 아득한 옛날부터 이 땅을 일구며 살아온 조상의 피와 땀과 숨결이 어려 있다. 고조할아버지도 증조할아버지도 그리고 할아버지도 아버지도 이 땅을 일구며 살아가다가 이 땅에 묻혔다.

나도 이 땅을 일구며 살다가 이 땅으로 돌아갈 것이다. 나는 이 땅을 할아버지와 아버지에게서 물려받았으니 고스란히 내 아이와 손자와 후손에게 물려주어야 한다. 그러니 이 땅은 목숨보다 소중한 것이다.

제사란, 이처럼 땅을 매개로 하여 살아온 삶의 연속성을 확인하는 의식이다. 제사가 이어지는 한 이 땅을 일구는 사람의 삶은 이어지는 셈이다. 또 이 땅을 일구는 핏줄이 이어지는 한 제사 의식은 이어지는 것이다. 그러면서 내 영혼의 한 부분은 자손에게 이어져서 영원히 지속할 것이다. 이런 제사야말로 죽어서 영혼이 영생복락하는 천국을 발명하지 않았던 우리네 나름으로 죽은 자의 영혼이 소멸하지 않고 영원히 사는 방식일 터이다.

땅을 갈아 일구어서 씨앗을 뿌려 열매를 얻어야만 내가 살 수 있다. 그런데 이 땅은 할아버지, 아버지가 물려준 것이니 어떻게 그분들의 고마움을 잊을 수 있겠는가? '나'라는 한 인간의 삶을 시작하게 했을 뿐만 아니라, 내 힘으로 살아갈 수 있도록 길러 주고, 또 내가 살아갈 수 있는 터전을 물려주기까지 하였으니 말이다.

이 시는 얼핏 보면 한가하고 소박한 시골의 정취를 풍기기도 한다. 누렁이, 흰둥이 개가 앞서거니 뒤서거니 꼬리를 흔들며 따른다. 주인이 가는 곳이면 어디나 따르는 충실한 개들이다. 요즘처럼 주인의 온갖 시중을 받으며 옷도 입고 신발까지 신고 비틀대며 간신히 걷고, 성인병까지 걸린다는 시추니 퍼그니 비글이니 하는 애완견이 아니라 주인의 밥상에서 나온 찌꺼기를 먹고 주인집 아이가 눈 똥을 주워 먹는다고 똥개라는 이름이 붙은, 가끔가다가 화가 난 주인아주머니한테 발로 걷어차이면서도 늘 주인을 따르는 누렁이, 흰둥이다. 개가 두어 마리나 앞서거니 뒤서거니 하는 것으로 봐서 살림이 아주 궁색한 것 같지는 않다. 정말 먹을 것이 없는 살림에는 개죽을 끓이는 것도 쉬운 일이 아니었으니까. 그렇지만 시골 살림이 넉넉한들 얼마나 넉넉할까?

선산이 없고 명당자리는 더구나 꿈도 꾸지 못하여 그저 밭 자락 귀퉁이나 풀숲 한쪽에 되는대로 무덤을 써서 무덤이 총총히 들어서 있다. 살아생전에 담을 마주하고 살던 이웃이 죽어서까지 옹기중기 무덤을 나란히 하고 누워 있다.

그런 들녘을, 제사를 지내고 노인이 집으로 돌아가고 있다. 해는 서쪽 산을 넘어가고 있는 해거름이다. 제사를 지내면서 음복으로 술을 몇 잔 마셨는지 취기가 오른다. 가뜩이나 노인이라 걸음에 힘이 드는데 취기가 있으니 몇 발자국 떼지 않아 비틀거린다. 그런 노인을 손자인 듯한 어린 아이가 부축한다. 할배의 걸음걸이를 안타까워하는 손자 핏줄의 정이 진하게 묻어나온다.

그래서 어떤 이는 할배와 손자만 이 시에 나온다고 하여 노인이 먼저 간 아들의 무덤에 제사를 지내고 돌아가는 것이라고 한다. 그러나 잘 모르겠다. 제목으로 봐서는 무덤에 제사 지내는 노래인데, 아들의 무덤에 아버지가 직접 제사를 지내는 경우는 못 보았으니까. 적어도 내가 어린 시절을 보낸 곳에서는 말이다. 부모를 두고 먼저 간 불효막심한 아들의 무덤에 풀이라도 내려 주려고 가서 술 한 잔을 부어 놓았다가 마시고 오는 것을 제사 지낸 것이라고 했다면 몰라도 말이다.

가을의 풍성함과 결실의 기쁨과 환희는 이제 동화책이나 옛이야기로만 전해지는 것 같다. 그럴수록 더 자연에서 멀어지고, 어려운 말로 자연에서 더 소외되는 느낌이다. 가질수록 더 공허해지는 것은 왜일까?

받은 만큼 돌려주는 것이 자연의 이치

전가사시사에 화답함(和田家四時詞)

농가에 가을 닥치니
농촌 일이 봄보다 바쁘다.
내년 거름을 마련하려니
풀베기도 힘이 든다.
아무리 힘들다고 몸을 뺄 수 없고
수고가 남보다 뒤질까 걱정이다.
서리가 닥쳐서 가을걷이가 급해
이웃 부르는 소리 사방에 떠들썩하다.
가을걷이 끝나고 논을 깊이 갈려니
소는 살쪄서 다루기 어렵다.
고된 일에 하루도 쉴 겨를 없어
중양절도 그냥 넘겨 버린다.

田家迫秋序 村務劇於春
明年糞田計 刈草多艱辛
艱辛不足辭 苦恐後於人
霜嚴收穫急 呷耶動四隣

穫竟復深耕 牛肥性難馴

　　苦無一日閒 辜負黃花辰

김응조가 지은, '전가사시사에 화답함' 넷째 수, 가을 편이다. 한시의 묘미 가운데 하나는 철저히 운을 밟고 있어서 소리 내어 읊어야 제 맛이 난다는 점이다. 그래서 번역하면 산문 같은 내용이라도, 원문으로 읽으면 상징과 은유와 형식미가 살아나서 좋은 시 작품이 된다. 위 시도 내용으로는 거의 산문에 가깝다. 그러나 원문은, 시어가 진솔하고 압운이 짜여 있어서 시가 되는 것이다.

　　늦여름에서 초가을 사이에 풀이 아직 씨를 맺지 못했을 때 풀을 베어 퇴비를 만든다. 퇴비를 비롯한 거름은 농사의 밑천이다. 동물의 배설물과 동식물의 주검이 썩고 발효하여 생기는 거름은 농사의 알파요, 오메가이다. 거름 가운데 가장 생산량이 많고 흔히 구할 수 있으면서도 질이 가장 좋은 거름이 쇠똥이고, 풀을 베어 쌓아 놓고 뒷간의 오줌똥을 부어 섞어서 발효시킨 퇴비가 그다음이다.

　　조선 시대 후기에 나온, 동아시아 전통 농경 사회의 농서農書를 집대성한 「임원경제지」를 보면 거름 만드는 것을 아주 큰일로 다루고 있다. 마당을 쓸고 모은 쓰레기, 구정물, 낙엽, 고기의 뼈를 삶은 물, 이런 온갖 것이 다 거름이 된다.

　　동아시아 농경 사회가 한정된 땅에 정착하여 살면서도 한 자리에서 수

천 년을 농사를 지어 내려온 비결이 바로 거름이다. 처음 농사를 지을 때는 평평한 산지를 골라 크고 작은 나무를 툭툭 잘라서 눕혀 놓고 불을 질러서 화전을 일구거나 양지바른 산지를 개간하여 작물을 키워 먹다가 땅심이 떨어지면 또 다른 곳으로 이주하였을 것이다.

그러나 사람이 늘고 개간할 땅이 줄면서 한 자리에 정착하여 농사를 짓게 되었다. 정착하여 농사를 지으면서 땅심을 보존하고 유지하는 방법을 생각해 낸 것이 바로 거름을 주는 방법이다. 거름을 주는 것은 땅에 힘을 돌려주는 것이다. 뽑아낸 만큼 돌려주는 것, 받은 만큼 돌려주는 것이 자연의 원리이다.

거름도 빈부에 따라 질과 양이 달라진다. 소가 있고 넉넉한 집에서는 거름도 많이 나오고 땅을 잘 걸워서 농사도 잘되지만, 소도 없고 먹을거리도 넉넉하지 않은 집은 거름도 많이 만들지 못한다.

할 수 없이 들에서 산에서 풀을 베어 쌓고 뒷간의 오줌똥을 섞어서 거름을 만드는 수밖에 없다. 그래서 옛사람들은 똥을 아주 소중하게 여겼다. 똥을 천시하고 더럽게 여기는 자는 밥을 먹을 자격이 없는 사람인 것이다.

똥에 관한 민담도 많고 이야기도 많다. 똥을 많이 모으려고 겨울날 사랑방에 사람들을 모아 긴긴 겨울밤 새끼도 꼬고 음식 추렴도 하면 사람들이 그 집 뒷간에 똥을 수북이 누고 간다. 똥이 하룻밤 잘 놀게 해 준 보답인 셈이다. 그런데 어느 마을이나 꼭 얌체가 있다. 놀고 먹기는 그 집 사랑방에서 하고, 똥은 몰래 자기 집 뒷간에 가서 누고 오는 사람 말이다.

동화작가 권정생 선생의 「강아지똥」이라는 불후의 동화가 있다. 이 동화는 1969년에 발표되었고, 월간 「기독교교육」에서 주는 제1회 아동문학상을 받았다.

당시 이 상의 당선작 심사에 참여했던 분한테서 들은 얘기이다. 이 작품을 당선작으로 선정하게 된 것은 엄숙주의나 교훈 위주, 또는 이른바 동심천사주의를 지향하는 당시 아동문학의 분위기에서 아동문학이 꺼리던 '똥'이라는 말을 제목과 소재에 그대로 드러내면서도, 똥이 더러운 것이 아니라 아름다운 것임을 보여주는 작품의 파격과 역설과 통찰이 신선하였기 때문이었다고 한다.

「강아지똥」은, 강아지가 눈 똥이 스스로 더럽고 쓸모없다고 비관하였는데, 민들레 씨앗이 날아와서 자신을 분해하여 민들레 싹을 틔우고 꽃을 피워서 자신도 아름답게 승화한다는 이야기이다. 똥의 성분이 자디잘게 부서져서 민들레로 화하는 삽화도 참 아름답다.

아무튼, 어린아이들은 똥을 좋아한다고 한다. 실제로 똥이 좋아서 좋아한다기보다 소똥, 개똥, 토끼똥, 말똥이라고 할 때의 똥이라는 되면서도 경쾌한 소리, 점차 규율을 알아 가는 과정에서 사회의 금기를 깨는 불량스러운 쾌감을 즐기며 똥이라는 말이 붙은 이름들에 관심을 많이 둔다고 해야겠다.

그래서 대형서점의 아동도서 코너에 가 보면 제목에 '똥'이 들어간 책이 상당히 많다. 유아기 아이들과 유치원 아이들이 왜 똥을 좋아할까?

아기들은 자신이 만들어 놓은 똥을 자기 분신처럼 여기나 보다. 왜냐하면, 똥은 자신이 만들어 내는 가장 원초적이면서도 구체적인 형상물이기 때문이다. 그래서 똥을 좋아하고 똥에 거리감을 느끼지 않는 것이다.

그리고 아기가 제때에 잘 삭은 똥을 쑥쑥 잘 누면 그 아기는 건강하다. 진단의학이 발달하지 않았던 옛날에는 똥으로 그 사람의 건강 상태를 살폈다. 국왕의 건강과 용태를 살피는 궁중 의사는 날마다 왕의 배설물을 검사하여 색깔, 냄새, 모양 등을 살펴서 왕의 건강 상태를 짐작하였고, 효자가 중병을 앓는 어버이의 똥을 맛보아 차도가 있는지 없는지를 알아보았다는 이야기도 있다.

이처럼 똥은 그 사람의 몸 상태를 곧바로 보여준다. 아기가 똥을 잘 누면 엄마나 할매는 궁둥이를 툭툭 두드려주면서 "어이구, 내 새끼! 똥도 잘 누네!" 하고 기뻐한다. 아기 때는 오줌똥을 잘 눠도 예쁘다고 고임을 받는다.

아기가 자라면서 처음으로 규율을 배우는 것도 오줌똥을 가리는 일부터이다. 처음에는 나오는 대로 오줌똥을 누다가 차츰 오줌과 똥을 지려놓으면 기저귀가 축축하고 오줌똥이 닿은 부분이 불쾌하여서 참으려고 하고 또 엄마나 돌보는 이가 아기에게 오줌똥을 가리는 훈련을 시킨다.

이러는 과정에서 자신의 욕구와 욕망을 억제하고 조절하는 훈련을 하게 된다고 한다. 프로이트 심리학에서는 이 시기를 항문기肛門期라고 하고 이 시기에 부모의 배설 훈련 통제에 반응하는 데 따라서 배설을 하지 않고 부모를 애태우거나 부모의 엄격한 통제에 저항하여 일부러 지저분하게 하기도 하는데, 이런 일들이 성인이 되었을 때 성격과 인격 형성에 커다란 영향을 미친다고 한다.

1970년대에 정부에서는 농가에 퇴비 증산을 독려하였다. 화학 비료를 많이 사용하면 땅심이 떨어지고 흙이 산성으로 된다고 하고, 화학 비료를 사는 값의 부담을 덜 수 있다는 명분으로 말이다.
　노골적으로 이농정책을 쓰면서도 자신은 농민의 아들이라는 둥, 황소를 당의 상징으로 삼는 둥, 왕조시대 왕들이 선농단에 제사를 지내고 경작 시범을 보이듯이 모내기 철이면 보좌관과 기자들을 대동하고 모를 몇 줄 심고 논둑에서 촌로와 막걸리를 마시는 퍼포먼스를 보여 가면서까지 농민에게 친근한 모습을 보이려는 정권의 정책적 고려였지만, 절대 빈곤에서 먹을거리 걱정은 덜어 주었다는 것만으로도 농민들은 이 정권을 절대 지지하였다. 하물며 퇴비 증산이야 실제로 농업 생산에 필수적인 과제 아니었던가!

　아침저녁으로 풀을 한 지게씩만 베어 오면 한 달 만에 퇴비가 얼마나 된다는 둥 아침마다 정책 홍보 방송을 해 댔고 마을마다 퇴비 증산 대회까지 열었다. 통이나 반으로 나뉘어 조직된 마을공동체에서 하루 동안 가장 많이 베는 쪽이 이기는 경기였다. 가장 많이 풀을 벤 개인과 통, 반에 시상을 하고 전국적으로도 퇴비 증산의 성과를 집계하였다.
　그래서 풀의 무게를 잴 때 이따금 돌멩이가 섞여 나오기도 하고 어린 소나무나 아까시나무 줄기가 들어 있는 식으로 애교 섞인 부정이 끼어들었지만, 특별한 이벤트가 없었던 시골에서 이는 나름대로 흥겨운 놀이인 셈이었다.
　심지어 초등학교 고학년 학생들은 여름방학 과제로 퇴비 한 둥치씩 말려서 가져가기도 하고 아까시나무 잎사귀를 따서 모아 그늘에 말려서 비료 포대로 하나씩 녹사료라고 하여 학교에 가져가야 했다.

중고등학교 학생들은 아예 학교에서 수업이 많지 않은 날을 잡아서 하루 동안 풀을 베게도 했다. 정부 시책에 학교와 학생들까지 동원했던 1970년대 풍경이다.

똥은 순환의 상징이다. 사람이 밥을 먹고 삭혀서 똥을 누면 개가 먹기도 하고 바로 뒷간에서 푹 삭아서 퇴비나 두엄으로 썩어서 곡식을 자라게 하고 그 곡식을 다시 사람과 집짐승이 먹는다.

이런 순환 구조가 도시화, 산업화와 함께 완전히 무너져서 똥은 처치 곤란한 물건이 되었다. 도시에서는 하루 이틀만 정화장치가 고장 나거나 분뇨 수거를 하지 않으면 바로 큰 난리가 난다. 사람이 도시에 모여 살면서 삶 일부를 자연에 돌려주는 것을 잊어버렸다. 사람만이 자연의 물질을 탐욕스럽게 마구 쓰고, 마구 먹고, 마구 버린다.

사람이 도시에서 쓰고 버리는 것은 자연에 돌려주는 것이 아니다. 농업은 작물을 키워서 먹을거리를 얻는 대신에 가장 나은 씨앗을 골라 갈무리했다가 이듬해 심음으로써, 작물의 종족을 보존하고 이어 준다.

이러는 과정에서 저절로 삼라만상은 내가 살아가기 위해서는 남의 생명을, 남의 힘을 의지해야 한다는 것을 터득하고 그만큼 고마움을 깨닫게 된다. 그러나 나와 자연 사이의 이런 직접적인 관계가 무너지고 그 사이에 돈이라는 추상적인 물건이 개입하면서 모든 의미는 사라지고 오로지 물질적 관계만 남았다.

작물을 길러서 주고받을 때는 작물에 담긴 땀방울의 의미를 주고받지만, 돈으로 살 때는 오로지 파는 사람과 사는 사람의 필요만 남는다.

청소년 시절, 텔레비전에서 황희 정승에 관한 야담을 소재로 만든 단막극을 본 일이 있다. 황희 정승은 야담에서는 청백리, 명재상의 상징처럼 알려져 있지만, 역사 기록에 따르면 뇌물도 받고 청탁도 하고 부정 축재도 적잖이 했더란다. 사실은 세종대왕이 하도 간섭해서 어쩔 수 없이 검소하게 살았다는 이야기도 있을 정도이다. 아무튼, 단막극의 내용은 이러했다.

황희 정승이 대감댁 며느리를 봤다. 신행新行 온 뒷날 황희 정승이 새 며느리한테 오곡밥을 짓게 했다. 대감댁 따님으로 손에 물 한 방울 안 묻히고 귀하게 자란 새색시가 그냥 밥도 아니고 오곡밥을 어떻게 짓겠는가?
그렇다고 서슬이 퍼런 시아버지의 지엄한 명을 거역할 수도 없어서 울상을 지으며 부엌에 들어갔다. 친정에서 따라온 몸종은 안절부절못했지만, 아무도 나설 수 없었다.
눈물이 그렁한 눈으로 이 사람 저 사람 둘러보며 구원의 눈길을 보내다가 어쩔 수 없어서 눈을 질끈 감고 부엌으로 들어갔다. 대충 솥에 물을 붓고 한 번도 지어 보지 못한 오곡밥을 지으니 밥도 아니고 죽도 아니고 익지도 않고 생쌀도 아닌 반쯤 익다만 밥 아닌 밥이 되었다. 사랑에서는 어서 밥을 내오라고 독촉이 성화같다. 눈물을 머금고 밥상을 차려 내가니 정승은 한 숟가락 떠서 입에 가져가려다 말고 혀를 쯧쯧 차면서 숟가락을 내려놓는다. 며느리는 민망해서 정말 죽을 지경이다.

그럭저럭 아침을 먹은 뒤 이번에는 며칠 내로 도포를 지어 올리라고 한다. 장난 삼아 바늘을 만져 본 일도 없는 며느리는 도포 감을 안고 방에서 눈물을 뚝뚝 흘리며 여러 사람을 원망했다. 처음에는 시집을 보낸 부모를 원망하다가, 대감댁 며느리를 보고 신분에 걸맞게 대우하지 않고 부엌데기나 침모 취급하는 시아버지를 원망하다가, 갓 시집 온 새 며느리를 두남두지 않는 시어머니를 원망하다가, 하나밖에 없는 마누라를 편들고 감싸지 않는 신랑을 원망하다가, 재미있는 구경거리라도 생긴 듯 샐쭉 웃으며 지켜보는 얄미운 시누이를 원망했다. 그렇게 눈물을 펑펑 쏟으며 애꿎은 도포 감 삼베만 구기고 하염없이 앉아 있었다.

하루가 가고 이틀이 가고 정해진 날이 되자 사랑의 호랑 시아버지 정승은 며느리에게 새로 지은 도포를 가져오라고 분부한다. 며느리는 마르지도 못한 삼베를 그대로 들고 들어갔다.

정승은 하인을 부르더니, "새아씨를 친정에 보내드려라! 밥도 못 짓고 옷도 못 지으니 우리 집에는 쓸모가 없구나!" 하였다. 하루아침에 소박을 맞고 쫓겨난 것이다.

친정에서는 난리가 났다. 잘 키운 딸을 정승 댁이라고 시집보냈더니 부엌데기 취급에 침모 취급에 그것도 모자라서 쫓아내기까지 한 것이다. 대감은 궐에서 정승과 마주치자 이럴 수가 있느냐고 따졌다. 정승은 빙글빙글 웃기만 하고 별말이 없었다. 대감도 부인도 아랫사람 보기에 민망하고 남세스럽고 해서 속만 탔다.

그럭저럭 몇 달이 흐르는 동안 시댁에서는 아무런 소식이 없었다. 대궐에서 마주치는 정승이나 사위도 여상하게 인사를 나눌 뿐 조금도 겸연쩍어 하지 않는다. 대감 내외만 속이 타는 가운데 어느 날 사위가 처가에 찾아왔다. 속이 상하고 자존심이 상한 대감이 대뜸 사위한테 따지듯이 내지른다.

"정승 댁 가풍은 그런 젠가? 상전 하는 일, 아랫것들 하는 일이 따로 없단 말인가?"

사위는 천연스럽게 대답한다.

"예! 그렇습니다. 빙장어른. 소자의 집에서는 상전도 머슴이나 노복과 같이 밭에 나가 김도 매고 부녀자들은 길쌈도 합니다."

사위의 능청스런 대답에 더욱 성질이 난 대감이 말한다.

"그렇다면 황 서방도 종들과 함께 우리 집 뒷간을 퍼서 밭에 나를 수 있겠구먼!"

"물론입니다. 빙장어른. 소자도 어릴 때부터 똥장군을 져 날랐습니다."

"그렇다면 어디 우리 뒷간도 좀 퍼 주게!"

한 나라 정승의 아들이며 대감의 사위인 황 서방은 하인이 건네주는 지게에 똥장군을 척 얹더니 익숙한 솜씨로 지게를 지고 뒷간으로 가서 아무렇지도 않게 똥오줌을 퍼 담아서 지게에 지고 밭으로 나가 밭에 골고루 뿌린다. 한나절을 이렇게 종들과 똑같이 거름을 내고 똥오줌을 퍼 날랐다.

이윽고 새참 무렵이 되었다. 새아씨가 찬모와 함께 광주리에 농주와 장떡과 부침 따위 새참을 이고 들로 나왔다. 이 모습을 처음 본 대감은 깜짝 놀랐다. 자기 딸이 들로 나오는 것도 처음 보거니와 부엌데기, 찬모의 말에 더 놀랐다. 음식을 모두 딸이 몸소 장만했다는 것이다.

아들이 처가를 다녀와 정승에게 처가에서 있었던 일을 소상히 말씀드렸겠지. 그러자 황희 정승은 고개를 끄덕끄덕하더니 며느리를 다시 데려오라고 했다. 시집에 돌아온 며느리는 정승의 시험을 무난히 통과했단다.

정승은 왜 갓 시집온 며느리에게 혹독한 시련을 안겨 주었을까?
아무리 윗자리에 있는 사람이라도 사람들이 먹고사는 이치를 알아야 한다. 더욱이 노동과 생산을 하지 않고 농민의 생산물을 얻어먹는 관료는 특히, 농민의 노고를 고마워할 줄 알아야 한다. 귀족이라고 해서 권리를 누리려고만 해서는 안 되고 생업에 종사하는 인민의 삶을 돌아볼 줄 알아야 한다. 대체로 이런 뜻이 아닐까?
정승의 뜻도 갸륵하지만, 그런 아버지의 의도를 짐작하고 묵묵히 참아 준 아들, 시아버지의 뜻을 깨닫고 안살림의 이치를 터득한 며느리도 모두 훌륭하다. 아무리 높은 자리에 있건 많이 배우건 가진 것이 많건 밭에 나가 일을 하거나 날일 노동을 하거나 거름을 나르거나 뒷간을 치우는 일을 부끄럽고 더럽고 하찮게 여기는 사람이 있다면, 그 사람은 삶의 의미를 모르는 자이다.
위정자들이 선거철만 되면 장애인이나 복지시설에 수용된 사람들을 찾아가 봉사를 합네, 고충을 들어줍네, 지원을 합네, 수선을 떨고 기자를 불러 사진을 찍고 난리법석을 피우지만, 막상 선거철만 지나면 언제 그랬느냐는 듯 잊어버리고 아랑곳하지 않는다. 정말 시민의 대표가 되려면 황희 정승의 야담을 깊이 되새겨 볼 일이다.

사족을 덧붙이자면, 이 야담의 주인공인 정승은 황희 정승이 아니라 다른 아무개 정승이라는 이야기도 있지만 아무려면 어떤가?

하지가 지나고 석 달쯤부터 낮이 눈에 띄게 짧아지기 시작한다. 날씨도 온난화의 영향인지는 모르나 절기로는 가을이라고 해도 요지부동이더니 갑자기 아침저녁으로 선선해진다. 가을이 깊어 가는 것이다. 덩달아 식물도 다급해지고 농부들도 조급해진다.

식물의 생장은 아무리 기세 좋은 놈이라도 서리와 함께, 한 생을 마감한다. 밭둑과 야산을 온통 휘감으며 밭둑에 심어 놓은 호박, 머위, 키 작은 나무…… 가릴 것 없이 삼켜 버리던 환삼덩굴 같은 놈도 서리가 오면 푹 삶겨 버린다. 그래서 가을의 기운을 일러서 '숙살지기肅殺之氣'라고 한다. 싸늘하게 죽이는 기운!

이처럼 가을은 식물의 생장을 정리하는 철이기 때문에 봄과 함께 일러서 한 해를 대표하는 말이 되었다. 바로 춘추春秋라는 말이다. 어른의 나이를 높여 불러서 춘추라고 한다. 봄은 만물이 자라도록 생명을 소생시키는 철이다. 봄이 되면 죽은 듯이 보이던 메마른 나뭇가지에도 물이 오르고 꽃이 피고 잎이 돋고 옆으로 뻗은 뿌리에는 새로 싹이 돋아 나무로 자라고, 풀도 오곡도 싹이 튼다. 새들도 짝을 지어 둥지를 만들고 알을 낳아 새끼를 까서 키우고 짐승도 새끼를 낳는다.

이처럼 봄은 만물이 자라고 한 해의 새 삶을 살아가게끔 하는 철이기 때문에, 아주 오랜 옛날에는 하늘로부터 사람과 만물의 살림살이를 돌보는 책임을 맡은 왕은 하늘의 뜻을 받들어 봄에는 상을 내리고 가을에는 벌을 시행했다고 한다.

이렇게 봄가을로 한 해 동안 사람들이 이루어 놓은 모든 일을 상을 주고 벌을 주는 일이 나라를 다스리는 일이었고 이런 일의 기록을 모은 것이 역사가 되었다. 그래서 중국의 고대 역사 기록 이름이 「춘추」가 된 것이다.

요즘은 이런 표현을 잘 쓰지 않지만, 얼마 전만 하더라도 서릿발처럼 서슬 퍼런 칼날이니, 추상 같은 호령이니 하는 말을 썼다. 추상이 바로 추상秋霜, 곧 가을서리가 아닌가? 가을의 차디찬 서리. 온 산과 들의 나뭇잎이 다 지고 나면 밭이나 논에 눅눅한 곳에는 서릿발이 일어난다. 서릿발을 밟으면 버석버석하는 소리가 뼛속까지 차갑게 느껴진다.

그래서 가을은 오행에서는 금金에 해당한다. 왜 금, 곧 쇠붙이가 가을을 대표하는 물질이 되었을까? 아마도 가을이 깊어지면서 이른 아침에 쇠붙이가 차갑게 느껴지고 쇠붙이에 이슬과 서리가 앉는 것을 보고 쇠붙이를 가을의 상징으로 삼은 것이 아닐까?

또한 칼날은 나무와 풀을 베고, 쇠는 땅속의 용암 불에 녹아 있던 쇠 성분이 밖으로 터져 나와 식어서 생긴 것이니 봄과 여름을 이어서 가을을 상징하는 물질이 된 것으로 보인다.

봄은 나무, 여름은 불로 상징을 삼는다. 가을은 봄과 대척에 있고 여름을 이어서 오는 철이니까 나무와 불을 이어서 쇠로 상징을 삼는다. 아무튼, 귀에 걸면 귀걸이, 코에 걸면 코걸이 격의 풀이인 셈이지만.

첫서리 내린 날의 풍경은 차디찬 날씨와 함께 참 깊은 인상을 준다. 뜨끈한 아침밥을 먹고 문을 열고 나오면 마구간에서 소는 단잠을 자고 일어나 입으로 입김을 후후 불면서 쇠죽을 먹고 있다.

설설 끓는 쇠죽에서 오르는 김과 소가 내뿜는 콧김이 섞여 분간이 되지 않는다. 뜨뜻한 쇠죽을 먹고 있는 소의 모습을 보면 나도 마음이 푸근해지고 마치 내가 따뜻한 밥을 먹고 배가 불러 흐뭇한 느낌이 든다.

아침 일찍 길을 나서면 아직 산그늘이 진 곳은 어둑한 기운이 채 가시지 않고, 논가 웅덩이나 도랑에서는 김이 스멀스멀 올라온다. 차를 타러 산길을 넘어가노라면 가을이 한창 무르익을 무렵에는 축축한 이슬과 함께 바짓가랑이에 오만가지 풀씨들이 달라붙어 성가시게 하더니 어느새 풀들은 씨도 다 흩어 보내고 서리에 푹 삶겨서 축 늘어졌다.

어느 해 그날따라 기차를 타러 10리 남짓 되는 기차역으로 달려가는데 산으로 이어지는 밭둑에 호박넝쿨이 서리에 푹 삶겨 있었다. 삶겨서 늘어진 호박넝쿨 주위로 옻나무, 붉나무의 붉은 단풍과 아까시나무의 누런 단풍이 떠오르는 햇살에 서리가 녹으면서 눈물을 흘리고 있었다. 그 모습이 별 새로울 것도 없는데 서리라 하면 늘 그 모습이 먼저 떠오른다.

늦가을이 되면 차례로 곡식을 거둬들여서 타작을 한다. 논농사는 고된 일이며 심을 때와 거둘 때 일손이 많이 필요하므로 온 마을 사람들이 함께 품앗이로 돌아가면서 이 집 저 집의 일을 한다.

　모내기를 할 때는 논에 마을 사람들이 못줄을 따라 죽 늘어서서 모를 심고 벼를 벨 때도 아래위 논에 함께 들어가 한 줄로 늘어서서 벤다. 벼를 베는 사람은 벼를 베고 벼를 나르는 사람은 볏단을 논둑이나 마른 곳에 가려서 말린다. 며칠 말린 뒤 소에 싣고 지게에 지고 집 근처 빈 밭이나 논에 쌓아 두고 타작할 준비를 한다.

　타작을 탈곡이라고도 하는데 씨알을 껍질이나 깍지, 이삭에서 분리하는 일이다. 콩이나 녹두, 팥과 같이 마르면 깍지에서 쉽게 벗어나는 알곡식은 도리깨로 타작을 하고 보리나 밀과 같은 곡식도 도리깨로 타작을 하지만 벼는 이삭을 낱낱이 털어서 방앗간에서 찧어야 먹을 수 있기 때문에 일이 더 힘들다.

　벼를 이삭에서 털어낼 때는 옛날에는 훌테라고 하는 굵은 빗같이 생긴 것을 엎어서 세워 놓고 삐죽한 빗살 사이로 벼 이삭을 한 묶음씩 움켜쥐고 세차게 훑어서 털었는데, 내가 어릴 때는 많이 개량되어서 탈곡기를 썼다. 둥글고 넓적한 동체에 철사를 고깔 모양으로 휘어서 여기저기 박아 놓은 탈곡기인데, 보통 두 사람이 함께 발로 밟으면 피대가 동체에 연결된 바퀴를 돌려서 벼 이삭을 훑어 낸다.

　여러 사람이 온종일 걸려서 훑어 내던 것을 탈곡기를 쓰면 별로 힘을 들이지 않고도 많은 양을 훑어 낼 수 있다. 발판을 세차게 밟아 대면 "와랑와랑"하는 소리가 점점 커지면서 율동적으로 들려서 어릴 때 마당에서 탈곡기로 타작을 할 때면 '와랑와랑' 소리를 듣는 것도 꽤 재미나는 구경거리였다. 초등학교 4, 5학년 때쯤에는 기름을 태워서 원동기를 돌려 타작을 하는 기계 탈곡기가 보급되어서 일이 한층 쉽고 빨라졌다. 기계 탈곡기는 마을마다 갖출 수도 없고 해서 추수철이 되면 탈곡기 주인이 여러 동네를 돌아다니며 탈곡을 해 주었다.

그래서 어느 집에서는 늦게 배당이 되어서 탈곡을 마치면 밤이 깊어지는 때도 있었다. 그래도 정해진 날 탈곡을 해야 해서 남폿불을 몇 개씩 밝혀 들고 화톳불도 피워 놓고 기계를 돌렸다.

처음에는 곡식단을 풀어서 나란히 늘어놓으며 톱니굴레에 갖다 대면 톱니굴레가 돌아가면서 곡식을 끌고 가서 곡식을 털어 낸다. 기계 탈곡기는 말끔히 털어 내기 때문에 마지막에는 남은 북데기나 떨어진 이삭까지 낱낱이 긁어모아 탈곡기에 집어넣는다. 그러다 한번은, 기장이었는지 서숙(조)이었는지 모르지만, 왕겨가 나오는 구멍으로 검은 고무조각이 튀어나오는 것이었다. 알고 봤더니 할매가 벗어 놓은 검정 고무신이 북데기와 함께 쓸려 들어가 갈가리 찢어져서 나오는 것이었다. 날은 어둑어둑해지고 기계 주인은 서둘러서 바쁘고 급한 중에 고무신이 딸려 들어간 것을 몰랐던 것이다.

기계 탈곡기는 소리도 "탕탕탕탕!" 소리가 난다. "와랑와랑" 소리는 부드러우면서도 율동미가 있지만, "탕탕탕탕" 소리는 강하고 굵은 음파가 반복되면서 상당히 위압적이다.

기계화의 정도에 따라 사람의 힘이 덜 들고 그만큼 자연에서는 멀어지는 것이다. 그래서인지 기계의 변천에 따른 인정도 점점 각박해졌다. "와랑와랑" 소리로 탈곡을 할 때는 막걸리를 마시고 동네 마당에서 여럿이 모여서 일을 했지만, "탕탕탕탕" 소리로 탈곡을 할 때는 기계를 돌리는 일꾼과 집 식구만으로도 탈곡을 할 수 있었고 마을 사람들도 저마다 자기 일에만 몰두했다. 새참으로 먹는 술도 소주로 바뀌었던 것 같다.

1970년대에 중학교를 다닌 사람들은, 순전히 내 기억에 의한 것이지만, 1학년 국어 교과서에 실린 '메아리'라는 단원을 기억할 터이다. '이 작품은, 동화도 쓰고 동시도 쓰고 소설과 희곡도 쓴 작가 이주홍이 발표한 작품이다. 어머니도 없이 아버지와 누이와 소 한 마리와 함께 사는 돌이라는 아이가 주인공이다. 외로운 돌이한테는 똑같은 소리로 대답하는 메아리만 식구가 아닌 동무라고 할까?

어느 날 낯선 사람을 따라 시집간 누나를 찾으러 갔다가 길을 잃고 헤매다 정신을 잃은 돌이. 어두워진 밤에도 돌아오지 않는 아들을 찾아 나선 아버지의 목소리를 듣는 순간 잔뜩 긴장했던 돌이는 정신을 놓아 버린다. 아버지 등에 업혀 돌아와 정신을 차리자 아버지는 돌이한테 동생이 생겼다고 한다. 그 사이 새끼를 배고 있던 누렁이가 송아지를 낳은 것이다. 화전민으로 살아가는 돌이네 식구에게 유정물有情物인 소와 송아지는 식구나 마찬가지다. 아니 사실상 한 식구였다.

내가 입던 돕바(타파, 방한외투)를 아우들이 차례로 물려 입고 소맷부리가 너덜너덜해진 것은 소의 삼정(덕석)으로 입혔다. 그리고 겨울에 송아지를 낳거나 새로 사 오면 송아지한테 입혔다.

내가 오랫동안 입어서 길이 들고 정이 든 옷을 물려 입었으니, 소든 송아지든 내 아우나 내 식구나 마찬가지이다. 한 지붕 아래에서 자고 먹고, 내가 입던 옷을 입고 있으니 말이다. 어쩌다 송아지가 내 입던 돕바를 입고 껑청껑청 뛰어다니면 돕바에 찍힌 상표가 오르락내리락 뜀을 뛰고 늘어진 소매가 덩달아 덩실덩실 춤을 추었다.

정말 그 시절에 소는 식구였다. 식구들이 아침을 먹기 전에 아버지나 할매는 쇠죽을 끓여서 소를 먼저 먹였고 저녁 먹으러 들어가기 전에도 쇠죽을 먼저 퍼주었다. 힘든 일을 하는 날 아침이나 힘든 일을 한 날 저녁에는 댕가루(당겨)나 밀기울, 콩깍지, 콩싸라기 따위를 듬뿍 넣어서 쇠죽을 쒀서 준다.

외국 사람들이 우리나라에 아직 많이 드나들지 않았을 때, 어느 서양 사람 하나는 한국 사람의 인정을 소한테도 짐을 한 바리 싣고 자기 지게에도 짐을 나누어 싣고 소를 몰고 가는 사람한테서 찾기도 했단다.

서양 사람들 같으면 마차에 짐을 잔뜩 실은 뒤 올라타고 몰고 갈 텐데, 한국 사람은 소한테만 싣지 않고 자기도 짐을 나누어지고 간다는 것이다. 참말로 나뭇짐이든 볏단이든 우리네 어른들은 으레 소한테도 한 바리, 자기도 한 지게 이렇게 나눠서 지고 갔다. 소가 헉헉대면서 고개를 쑥 빼고 짐바리를 싣고 고개를 넘어갈 때면 옆에 지나가는 사람이라도 소 궁둥이를 밀어 주고 싶을 정도이다. 그러니 소의 주인이야 오죽하랴!

아이가 배앓이를 하거나 열이 나고 기침을 해도 웬만하면 그냥 참으라 하고 한두 끼쯤 먹지 않아도 입맛 돌아오면 먹겠거니 하고 큰 걱정 안 하지만, 소가 쇠죽을 조금만 덜 먹어도 걱정을 하고 아예 먹지 않으면 큰일이 난 줄로 안다. 아이보다 소가 더 중해서 그런 것이 아니라, 소는 말 못 하는 짐승이기 때문에 그렇다는 것이다.

그리고 한 식구의 목숨줄이 소한테 달려 있기 때문이다. 소가 무사하여 농사일을 잘 거들어야만 한 식구가 한 해 동안 먹고살 수 있다. 그래서 당장에 소의 병을 잘 아는 사람들에게 묻거나 장에 가서 약을 사 와서 먹인다.

소가 흔히 걸리기 쉬운 병으로는 고창증鼓脹症이 있다. 되새김하는 동물이 걸리는 병인데, 배가 북처럼 빵빵하게 부풀어 오른다고 고창증이라고 한다.

소가 뜨기 쉬운 먹이를 과식했거나 비나 이슬에 젖어서 물기가 많은 먹이를 많이 먹었을 때 생기는데 첫째 위에 가스가 찬다고 한다. 첫째 위에 가스가 차면 혈액순환이 어려워 폐가 압박이 되고 심하면 죽기도 하는 위험한 증상이다. 고창증에 걸리면 응급처치로 굵은 주삿바늘을 첫째 위가 있는 부위에 꽂아서 가스를 뽑아내기도 했단다.

또 콩을 말리려고 멍석에 널어 두거나 가마니에 넣어 둔 것을 사람 눈을 피해 많이 먹어도 뱃속에 들어간 콩이 불어서 배가 부풀어 오른다. 배가 부풀어 오르면 눈을 허옇게 뒤집고 숨을 헐떡헐떡 몰아쉰다. 이럴 때는 얼른 소의 코꾼지(코뚜레)를 단단히 움켜잡고 몇 시간이고 끌고 다닌다. 소가 빨리 소화하도록 자극을 주는 것이다. 그대로 두면 배가 터져 죽는 수도 있다고 한다.

소가 혓바늘이 돋으면 먹이를 잘 먹지 않는데, 이때는 굵은 소금을 소의 혓바닥에 뿌리고 빼태기 숟가락(감자 따위를 긁을 때 쓰는, 날이 뭉툭하거나 반달처럼 닮은 숟가락)으로 박박 긁어 주었다.

소는 주로 소화 장애나 설사와 같은 병이 걸렸는데, 웬만한 병에는 너삼이라고 하는 고삼苦蔘을 달여 먹였다. 고삼은 아주 쓴맛이 나는데 사람의 여러 질병에 흔히 쓰는 약재이다. 위장병이나 이질, 종기, 치통과 같은 병에 고삼을 썼기 때문에 소한테도 썼나 보다. 소의 병이라고 해야 거의 모두 위장장애 아니면 설사였으니 말이다. 그리고 너삼을 달여 먹이면 대개 나았다.

소도 저마다 성질이 달랐다. 먹성이 좋아서 국물도 남기지 않고 싹싹 핥아먹는 놈이 있는가 하면 꼭 건더기만 건져 먹고 국물은 남기는 놈이 있다. 이런 놈은 살이 잘 찌지 않고 성질도 까다롭다.

온순하여 어린아이에게도 잘 끌리는 소가 있는가 하면 사나워서 웬만한 어른이 아니고는 다루기 어려운 놈도 있다.

우리 집에도 한번은 성질이 더러운 소를 먹인 적이 있었는데 어린 우리가 앞세워서 몰고 가려고 하면 휙 돌아서서 뿔로 받으려 하고 할매나 아버지가 몰고 가면 그냥 앞을 서서 고개를 주억거리며 갔다.

경력이 오래되고 노련한 소 장수는 소의 관상도 잘 보았다. 주둥이가 까맣고 주둥이가 뾰족한 놈은 입이 짧아서 죽을 잘 먹지 않고 성질이 까다롭다. 뿔이 뒤로 누운 놈은 성질이 순하다. 뿔이 곧추서거나 앞으로 뻗은 놈은 성질이 사나워서 사람을 떠받는다. 눈이 동그란 놈은 성질이 못

됐다 하고 말이다.

　이웃 용진이네 문호 할매는 다른 일에는 큰 관심이 없으면서 남의 집에서 소를 사 오면 열일 젖혀 놓고 꼭 맨 먼저 구경을 와서 한마디했다. 새집 아재는 소 장수를 했는데 장날이 되어서 소를 사 와 마구간에 매어 놓으면, 다음 날 새벽에 문호 할매가 맨 먼저 찾아와서 소를 보고는 딱 잘라 말했다. "에이, 주둥이가 까만 게 죽을 잘 안 먹게 생겼다." 참말로 그 소는 소죽을 잘 먹지 않고 살이 잘 안 쪘다. 그래서 새집 아지매는 문호 할매를 참 밉상이라고 하였다.

　중학교 3학년 국어 책에서 배운 오영수의 「요람기」에도 주인공 '소년'은 동네 아이들이 소를 몰고 풀을 뜯기는 것을 부러워하는 대목이 나온다. 이처럼 소는 식구이기도 하고 동무이기도 하고 재산을 일구는 밑천이기도 하였다.

　그래서 소가 농사일에 가장 큰 몫을 하던 시절에는 소를 참 많이 위했다. 설날이 지나고 처음 맞는 '소날'에는 콩을 볶아서 소를 먹이고 소가 다칠까 봐 날이 있는 연장을 쓰지 않았다고 한다.

　그런데 지금은 소가 아무 일도 하지 않고 오로지 사람의 먹을거리가 되고 있어서 아무도 소를 이처럼 위하거나 아끼지 않는다. 물론 소는 재산이기 때문에 소가 많이 죽거나 다쳐서 재산에 손실이 있을 때는 아까워하겠지만, 소를 유정물로 여겨서 정을 나누지는 않는다는 말이다.

　지금은 소가 한겨울에도 버썩 마른 짚을 우물거리고 사료를 핥아 먹고 식은 물을 들이켜고 있는 것을 보면 안됐다는 생각이 든다.

노스트라다무스가 말을 두고 이런 예언을 했다고 한다. "앞으로는 말이 마차를 끌지 않고 저절로 움직이는 네모난 상자 같은 것을 사람들이 타고 다닐 것이다. 그때가 되면 말은 영문도 모른 채 서서히 행복하게 잊혀 갈 것이다" 하고.

곧 사람들은 더는 말을 타고 다니지 않으며 따라서 말은 마차를 끌거나 전쟁에 동원되는 일 없이 한가롭게 살 수 있겠지만, 말이 쓸모가 없어졌기 때문에 사람들의 삶에서 말은 중요성을 잃고 의미를 잃어 갈 것이라는 뜻이다.

이제 말은 돈 많고 한가한 사람들이 즐기는 승마나 노름의 일종인 경마에서만 모습을 볼 수 있을 뿐이다. 경주마의 씨말(種馬) 가운데도 품종이 좋고 이름 있는 놈은 값이 수십 억을 넘기도 한단다. 아무튼, 소든 말이든 사람과 새로운 관계를 이루게 된 것이다. 어떤 관계가 더 좋은지는 모르겠지만 말이다.

일생 일만 하다가 병든 소의 비쩍 마른 모습이 애처로워 읊은 시도 있다. 바로, 이강李綱의 '병든 소(病牛)' 이다.

천 마지기 밭을 갈아 천 가마 곡식을 거두게 하다가
힘은 다하고 힘줄은 지쳤는데 누가 마음 아파하나.
다만 중생이 모두 배부를 수만 있다면
지치고 병들어 석양에 눕더라도 사양하지 않으리
耕犁千畝實千箱 力盡筋疲誰復傷

但得衆生皆得飽 不辭羸病臥殘陽

　이강은 중국 송대의 정치가이며 시인이다. 정강靖康 때, 금이 수도 개봉을 포위하자 굳건히 전쟁을 주장하였으며, 흠종欽宗의 천도를 저지하고 금을 격퇴하는 데 나섰다.
　그의 시는 웅혼하고 강건하며 영웅의 기상이 느껴진다고 한다. 이 '병든 소'도 실상은 나라를 위해 일생 헌신만 하고서도 아무런 대가도 받지 못하고 오히려 오해와 질시를 받고 마침내 쫓겨난 자신을 비유하는 것이라 하겠다. 예나 지금이나 진정은 제대로 인정받기 어렵다. 몸으로 충성하는 사람은 입으로 충성하는 사람을 이기지 못한다.

　시에 나온 "황화신黃花辰"이란 중구절重九節이라고도 하는 중양절重陽節을 가리킨다. 중양절이란 양수가 겹친 날, 곧 음력 9월 9일을 기념하는 날이다. 9는 동양의 숫자 관념에서는 한 자리 수로 된 자연수의 최고수이기 때문에 완전수이다. 10부터는 두 자리 수이며, 10 이상은 다시 자릿값을 높여서 1이 쓰이기 때문에 9가 마지막 수인 것이다. 숫자 관념에서 처음 나오는 완전수는 3이다. 1은 존재를, 2는 대립을 나타내며 3부터 수가 이루어진다. 그래서 3이 완전수이다.
　그런데 9는 완전수 3에 3을 곱한 것이니 완전수 중에서도 완전수인 셈이다. 그래서 9는 최상, 최고, 완전, 균형과 같은 관념을 띠며 신성한 숫자로 여겨진다. 또한 9는 다른 차원으로 넘어가는 경계지점이기 때문에 9와 관련한 숫자, 특히 9의 나이에는 조심하고 경건한 몸가짐으로 넘어

가야 한다고 한다.

경계지점에 처해서는 늘 신중하고 조심해야 하는 것이다. 베토벤의 교향곡도 9번에서 가장 높은 음악의 경지에 올랐고 또 그의 음악 사상의 가장 높은 이상을 그려 냈다. 그래서 음악계에서는 9번 교향곡에 대한 징크스가 있다나?

「주역」의 수 체계에서 9는 노양老陽의 수이다. 고대 중국에서는 수를 홀수(奇數)와 짝수(偶數)로 나누어서 홀수를 양수, 짝수를 음수라고 하여 양을 좋게 보았다. 9가 양수를 대표하고 6이 음수를 대표한다.

양수 가운데 9는 가장 높은 수이다. 그래서 양 가운데 가장 높은 양이라고 노양이라 하였다. 9월 9일은 노양수 9가 둘이 겹쳤다. 그래서 이날은 노인을 위한 날이 되었다. 중국에서는 음력 9월 9일 중양절을 노인절이라고 하여 노인을 공경하고 경로사상을 되새긴다. 대만에서는 총통이 붉은 봉투(紅包)에 얼마간의 돈을 넣어서 연로한 노인들한테 나눠 준다는 이야기를 들은 적이 있다.

중양절에는 높은 산에 올라가 국화주를 마시고 수유 열매를 머리나 모자에 꽂는 풍습이 있다. 이 풍습은 옛날 중국의 도사 비장방費長房과 그의 제자인 환경桓景에게서 유래한다.

비장방은 후한 때 여남汝南 땅에서 살았는데, 하루는 시장에서 이상한 광경을 보았다. 약을 파는 한 노인이 약을 파는 점포 머리에 호리병 하나를 걸어 놓고 있었는데, 장이 파하자 그 노인이 호리병 안으로 들어가는 것이었다. 그것을 본 비장방은 노인한테 도를 가르쳐 달라고 졸랐다.

비장방은 노인을 따라 깊은 산으로 들어가 술법을 배웠지만, 끝내 제대로 터득하지 못하고 마침내 떠나게 되었다. 떠날 때 노인은 부적 하나를 주면서 이것을 가지면 땅 위의 귀신을 자유로이 부릴 수 있다고 하였다. 집에 돌아온 뒤 부적으로 귀신을 자유자재로 부렸으나, 어느 날 부적을 잃어버려서 귀신한테 죽임을 당했다고 한다.

환경이 비장방을 따라 여러 해를 배웠다. 어느 날 비장방이 환경한테 이렇게 말했다.

"9월 9일에 네 집에 큰 재앙이 닥칠 것이니 얼른 가서 집 식구들에게 붉은 주머니를 만들어서 수유를 채워 넣어 팔뚝에 묶고 높은 산에 올라가 국화주를 마시게 해라. 그러면 이 재앙이 사라질 것이다."

환경이 그의 말대로 얼른 집으로 가서 온 식구를 데리고 높은 산에 올라가 있다가 저녁이 되어 돌아왔다. 와서 보니 닭과 개와 소, 양이 모두 한꺼번에 죽어 나자빠져 있었다. 돌아온 환경한테서 사연을 들은 비장방은 식구가 당할 재앙을 짐승이 대신 당한 것이라 하였다. 이로부터 해마다 9월 9일이 되면 높은 산에 올라가 국화주를 마시고 수유를 주머니에 넣어 차는 풍습이 생겼다.

사실 국화주나 수유는 모두 몸이 허하고 피로하며 허리와 다리가 시큰거리는 데 효과가 있다. 또 수유 열매의 붉은 색깔은 사특한 기운을 몰아내는 주술 효과가 있다고 믿었기 때문일 것이다.

특히, 국화주는 늙는 것을 막는 데 효과가 있다고 한다. 늙는 것을 조금이라도 늦춰 보고자 하는 사람의 마음이 만들어 낸 풍습의 유래 이야기라 하겠다. 그런데 농가의 가을은 너무도 바빠서 유래가 오래된 이런 풍습이라도 한가로이 즐길 겨를이 없다. 바쁜 꿀벌은 게으를 틈이 없다고 했던가?

돈으로는 살 수 없는 보배들

절구絶句

뜰을 채운 달빛은 연기 없는 촛불
자리에서 뵈는 산은 청하지 않은 손님
게다가 솔가지는 악보 없이 곡조를 타니
이 귀한 보배를 전하지 못하네
滿庭月色無煙燭 入座山光不速賓
更有松絃彈譜外 只堪珍重未傳人

깊은 사상성을 담고 있으면서도 경물景物을 마치 수채화처럼 담담하게 그려 낸 이 시는, 고려 시대의 학자 최충(崔冲, 984-1068)이 지었다.

뜰을 환하게 비추는 달빛은 촛불처럼 밝지만 연기가 나지 않는다. 자리에 앉아서 밖을 내다보면 거무스름하게 비치는 산의 모습은 마치 굳이 청하지 않아도 가끔 그리울 때 어찌 알고 왔는지 문 앞에 문득 서 있는 반가운 손님 같다. 이에 더하여 소나무가 바람에 기기묘묘한 소리를 내니 마음도 상쾌하다. 밝고 은은한 달빛은 바깥을 환하게 비추고 솔바람은 마음을 깨끗하게 씻어 준다.

이런 값을 매길 수도, 돈으로 살 수도 없는 보배를 어떻게 남에게 전할 수 있겠는가? 설령 전한다 한들 그 값어치를 제대로 알 사람이 얼마나 있을까?

고대 헬라스의 소피스트 철학자 고르기아스(B.C. 483-376)는 "아무것도 존재하지 않는다. 존재한다 해도 알 수가 없다. 알 수 있다 해도 전달할 수가 없다"는 논지를 역설했다.

이 논지의 깊은 의미는 논할 수 없지만, 이 말을 곰곰이 생각해 보면 참 그럴듯하다. 우리가 아는 것을 얼마나 남들한테 제대로 전할 수 있을까? 직접 겪어 보지 못한 사람한테 내 체험의 세계를 전하려면 마치 장님한테 우유가 어떤 것인지 말로 설명하려는 것과 같을 것이다.

그러기에 동양의 철학에서는 "말은 뜻을 다 전할 수 없다"는 명제가 있다. 아예 말의 한계를 전제하고서 담론을 하자는 것이다.

진리는 말로서는 제대로 전할 수 없다. 그러나 말이 아니고서는 아무것도 전할 수 없기 때문에 말과 뜻 사이의 갈등은 영원히 지속되는 것이다. 그러고 보면 인류의 정신사는 오해의 연속이라 하겠다.

설령, 달밤에 같이 솔바람을 즐긴다 하더라도 그 사람의 경지에 따라 내가 느끼는 것과는 천차만별일 것이다. 같은 자리에서 똑같이 부처님의 설법을 들었는데도 저마다 다르게 들었다.

그래서 여시아문如是我聞이다. 뜰에 가득한 달빛을 촛불로, 산을 손님으로, 솔바람을 거문고 소리로 들을 수 있는 마음이 없는 사람한테는 이 모든 것이 무의미할 뿐이다. 저마다 마음의 깊이만큼 자연의 아름다움을 담는다. 마음의 크기만큼 삶의 진실을 채울 수 있을 뿐이다.

최충은 고려 성종, 문종 때 살았던 유학자이다. 우리나라 유학사에서는 '해동공자海東孔子'라는 별칭이 붙었을 만큼 우리나라 유학을 일으킨 학자이다. 공자는 중국에서 최초로 사설 교육기관을 운영하여 많은 제자를 길러서 사회에 내보냈고 아득한 고대로부터 전해 내려온 문헌을 정리하여 교육하고 후세에 보전하였다. 최충도 우리나라에서 처음으로 사설 교육기관을 세워서 많은 제자를 길러서 사회에 진출하게 하였다.

고려는 성종 때 거란의 침략을 받은 뒤 학문이 많이 침체했는데, 최충이 '구재학당九齋學堂'이라는 사립학교를 세워서 학생을 배출하여 유학이 크게 부흥하였던 것이다.

구재학당에서는 아홉 과목의 전문 강좌를 열어서 생도를 교육했다고 한다. 최충이 세상을 떠난 뒤, 구재학당에서 공부하는 학생들을 '문헌공도文憲公徒'라고 하였는데, 최충의 시호가 문헌공이었기 때문이다.

최충의 후손 가운데도 학문과 덕행이 뛰어난 사람이 많았는데 지금까지도 그 이름이 전하는 「보한집補閑集」의 저자 최자崔滋가 바로 최충의 후손이다.

최충의 구재학당에는 귀족 자제들이 많이 입학하여 공부를 하였고 이들이 과거에 급제하였기 때문에 점차 이를 본받아서 여러 사설 학교가 생겨났다. 이 시대의 사설 교육기관을 통틀어서 십이공도十二公徒라고 하였는데 이름난 유신儒臣 열두 사람이 사설학교를 세웠기 때문이다. 이

가운데 최충의 문헌공도가 가장 이름 높았고 세력도 컸다고 한다.

그리하여 국학기관인 국자감이 제구실을 못하였을 때 구재학당을 비롯한 십이공도의 사설 교육기관이 고려의 학문을 이끌었던 것이다.

그러나 점차 선후배 간의 학연이 이루어지면서 폐단도 날로 커지게 되었다. 이런 점은 사설 교육기관의 불가피한 폐단이었다. 그래서 관학과 사학이 침체했던 무신집권기와 국학을 진흥한 충렬왕 이후 점차 쇠퇴하여 고려 말 교육제도를 정비할 때 폐지되었다.

바람이 고요를 깨우다

가을날(秋日)

저녁 햇살 골목에 찾아드는데
누구와 근심을 이야기할까?
옛길엔 오가는 사람도 뜸한데
가을바람 이삭을 흔드네
返照入閭巷 憂來誰共語
古道少人行 秋風動禾黍

　'가을날'이라는 제목이 붙은 시가 꽤나 많다. '가을날 어쩌고' 하는 말로 시작하는 서양의 유명한 시도 있고, 한시에도 '가을날'이라는 제목이 붙은 시가 있다. 가을은 귀향의 계절이다. 귀향이란 돌아가는 것이다. 집으로, 왔던 곳으로, 편히 쉴 곳으로. 열매도 가을이면 다 익어서 삶이 시작된 곳으로 돌아간다. 씨에서 왔으니 씨로 돌아가는 것이다. 새봄에 새로운 삶을 시작하기 위해.

　중국 속담에 "나무가 천 길이나 되어도 잎은 지면 뿌리로 돌아간다(樹高千丈 葉落歸根)"는 말이 있다. 젊을 때 넓은 세상으로 나가 활개를 치고 앞만 향해 달려가다가도 나이가 들면 고향을 그리워하게 마련이다. 모두가 끝내는 제가 생겨난 근원으로 돌아가는 법이다.

뉘엿뉘엿 넘어가는 저녁 햇살이 길게 쓸쓸한 동네 골목으로 찾아든다. 한 해도 또 흘러간다. 한 해의 아쉬움과 떠난 벗들을 생각하며 시름을 곱씹어 봐도 함께 얘기를 나눌 사람도 없다.

누렇게 익어 가는 곡식 이삭들이 물결을 이루고 있는 논밭 사이로 끝없이 오솔길이 끊어졌다 이어져 있는데 오가는 사람들 자취도 드물고. 소슬한 바람이 들판 가득 고개 숙이고 있는 벼와 수수밭을 헤집고 다녀서 물결처럼 일렁이게 한다. 그나마 바람이라도 한줄기 불어서 벼 이삭, 수수 이삭을 흔들지 않았더라면 얼마나 쓸쓸했을까! 바람에 일렁이는 곡식 이삭이 정감을 일렁이게 한다.

이 시는 당의 시인 경위耿湋가 쓴 시이다. 짧은 가을 해가 막 서산을 넘어가다가 한 줄기 햇살이 아쉬운 듯 동네 골목에서 머뭇거릴 때, 아직 들에 갔던 농부들은 돌아오지 않아 들길에 사람 자취도 없고, 마을은 온통 적막한데 한 줄기 바람이 곡식 이삭을 흔들어서 고요를 깨뜨린다는 정경이 인상에 남는다.

그대 곁에 서성이는 그리움

가을밤에 구 원외랑에게(秋夜寄丘員外)

싸늘한 가을밤 그대 그리워
홀로 서성이며 읊조리노라니
고요한 산에 솔방울 떨어져
숨어 사는 이도 잠 못 이루리

懷君屬秋夜 散步詠冷天

空山松子落 幽人應未眠

위응물이 쓴 '가을밤에 구 원외랑에게'이다. 구 원외랑은 원외랑員外郎이라는 벼슬을 가진 구단丘丹이라는 사람인데, 구 씨 집안의 형제 항렬 가운데 스물두째여서 이십이원외二十二員外라고도 한다. 원외랑이란, 정원 외에 두던 벼슬로서 각 관서의 업무를 보조하는 일을 맡았다. 이 시는 위응물이 소주蘇州라는 곳의 자사 벼슬을 하고 있을 때 소주에 가까운 항주杭州의 어느 산속에 은거해 있던 구단한테 준 시이다.

때는 마침 가을밤이다. 가을이 되면 그리운 사람들이 더 그리워지는 법이다. 벗들이 못 견디게 그리운 가을밤에 잠을 못 이루며 뒤척이다가 뜨락에 나왔다. 싸늘한 밤공기가 목덜미를 파고들고 상기한 얼굴을 식혀 준다. 이리저리 거닐며 시를 읊조린다. 빈산에 모두가 잠들어 고요한데 이따금 지난해에 달렸던 마른 솔방울이 툭툭 떨어진다. 그 소리를 들으면 그리운 이라도 찾아오려나 속세를 떠나 숨어 사는 사람도 잠을 못 이루고 만다.

그가 연잎에 맺힌 이슬을 두고 읊은 시, 이슬방울(詠露珠)도 맛깔스럽다. 가을에 뇌어 볼 만한 시이다.

가을 연잎에 이슬 한 방울
맑은 밤 어두운 하늘에서 떨어졌다네.
옥쟁반에 받아 보고서야
둥근지 알겠구나.
秋荷一滴露 清夜墮玄天
將來玉盤上 不定始知圓

연잎이나 토란처럼 큐티클 층이 발달한 잎사귀에는 빗물이나 이슬이나 동그랗게 잘 방울이 져서 맺는다. 사물을 보고 경이로워하는 동심을 표현한 동시처럼 읽힌다. 연잎과 이슬처럼 맑고 청량한 시이다.

저녁 무렵 어촌을 그리다

어촌의 해거름(漁村落照)

지는 해 뉘엿뉘엿 먼 산으로 숨는데
밀려 온 물 철썩철썩 물가를 오르네.
어부 들어간 흰 갈대숲에서
서너 줄기 피어오르는 푸른 저녁연기
落日看看含遠岫 歸潮咽咽上寒汀
漁人去入蘆花雪 數點炊烟晚更靑

이 시는 2천 년 우리 시의 으뜸이라고 일컫는 고려 말의 학자이며 문인인 이제현李齊賢의 시이다.
가을은 어디 농촌만 쓸쓸한가? 이 시를 읽어 보니 어촌의 가을도 농촌 못지않게 쓸쓸하고 스산하다. 가을날 저녁 무렵 한 어촌의 일상을 파노라마처럼 그려 냈다.
해가 뉘엿뉘엿 지고, 밀물에 밀려 배를 부린 어부들이 갈대숲 사이를 뚫고 집으로 들어가고, 남편과 아버지가 돌아오기를 기다리는 집에서는 저녁연기 피어오르고. 어린 시절, 동해안을 따라 가는 새벽 열차를 타고 가다가 해 뜨는 광경을 보았다. 고려청자의 비색처럼 동녘 하늘이 잿빛과 푸른빛이 섞여서 시나브로 희붐해지더니 불그레한 기운이 하늘에 번져간다. 이윽고 하늘과 바다가 함께 붉은 물로 끓어오르면서 실낱같은 황금빛 선이 수평선에 나타나더니 차츰차츰 모양을 갖추면서 햇무리를 남기며 하늘로 쑥 오른다. 말갛게 떠오른 해를 보면 참 눈부시다.

금세공하는 고향 친구가 있었다. 그 친구가 금을 다루는 것을 보니, 작은 접시처럼 생긴 도가니에 금 부스러기나 금 조각을 넣고 토치램프로 열을 가하면 부스러기가 얼음이 시나브로 녹듯이 하나씩 녹아 흘러서 도가니 복판으로 모인다. 금 조각을 더 넣으면 금이 녹아서 꼭 달걀노른자처럼 된다. 금이 아닌 다른 성분은 표면에 아주 옅은 잿빛으로 점점이 맴돌고, 순금은 이글이글 타오르는 달걀노른자 같다. 떠오르는 해의 중심을 보면 꼭 이렇게 이글거리는 황금을 닮았다.

해가 하늘로 떠오르면 온 누리는 삽시간에 환해지고 금방 낮이 되어 버린다. 조바심을 내며 기다리던 해는 마치 공을 차듯이 바다에서 뭔가가 차올린 것처럼 쑥 올라와 버려서 조바심에 견주면 싱겁기도 하다. 그런데 지는 해는 떨어지지 않는 발길을 억지로 돌리듯 차츰차츰 아쉬움을 남기며 사그라진다. 서녘 하늘을 차차 물들여 가며 점점 꺼져 가는 해가 점점이 떠 있는 섬 그림자를 하나둘 늘여 가면서 지는 모습은 상념에 젖게 하고 사색에 잠기게 한다.

생텍쥐페리의 「어린 왕자」에는 어린 왕자가 비행기 조종사인 작가한테 자기 별 이야기를 하면서 해 지는 것을 보기를 좋아한다고 말하는 장면이 있다. 어린 왕자의 별은 하도 작아서 의자만 뒤로 당기면 해 지는 것을 볼 수 있다고. 어느 날인가는 마흔세 번이나 해 지는 것을 보았다고. 그러면서 이렇게 덧붙였다. 사람은 슬플 때는 해 지는 것을 보기를 좋아한다고…. 그래서 작가가 물었다. 마흔세 번이나 해 지는 것을 본 날은 그렇게 슬펐더냐 하고. 그러나 어린 왕자는 아무 말도 하지 않았다.

  해가 뜨면 일어나 일터로 가고 해가 지면 일손을 놓고 돌아와 쉬고, 이렇게 땅에 묻혀 땅과 함께 살아가던 세상을 그리워하자니 불현듯 슬퍼지고, 해 지는 것이 보고 싶다.

겨울

겨울이 눈앞에 성큼 다가온다. 나이가 들어서인지 철이 바뀌는 걸 실감도 못하겠다. 계절의 변화나 세월이 흐르는 것은 그저 달력의 숫자로나 짐작할 뿐 산이 옷을 갈아입고 벌레가 땅으로 기어드는 것을 볼 수 없으니 점점 자연에서 멀어지는 것 같다.

어릴 때는 무, 배추를 뽑아 동네 떠들썩하게 김장을 하고, 나락을 베고 콩을 타작하여 들이고, 감을 따고 시래기를 만들어 널고 하다 보면 어느새 가을걷이를 마친 어른들은 땔나무를 하러 다니고, 아침저녁으로 학교를 오가는 길에 서릿발이 밟히고 산비탈 양지쪽으로 골라 다니다 보면 겨울이 오고 있구나 하는 걸 알게 된다.

눈 내리니 봄이 멀지 않다

강 마을 저녁에 내리는 눈(江天暮雪)

강가 짙은 구름 먹물을 뒤집어 쓴 듯하고
바람결에 날리는 눈송이 힘없이 떨어진다
날이 어두워 난간에 기대어도 갈가마귀 뵈지 않고
꽃 움튼 나뭇가지 곧 올 봄을 기다린다
낚시꾼 삿갓에는 찬바람 감돌고
장삿배 노도 을씨년스럽다
나귀 탄 맹호연 외에
이 시를 읊는 마음 그 누가 알리
江上濃雲飜水墨 隨風雪點嬌無力
憑欄不見昏鴉影 萬枝繁華春頃刻
漁翁蒻笠戴寒聲 賈客蘭橈滯行色
除却騎驢孟浩然 箇中詩思無人識

겨울 하면 눈과 얼음이다. 눈이 오는 날을 손꼽아 기다리다 보면, 마치 기다리고 기다리던 손님은 이렇게 오는 법이란다 하고 깨우쳐주기라도 하듯 유난히 곤하게 잠든 밤사이에 몰래 와 있기도 하고, 학교에서 한창 어려운 글자와 씨름하고 있을 때, 누군가 긴장을 깨뜨리는 한 마디, "야! 눈이다!" 소리치면 온 학교가 떠들썩해진다.

눈과 관련한 재미있는 이야기가 있다. 소년 잡지에 연재된 만화에서 본 이야기이다. 옛날, 어느 시골에 가난한 훈장이 있었다. 없는 살림에 마누라는 애도 쑥쑥 잘 퍼질러 놓았다. 시골 훈장이라 살림이 나아질 기미가 전혀 없는데, 마누라가 또 아들을 낳아 놓은 것이다. 마누라가 낳은 것인지 훈장이 낳게 한 것인지는 모르지만 아무튼, 식구가 또 하나 늘어난 것이다.

마침 이웃에는 성실하고 착한 젊은 부부가 살았는데 아기가 없어서 근심이었다. 홧김에 훈장은 갓난아기를 이웃집 젊은 부부한테 줘 버렸다. 젊은 부부는 아기를 금이야 옥이야 길렀다. 어느덧 아기가 자라서 말을 할 나이가 되자, 부부는 아이한테 글을 가르쳐 달라고 훈장한테 부탁하였다. 훈장은 이 아이를 직접 기르지는 않았지만, 자기 핏줄이고 옆집에서 어릴 때부터 자라는 것을 죽 봐 왔기 때문에 흔쾌히 자기 아들들 틈에 끼어서 글을 배우도록 허락하였다.

그런데 어찌할거나! 남의 손에 든 떡이 더 커 보인다고 자기가 기르는 아이들보다 남을 줘버린 이 아이가 더 똑똑해 보이는 것이다. 이 아이는 제 형들보다 훨씬 영특하여서 늦게 글을 배웠는데도 형들을 일찌감치 따라잡고 뛰어난 재주를 보였다.

어느 겨울, 마침 문밖에 눈이 내렸다. 훈장은 내리는 눈을 소재로 삼아 아이들한테 시를 짓는 법을 가르치려 하였다.

그래서 먼저 '눈이 오니'라는 뜻으로 '설래雪來' 하고 말귀를 떼고서 뒤에 글을 이어 붙이게 하였다. 큰아들이 대뜸 '설래선소측雪來先掃廁'이라고 구절을 만들었다. '눈이 오니 먼저 뒷간 길을 쓴다'는 뜻이다. 훈장은 큰아들의 대답이 영 마뜩잖았다. 머리를 절레절레 흔들었다.

둘째 아들은 아버지가 형의 대답을 탐탁지 않게 생각한다는 눈치를 채고 얼른 '설래선소정雪來先掃井'이라고 구절을 맞췄다. '눈이 오니 먼저 우물길을 쓴다'는 뜻이다. 훈장이 보기에는 둘째 아들이 한 대답도 '도토리 키 재기'였다. 다른 아이들 답도 들어보나마나였다.

훈장은 남을 줘 버린 이 아이한테로 눈을 돌렸다. 이 아이는 '설래선유언雪來先有言'이라고 글귀를 만들었다. 훈장은 옳거니 하고 무릎을 치면서 아쉬움과 대견함이 교차하는 눈길로 이 아이를 보았다. 아이의 대답은 '눈이 오니 먼저 말을 한다'는 뜻이다. 곧 눈이 오면 맨 먼저 "아, 눈이 오네!" 하고 말을 한다는 것이다. 당연한 사실이다.

훈장은 세 아이가 지은 글을 이렇게 평하였다.

"첫째는 먹는 것만 밝혀서 미련스럽게 먹고 배탈이 자주 날 것이다. 그래서 뒷간에 잘 가는 것이 가장 큰일이니 눈이 오면 뒷간 길을 쓸 생각을 먼저 하는 것이다. 너는 먹는 것을 조심해야 한다. 둘째는 천성이 게으르다. 눈이 올지도 모르면 미리 물을 길어 놓아야 눈이 오고 나서야 우물길을 쓸 생각을 한다는 말이냐? 셋째는 앞으로 글을 잘할 기상이 보인다. 말은 곧 글이기 때문이다. 눈이 오면 먼저 눈이 온다고 말을 하는 것이 자연스러운 일이다."

남을 줘 버린 아이가 영특한 것을 깨닫고는 더욱 배가 아파진 훈장은 이 아이를 잘 기르고 가르쳐서 출세시켜 보고 싶은 마음이 일었다. 그래서 이웃집 부부한테 아이를 돌려달라고 요구하였다.

 부부는 아닌 밤중에 날벼락을 맞은 기분이었다. 지금까지 잘 길러 온 아이를 느닷없이 돌려달라니! 부부는 억울한 심정을 가눌 길이 없었다.

 부부와 훈장은 서로 자기 아이라고 다투다가 원님한테 재판을 받기로 하였다. 원님은 난처하였다. 낳은 정이 우선이라고 주장하는 훈장의 말도, 기른 정이 중요하다고 주장하는 부부의 말도 다 옳은 말이었기 때문이다. 서로 팽팽히 맞서는 주장에 골치가 아파진 원님은 현명하게도 당사자의 생각을 들어보자고 하였다.

 아이가 훈장과 부부가 다투는 고을집에 와서 원님 앞에 섰다. 원님이 상황을 설명하고서 아이한테 생각을 물었다. 아이는 이렇게 대답하였다.

 "어느 부잣집에서 봄에 모판을 넉넉하게 만들어서 논에 모를 다 심고도 모가 남아서 버리게 되었습니다. 이웃 가난한 집에는 모가 없어서 모를 심을 수 없었습니다. 부자는 이왕 버리는 모이니 가져다 심으라고 하였습니다. 가난한 농부는 버리는 것이나 마찬가지인 모를 고맙게 거둬서 부지런히 가꾸었습니다. 그해 가을에 수확할 때가 되니 가난한 집 논의 벼가 더 풍성하게 익었습니다. 그러자 모를 준 부자는 가난한 집 논의 벼가 탐이 나서 '이 벼는 원래 내가 준 모를 심어서 기른 것이니 내 것이다' 하고 벼를 베어 가겠다고 나섰습니다. 원님! 이런 상황이라면 원님께서는 어떻게 판결을 내리시겠습니까?"

 원님은 "그 벼가 원래 부잣집 모를 가져다 심은 것이라 하더라도 가난한 농부가 기른 것이니 가난한 농부의 것이지!" 하고 대답하였다.

아이는 젊은 부부를 가리키며, "그렇습니다. 마찬가지로 훈장님이 저를 낳아주셨지만, 저를 기르신 분은 이 두 분입니다. 그러니 제 부모는 이 두 분이십니다" 하고 대답하였다.

원님도, 훈장도, 구경꾼들도 논리 정연한 아이의 말에 혀를 내두르며 고개를 끄덕였다. 물론 옛이야기의 일반적인 유형대로 이 아이는 자라서 출세한 뒤, 낳은 부모와 기른 부모를 다 잘 모셨다는 내용으로 끝나지만.

고려 때 진화가 쓴 시이다. 원래 이 주제는 중국의 소수瀟水와 상수湘水 언저리의 경치를 여덟 가지 주제로 묶은 소상팔경瀟湘八景 가운데 하나이다. 이 소상팔경은 시와 그림의 단골 주제이다. 우리나라에서도 자주 문인화나 산수화, 민화로 시로 묘사되고 표현되었다. 이 시도 진화가 송적宋迪이라는 송 대 사람이 그린 소상팔경도를 보고 주제에 따라 지은 여덟 편 가운데 하나란다.

우리나라 시인의 시이지만, 중국의 경치와 정조를 읊은 것이라서 좀 아쉽다. 고려나 조선 시대에는 거의 가 본 사람이 없었던 소상팔경을 시인이나 화가가 시로 읊고 그림으로 그린 것은 소상팔경을 관념적 이상향으로 여긴 것이 아닐까! 소상과 아무런 관련이 없는 우리나라 곳곳에도 팔경은 널리고 널렸다.

그림 속에 시가 있고 시 속에 그림이 있다는 말을 한다. 산수화는 그림과 시가 어울려야 제격이란다. 그림을 보면 시상이 떠오르고, 시를 읽으면 그림이 떠올라야 한다는 것이다.

무겁게 잔뜩 찌푸린 하늘이 문득 눈발을 날리면 눈발은 바람에 휩쓸려 이리저리 어지러이 난다. 눈이야 뜻이 있을까? 바람이 날리는 대로 따를 밖에. 그러니 힘없이 떨어진다고 했다.

온갖 것이 고요하고 정적이라 갈가마귀라도 날았으면 고요를 깨뜨리는 파적破寂일 텐데. 날이 어두워 갈가마귀 그림자마저도 보이지 않는다. 그래도 수많은 가지는 꽃눈을 잔뜩 부풀리고 금방이라도 산 넘어서 불어 올 봄바람을 기다린다. 눈이 내릴수록 봄은 멀지 않았으니까.

낚시를 드리운 노인의 삿갓에도 차가운 바람 소리 감돌고 오르내리는 장사꾼의 배에서 들려오는 노 젓는 소리에도 겨울의 정취가 묻어난다.

시인이 느끼는 이런 겨울의 풍경을 시로 떠올릴 수 있는 사람은 유명한 맹호연孟浩然이라는 시인밖에 없을 거란다. 그러면서 은근히 자기도 맹호연만큼 시를 잘 읊을 수 있다는 믿지 않은 자신감도 내보이고 있다.

겨울은 온갖 것이 얼어붙고 추위에 잔뜩 찌푸려서 땅속이나 방구석에 틀어박혀 있어서 생명이 정체된 것 같지만, 그래도 봄이 머지않다는 새 희망을 싹틔우는 계절이다. 그리고 겨울이 땅을 얼어붙게 하고 생명의 활동을 정체시켜야만 새봄이 봄답게 생명을 소생시킬 수 있다. 그게 자연스러운 흐름이 아닐까?

삶과 자연과 시가 어울리던 시절

밤에 내린 눈(夜雪)

이런! 이부자리가 식었네
어느덧 창가도 훤해졌고
이 깊은 밤에 눈이 많이 내렸구나
댓가지 부러지는 소리 간간이 들리던 걸
已訝衾枕冷 復見窗戶明
夜深知雪重 時聞折竹聲

백거이白居易가 읊은 '밤에 내린 눈'이다. 대학 1학년 때 처음 외운 한시이다. 난방이 잘되지 않은 옛날 집은 밤이 깊으면 점점 이부자리도 차가워진다. 나는 어릴 때 사랑방에서 할배와 아우와 함께 잠을 잤는데, 겨울철에는 초저녁에 쇠죽을 끓이면서 지핀 군불이 뜨뜻하여 편히 잘 수 있지만, 밤이 점점 깊어지면 방이 식어 자꾸 아랫목으로 파고든다. 아우와 이불 다툼을 하다가 결국에는 가장 아랫목에 누워 있던 할배 이불 속으로 발을 집어넣곤 했다. 그러면 할배는 "어라! 이놈들 귀찮다" 하며 역정을 냈다.

어릴 때 언젠가 할매가 영주에 있는 고모 집에 다녀왔다. 고모가 중국 음식점을 하다가 점포를 정리하면서 남은 큰 대접 몇 벌을 주었다.

우리는 우동 담던 그릇이라 하여 '우동 그릇'이라고 불렀다. 원래는 접시같이 납작한 받침이 붙어 있었는데, 시일이 지나면서 떨어져서 대접만 남은 것이 얼마 전까지도 돌아다녔다. 우동 그릇은 집에서 쓰던 밥그릇 가운데 가장 커서 이것저것 나물을 넣고 식은 밥을 비비거나 국수나 수제비를 담거나 할 때 아주 쓸모가 있었고, 긴긴 겨울밤 자리끼를 한 가득 떠서 머리맡에 두기에도 좋았다. 밤이면 머리맡 한쪽에는 요강이 놓여 있고, 한쪽 구석에는 자리끼를 담은 우동 그릇이 놓여 있었다.

나보다 두 살 아래인 아우는 잠을 아주 깊이 달게 잤다. 한번 잠들면 정말로 누가 업어 가도 모를 정도였다. 낮 동안 눈싸움에 얼음지치기, 팽이치기로 보내고 아버지 따라 산에 가서 나무를 해 오고 하다가 저녁을 먹고 곤하게 자던 아우가 벌떡 일어나더니 머리맡에 손을 뻗어 자리끼가 담긴 우동 그릇을 끌어당기고는 내복바지를 내리고 오줌을 누려고 하였다. 잠결에 요강인지 그릇인지 분간을 못 했던 것이다. 불 끄고 자라는 할배 성화에 책과 머리 사이에 호롱불을 두고 이불을 뒤집어쓰고 엎드려 늦게까지 책을 보던 나는 얼른 우동 그릇을 당기고 요강을 들이댔다.

눈이 많이 내린 날 때맞춰 달 밝은 밤이면 달빛과 눈과 눈에 비친 달빛이 한데 어울려 창밖도 훤하다. 밤새 몰래 눈이 내리는 걸 어떻게 알까? 이따금 대나무 가지 부러지는 소리로 안다. 물론 대나무가 흔치 않은 추운 지방에서는 눈을 이기지 못한 솔가지 부러지는 소리나 쌓인 눈이 후두둑 떨어지는 소리로 눈이 온 걸 안다. 삶과 자연과 시가 어울렸던 옛날이다.

친구여, 와서 한잔하세

유십구에게 묻는다(問劉十九)

새로 막걸리 걸러 놓고
질그릇 작은 화로 피워 놓았네
오늘 저녁 눈이 올 듯한데
와서 한잔하지 않으려는가?
綠螘新醅酒 紅泥小火爐
晚來天欲雪 能飮一杯無

이 시도 백거이가 눈 내리는 밤의 정취를 읊은 것이다.

이런 친구가 있었으면 좋겠지? 벌써 한 이십 년 되었나?「지란지교를 꿈꾸며」라는 수필집이 한때 서울의 종이 값을 올려놓은 적이 있었다. 그 책에서, 이런 친구가 있으면 좋겠다고 꿈같은 친구의 조건을 말한 것이 생각난다. 물론, 이런 친구를 바라기 전에 내가 먼저 이런 친구가 되어야겠지만.

녹의綠螘라는 술이 어떤 술인지는 모르겠다. 그렇지만 아무튼, 술을 새로 걸러 놓고 붉은 질그릇으로 만든 화로에 불도 피워 놓고 방을 따뜻하게 해 놓았다. 마침 밤에는 눈이 내릴 것처럼 공기가 가라앉아 있다. 공기가 가라앉으면 마음도 가라앉는다. 이런 날은 툭 터놓고 속마음을 얘기하기도 좋다. 그러니 마음에 맞는 친구를 불러 밤새도록 술을 기울이면서 얘기도 하고 시도 읊고 하면 동지섣달 기나긴 밤도 짧지 않을까? 정말 점점 더 친구가 그리워지는 시대가 되었다.

그림 같은 자연에 깃들다

강에는 눈이 내리네(江雪)

산이란 산에는 새 한 마리 날지 않고
오솔길마다 오가는 이 하나 없네
삿갓에 도롱이 입고 조각배 띄운 노인
홀로 낚시 드리운 추운 강에는 눈이 내리네
千山鳥飛絶 萬徑人蹤滅
孤舟蓑笠翁 獨釣寒江雪

　　이 시는 워낙 유명해서 많은 사람이 읽어 보거나 배웠을 것이다. 당의 유종원柳宗元이라는 사람이 쓴 시인데, 내가 고등학교 국어 시간에 배울 때에는 제목이 '강에는 눈만 내리고'라고 되어 있었다.
　　분위기가 정말 그림 같지 않은가? 천산千山이라고 했는데 산봉우리가 어디 천이나 될까? 그저 많다는 뜻이거나 모든 산이란 말이겠다. 오솔길도 마찬가지고. 산에 눈이 내리니 날던 새도 둥지로 돌아가 눈을 피하고 있다. 나무를 하는 나무꾼이나 길을 가던 나그네들의 자취도 끊어졌다. 게다가 움직이는 생물이라곤 늙은 낚시꾼밖에 없는데 그나마 삿갓을 쓰고 도롱이를 입고 외로운 배에 앉아서 낚싯줄을 드리우고 있으니 모든 움직임이 멎었다. 이 숨 막힐 듯한 고요를 깨뜨리는 건 푸슬푸슬 내리는 눈발. 고요만 있어도 안 되고 움직임만 있어도 안 된다. 정靜 가운데 동動, 동 가운데 정이라고 할까. 고요가 주된 이미지라면 고요를 깨뜨리는 움직임이 필요하고, 움직임이 주된 이미지라면 움직임의 근원이 될 고요가 필요하다. 이렇게 상반된 원리가 변증법적으로 어울려야 아름다운 시의 그림이 펼쳐진다.

 어른들은 자연을 관조하지만, 아이들은 자연을 몸으로 먼저 체득한다. 그래서 어른들은 눈 내리는 강에 낚시 드리우고 자연을 관조하지만, 아이들은 눈과 얼음하고 몸으로 뒹군다.
 눈은 내렸다가 며칠 지나면 녹기도 하니 눈싸움은 눈 내리는 날이나 그다음 며칠 할 뿐이고 역시 겨울 놀이는 썰매타기이다.
 썰매를 우리는 '씨게토'라고 불렀는데, 아마 스케이트의 일본말 찌꺼기일 것이다. 아무튼, 씨게토는 철사 씨게토와 칼 씨게토 두 종류가 있다. 철사 씨게토는 철사를 곧게 펴서(철사는 거의 아무 집에나 흔하게 있었다) 날로 삼은 썰매이다.
 집을 고치거나 담을 엮거나 하느라 쓰고 남은 철사, 휘어서 버린 철사 토막 따위를 주워서 일단 반듯하게 편다. 철사를 펴는 방법은 철사 양끝을 갈라 쥐고 나무기둥이나 쇠로 된 문고리에 걸고 힘을 주어 왼쪽 오른쪽을 계속 번갈아 당기면 거의 반듯하게 펴진다.
 이렇게 편 철사를 길이와 굵기가 적당한 각목 두 개에 고정시킨다. 썰매의 앞부분은 각목을 유선형으로 경사지게 잘라서 얼음 위에 저항을 받지 않고 잘 나가게 한다. 철사를 각목에 고정시킬 때는 각목의 경사진 앞부분과 각이 진 뒷부분에서는 철사를 휘어서 나무에 박고 얼음에 닿는 가운데 부분은 잔못을 드문드문 철사 곁에 바짝 대고 박는다. 이 철사를 박은 각목을 씨게토 발통(바퀴)이라고 불렀다. 이 발통 둘에 판자를 앉기 좋을 만큼 크기로 잘라서 못을 박아 고정시키면 썰매가 완성된다. 아이 둘이 탈 만큼 크게 만든 썰매도 간혹 있다.

칼 씨게토는 장에서 파는 스케이트 모양의 칼날을 사서 발통에 박아 만든 썰매이다. 칼 씨게토가 철사 씨게토보다 잘 나가는 것은 물론이다. 썰매의 칼날은 아무나 살 수 없었기 때문에 용돈을 조금 넉넉하게 쓸 수 있는 동무들이라야 칼 씨게토를 탈 수 있었다.

그래서 칼 씨게토가 부러운 우리는 어쩌다 재수가 좋으면 양철로 된 양동이 밑에 두른 테를 잘라서 썰매에 쓰기도 하였다. 이런 모든 씨게토는 우리 스스로 만들었다. 어려서 직접 만들지 못할 때는 형이나 아재가 만들어 주었고, 조금 자라면 우리가 우리 것을 만들고 아우들 것을 만들어 주었다.

이 가운데 단연 압권은 외발이 칼 씨게토이다. 외발이 칼 씨게토란 판자의 넓이가 손바닥 두 개만한 작은 썰매인데 칼날도 하나만 달렸다. 이 외발이 칼 씨게토는 장에서 파는 칼날이 아니라 양동이 테로 만든 칼날이어야 한다. 왜냐하면 외발이 씨게토를 탈 때는 앉아서 타는 것이 아니라 두 발만 올려서 서서 타는 것이다. 썰매에 올라서서 가슴 높이만큼 오는 작대기(나무막대에 못이나 송곳을 박은 지팡이인데, 우리는 씨게토 침이라고 불렀다) 두 개로 썰매를 지친다. 한창 달릴 때 무릎을 가끔 굴리면 더 빨리 나간다.

외발이 칼 씨게토는 칼날의 뒷부분을 직각으로 잘랐기 때문에 한창 달리다가도 앞꿈치를 살짝 들고 뒤꿈치에 힘을 주면 바로 선다. 외발이 씨게토는 허릿심을 이용하기 때문에 앉은뱅이 씨게토보다 훨씬 빠르고 좌우 방향 선회나 한 바퀴 회전이나 온갖 재주를 자유자재로 부릴 수 있다. 그만큼 제동하기 쉽다. 그러나 고도의 균형 감각이 필요하므로 웬만큼 나이를 먹고 균형 감각이 몸에 붙지 않고서는 타기 어렵다. 그래서 나도 거의 6학년 무렵이 되어서야 겨우 탈 수 있었다.

우리가 모두 철사든 칼이든 씨게토로 얼음판에 엎드려 낑낑대고 있을 때 소년잡지에서나 보았음 직하게 머플러를 휘날리며 바람처럼 스케이트로 넓은 얼음판을 질주하는 아이가 있었다.

바로 앞집 불알친구 정찬이네 고종사촌들이었다. 김수한이라는 동갑내기와 그 형제였다. 그 집이 얼마나 잘 사는지는 몰랐지만, 형제가 외가라고 겨울이면 가끔 정찬이네 집에 놀러 왔는데 우리 기를 죽일 일이 있는지 꼭 스케이트를 가지고 와서는, 우리가 앉아서 씨게토 침과 씨름하고 있을 때 활개를 치며 드넓은 얼음판을 휘젓고 다녔다.

생긴 것도 말끔하게 잘 생겼고 옷도 잘 입은 데다 스케이트까지 멋있게 지치니 우리는 그만 전의를 상실한 패잔병처럼 씨게토 위에 앉아서 멀거니 보고만 있었고 팽이를 치던 애들도 팽이채만 들고 우두커니 서 있었다. 설령, 김수한이가 스케이트를 빌려 준다고 해도 우리 가운데 누구도 선뜻 받아서 탈 수 없었다. 아무도 스케이트를 타 본 적이 없었기 때문이다. 그런데 나중에 알고 봤더니, 김수한이는 무슨 큰 도회지 아이도 아니었다. 바로 이웃한 면에 살던 아이였다. 우리가 초등학교를 마치고 군소재지 중학교에 들어갔을 때 정찬이의 다른 동갑내기 고종사촌과 함께 중학교에 입학했다. 스케이트를 타던 김수한이한테는 말도 못 붙였지만, 같은 중학교에 들어간 김수한이는 그때부터 여느 동급생과 다를 바가 없는 친구가 되었다.

그때는 스케이트를 못 사주는 아버지가 원망스럽지는 않았다. 아마 나름대로 장남의식이 있어서 그랬는지는 모르지만, 많은 동생과 할매 할매에 출가하지 않은 고모, 아재(삼촌)까지 있었으니 책임만 많은 농부인 아버지를 원망할 나위가 없었던 터이다. 가난한 농부의 장남으로 태어났으니 내 힘으로 내 세상을 일구어야 한다는 어렴풋한 자긍심이 그때부터 싹 텄는지도 모를 일이다. 요즘도 동창 모임에서 김수한이를 만나면 스케이트 타던 잘 생긴 소년의 얼굴이 떠오른다. 어릴 때 김수한이 그리 부럽지만은 않았던 것은 가난이 나를 키워줄 수도 있다고 생각한 도전정신이라 할까, 아니면 가난에 대한 긍정적 저항정신이라 할까 이런 생각이 나를 사로잡았기 때문이리라. 내가 지금 가난하면 가난할수록 나중에 내가 성취하는 바가 더 클 테니까! 그리고 내가 일구는 세계는 돈이나 물질의 세계가 아니라 정신의 세계이니까!

휘파람 불며 언덕에 오르는 날

농가의 네 계절(田家四時)

농사일이란 끝없이 이어져
해가 저물도록 쉴 날이 없네.
널 처마에는 눈 쌓일까 걱정
사립문에 부는 바람도 성가셔.
이른 아침엔 서리 밟고 산에 올라 나무하고
달 뜨는 밤에는 지붕 일 새끼도 꽈야지.
봄 농사 시작할 때를 기다렸다가
휘파람 불며 언덕에나 올라 보리.

歲事長相續 終年未釋勞

板簷愁雪壓 荊戶厭風號

霜曉伐巖斧 月宵升屋綯

佇看春事起 舒嘯便登皐

겨울은 모든 것이 오랫동안 닫혀 있는 계절이다. 겨울을 머리로 느끼는 사람은 동지에 천지자연의 조화를 명상할 수도 있겠지만, 몸으로 살아가는 사람들은 겨울이라고 쉴 수만은 없다. 김극기가 농가의 네 계절을 두고 읊은 시 가운데 겨울 편이다.

계절이 끝없이 돌고 돌듯이 농사일도 끝이 없다. 한 해가 다 가서 가을을 마치고 나면 마냥 쉬는 것이 아니라 겨울에도 겨울 일이 따로 있다. 참나무, 밤나무처럼 잎이 넓은 갈잎이 지면 겨울 날 준비를 해야 한다. 널빤지로 만든 처마는 눈이라도 쌓이면 내려앉을까 걱정이고, 사립문도 바람 불 때마다 삐걱거리는 소리가 성가셔서 단단하게 고정해야 한다.

이뿐인가? 아궁이도 손질하고, 문에는 문풍지도 달아야 하고, 도배도 새로 해야 하고, 굴뚝도 손봐 두어야 하고, 무, 배추도 깊이 묻어 두어야 하고, 새끼를 꼬고 이엉을 엮어서 지붕도 새로 이고, 담장도 새로 덮고.

겨울이 되어 방문을 새로 바를 때면 할배는 어디서 얻으셨는지 손바닥만한 유리를 사랑방 문에 붙여 두고 그 유리를 통해 바깥을 내다보았다. 유리창 구실을 하는 것이다.

우리도 날이 몹시 추워서 밖으로 나가기 싫을 때는 방 안에서 놀다가 유리로 바깥을 내다보았다. 창호지 문에 바늘로 구멍을 뚫어 두고 그리로 바깥을 내다보기도 한다. 그리로 바깥을 보면 한창 소양의 기운이 들끓는 우리의 뜨거운 눈이 바늘구멍으로 들어오는 찬바람에 식어서 눈이 아주 상쾌하였다. 정말 바늘구멍으로 황소바람이 들어오는 것이었다.

가을이 깊어져 마침내 된서리가 풀잎을 삶아 버리고 나뭇잎도 단풍이 져서 떨어지고 얼음이 얼기 시작하면 학교에서는 화단을 새로 꾸몄다. 꽃이나 풀은 다 시들어 버리고 꽃나무들도 앙상한 가지만 있으니 상록수

사이로 빨간 열매를 단 나뭇가지를 잘라다 꽂고 기이한 모양의 돌을 세우고 흙에는 이끼를 갖다 입혔다. 그러고는 산으로 다니며 솔방울을 주워 모았다.

　방학은 아직도 많이 남았고 또 개학한 뒤로도 새 학기가 시작할 때까지는 더 다녀야 하니 난로에 땔감을 마련해야 하는 것이다. 조개탄이라고 부른 석탄이 있었지만, 마음대로 땔 수는 없었다. 그래서 솔방울을 모아 두었다가 그것으로 난로에 불을 지폈다.

　지역에 따라 처마를 내거나 다는 방법이 다를 수 있으니 널빤지로 처마를 낸 집도 있기는 했겠지. 다만 나는 널빤지로 처마를 단 집은 보지 못했다. 내가 살던 곳에서는 이엉을 '날개'라고 불렀다. '날'을 길게 소리 내는 것이 아니라 높고 아주 짧게 소리 내고 '개'를 '날'보다 낮추어서 소리 내어 '날개'라고 했다. 늦가을에 보통은 한 해 걸러 한 번씩 이엉을 새로 해서 지붕을 이는데, 새 짚으로 지붕을 이고 나면 지는 해를 받고 어색한 듯, 수줍은 듯, 그러면서도 뽐내는 듯한 초가집은 황금 궁전이 부럽지 않았다. 정말 날개를 단 것 같았다.

　겨울에는 나무하는 게 일이었다. 타고난 것이 그러하든 어쩔 수 없이 그렇게 되었든 늘 몸을 움직여버릇한 농촌 사람들은 겨울에도 아침 일찍 일어나 쇠죽을 쑤어 소를 배불리 먹여 놓고, 아침을 뚝딱 해치운 다음 지게를 지고 산을 올랐다. 점심나절까지 나무를 한 짐 해서 내려와 뒤란이나 텃밭의 빈 터나 집 뒤 언덕비탈에 차곡차곡 쌓아 둔다. 점심을 먹고 또 산으로 올라간다. 짧은 겨울 해는 뭔가를 하려면 잠시도 쉴 틈을 주지 않는다. 또 나무를 한 짐 해서 어둑어둑할 무렵 산을 내려와 나무를 쌓아 두고 집에 들어와 저녁을 먹고 나면, '군불인심' 이 좋은 사람네 집에 마실을 간다. 집주인은 방에 군불을 따끈따끈하게 지펴두고 기다린다. 마실을 가는 사람들은 고구마도 들고 가고 막걸리도 받아 가서 주인이 꺼내 놓은 김치를 쭉쭉 찢어서 먹으며 입담 좋은 사람의 이야기도 듣고 새끼도 꼬면서 밤을 보내다가 들어와 피곤한 몸을 누였다.

농촌에는 아이들이라 해서 내쳐 놀지만은 않았다. 아이들도 학교에 들기 전 예닐곱 살부터 비료 포대를 들고 언니나 형들을 따라 산에 올라가 솔방울도 줍고 삭정이도 주워 왔다. 여남은 살이 된 큰 아이들은 어쩌다 혼자 나무하러 갈 때는 동네 어린아이들을 동무 삼아 데리고 간다.
나무 한 짐을 해서 지게에 얹어 놓고, 또 솔잎을 긁거나 삭정이를 모아서 나무 한 둥치를 만들어 칡넝쿨을 걸어서 어린아이한테 맞춤하게 멜빵을 지어서 준다. 이렇게 해서 나무하는 것을 배우게 된다.
긴긴 겨울이 다가고 봄이 되면 고달픈 일이 시작되지만, 그래도 누구나 봄이 오기를 기다린다. 실제로 휘파람 불며 언덕을 오를 여유야 없었다고 하더라도 휘파람 불며 언덕을 오르리라는 바람이 소중하게 보인다. 삶에 짓눌려 고달픈 게 농촌의 현실이었다 하더라도 희망을 잃지 않고, 적극적으로 받아들이려는 자세가 보이니까. 일에 지친 사람의 하소연이나 한을 풀어 놓은 것으로 보이지 않고 힘들고 고달프더라도 일을 당연한 것으로 받아들이고 능동적으로 살아가는 건강한 모습을 읊은 것으로 보여서 이 시를 읽으니 마음이 편하고 감동을 받게 된다.

숲 속 멀리 밥 짓는 하얀 연기

새로 내린 눈(新雪)

아득한 섣달그믐 하늘에
새로 눈이 내려 산천을 뒤덮었네.
새는 산속에서 깃들 나무를 잃고
중은 바위틈에서 샘을 찾는다.
주린 까마귀는 들판에서 우짖고
얼어붙은 버드나무 냇가에 누웠다.
어디 인가라도 없나 했더니
숲 속 멀리서 하얀 연기 오르네.

蒼茫歲暮天 新雪遍山川

鳥失山中木 僧尋石上泉

飢烏啼野外 凍柳臥溪邊

何處人家在 遠林生白煙

겨울 하면 뭐니 뭐니 해도 눈이다. 폭설이 내려 가까운 산, 먼 산 할 것 없이 눈을 두툼하게 덮고 누운 모습도 장관이지만, 기다리고 기다리다

첫눈이 내리면 반가운 편지라도 받은 양한다. 헐벗고 주린 살림에도 눈이 내리면 왠지 푸근한 마음이 들고, 우물길, 뒷간 길 쓸 일이 성가셔도 눈이 내리는 순간만은 마음이 설렌다. 첫눈 내린 정경을 산수화처럼 그린 시이다. 고려 말의 학자, 도은陶隱 이숭인李崇仁이 쓴 시이다.

가뜩이나 온갖 상념이 피어오르는 섣달 그믐날에 하늘이 잔뜩 찌푸려 내려앉았더니 새로 눈을 뿌려 준다. 전에 내린 눈은 이제 얼마쯤 녹아 군데군데 흙도 드러났을 텐데, 한 해를 그냥 보내기 아쉬워 또 다시 눈이 펑펑 내린다. 산도, 들도, 길도, 집도, 논밭도 온통 파묻혀 잿빛 하늘과 허연 눈으로 덮인 땅뿐이다.

나뭇가지에도 눈이 수북 쌓여 새도 늘 앉던 가지를 잃어버리고, 늘 길어 먹던 바위틈 샘이 눈에 묻혀서 스님도 샘을 찾느라 두리번거린다.

여느 때 같으면 논밭에 떨어진 이삭을 쪼아 먹거나 나뭇가지에 붙은 겨울잠 자는 꽃눈이라도 따 먹고 배를 채우련만 눈 때문에 먹을거리를 찾지 못한 까마귀는 들판에 웅기중기 모여들어 우짖고 있다.

냇가에는 지난여름 폭우에 쓰러진 버드나무가 얼어붙은 채 누워 있다. 날은 저물어 가고 눈마저 쌓여서 어디서 쉴 곳을 찾나 하고 조바심이 나는데, 문득 숲 속 멀리서 밥 짓는 하얀 연기가 오른다. 이제는 따뜻한 집을 찾아 쉴 수도 있겠다.

시인은 왜 스님이 있는 절을 찾으려 하지 않았을까? 아마도 오막살이나마 민가가 더 마음 편해서 그랬나 보다.

일필휘지로 그린 네 계절

네 철(四時)

봄물은 사방 못에 가득하고
여름 구름은 기이한 봉우리를 짓고
가을 달은 휘영청 밝고
겨울 고개엔 외로운 솔 푸르네.
春水滿四澤 夏雲多奇峯
秋月揚明輝 冬嶺秀孤松

한 해의 흐름을 더듬어 보는 도연명의 시이다. 네 철을 그 특징만 잡아서 단순하게 그려냈다. 내용은 단순하지만, 단순해서 오히려 읽을수록 정감이 든다.

가으내 온갖 나무가 물이 들어 제 빛깔을 자랑하다가 잎을 떨구고 나면 소나무만 보란 듯이 오만하게 황량한 산이나 고갯마루에서 바람에 맞선다. 세찬 바람에 가지가 부러질 듯하다가도 체처럼 성긴 바늘잎 사이로 바람을 걸러 내고 튕기듯 제자리로 돌아온다. 가지 끝이 흔들흔들 춤추는 모습을 보면 얼마나 늠름하고 아름다운지.

겨울이 들어서는 입동 무렵이면 해도 짧아져서 겨울로 들어서는 기분이 난다. 고도가 낮아지면서 햇살이 옅어지면 이해도 한 뼘쯤만 남는다. 이맘때는 늘 한창 놀이에 빠져 아직 몸은 받아들이지 못하는 데 벌써 집으로 들어가라고 등을 떠다미는 어둠을 야속하게 느끼며 돌아섰다. 골목에 들어서면, 부지런한 아버지는 쇠죽을 끓여서 마구간 여물통에 김이 무럭무럭 나는 쇠죽을 퍼다 붓고 있었다. 어머니도 솥뚜껑을 열어서 저녁상을 차리고. 나한테 초겨울은 늘 이런 정경으로 다가왔다.

초등학교에 다니던 시절에, 우리는 빈 논에서 공놀이를 하거나 산에 나무를 하러 다녔다. 산을 녹화하려고 또는 소나무 대신 땔감을 하라고 심은 아까시나무도 많았고, 싸리나 진달래, 철쭉, 오리나무, 참나무 온갖 나무가 많았지만, 나무라 하면 뭐니 뭐니 해도 소나무였다. 다른 나무는 낙엽을 긁어도 부피만 많지 불꽝(불의 힘)은 약했다. 가지를 잘라서 때도 마찬가지였다. 그런데 소나무는 쌓인 솔잎 갈비를 긁어모아 한 짐을 만들면 불이 참 오지게 잘 탔다. 불이 한창 이글거리며 탈 때는 원적외선에 얼굴이 벌겋게 익고 불빛을 들여다보고 있으면 몽롱해진다.

갈비를 긁어 오는 방법은 이렇다. 먼저 이쪽저쪽 등성이에서 깍지(갈퀴)로 갈비를 긁어모아서 산더미처럼 쌓아 놓는다. 그러고는 다리를 벌려 선 다음 주위에 있는 싸리나무나 잡목 가지를 잘라서 발등에 얼기설기 걸쳐 놓고 깍지로 발에 걸쳐 놓은 나뭇가지로 갈비를 끌어당겨서 깍지 날로 툭툭 쳐서 단단히 다진다. 한 아름 되게 모은 다음 반대편에도 나뭇가지를 대고 깍지자루를 가로로 나뭇가지에 걸쳐서 함께 힘껏 잡아당겨 갈비를 다진다. 나뭇가지를 대지 않은 양옆도 깍지로 탁탁 쳐서 다진 다음 지게에 얹는다. 이렇게 만든 한 둥치를 한 장이라고 불렀다. 보통 한 지게에 여섯 장까지 얹었다.

마른 솔잎을 갈비라고 불렀는데, 잡티가 없고 오롯한 솔잎은 알갈비라고 불렀다. 알갈비를 다 긁어서 더 긁을 것이 없게 되면 싸리나무, 진달래, 억새 등을 잘 드는 낫으로 툭툭 쳐서 마른 잡초나 활엽수의 갈잎과 함께 갈비를 긁어 오는 데 이것을 북데갈비라고도 하고 그냥 북데기라고도 했다. 솔잎 갈비는 금방 불이 붙으면서도 오래 타기 때문에 불살개(불쏘시개)로도 좋고, 군불로 때면 밤새도록 방이 뜨듯하다. 소나무 장작이야 말할 것도 없고 말라붙은 나뭇가지인 멘자리(삭정이)도 나무로는 더할 나위 없다. 멘자리에서 줄기 쪽 붉은 빛이 나고 조직이 치밀한 관솔은 따로 모아서 옛날에는 등불로 밝히기도 했다. 고콜불이 바로 그것이다.

아까시나무도 주요 땔감이었다. 아까시나무는 가시가 많아서 다루는 데 성가시긴 해도 한 뿌리에 여러 줄기가 나오고 가지도 매끈하여 나무를 해서 단으로 묶기가 수월하고, 자른 자리에서 이듬해 또 새로 줄기가 돋기 때문에 땔감으로서는 썩 좋은 나무다. 소나무를 많이 베지 말라고 아까시나무를 야산에다 심었단다.

아까시는 젖은 상태에서도 불이 잘 탄다. 왼손에는 두툼한 가죽으로 된 장갑을 끼고 아까시나무를 한 움큼 쥐고 오른손에 작두를 들고 잘라서 넣기도 하고, 아예 한 단을 통째로 뉘어 놓고 도끼로 적당한 길이로 한꺼번에 잘라 놓고 불을 때기도 한다. 겨우내 불을 넣고 이듬해 가을까지 밥을 짓고 쇠죽을 끓이기 위해서는 아까시나무를 수십 단을 해서 가려 놓아야 한다. 겨울이 깊어 땅이 꽁꽁 얼면 줄기를 잘라 버린 아까시나무 그루터기를 자르러 간다. 아까시나무 그루터기와 뿌리 부분은 깨두기라고 불렀다. 도끼를 들고 산으로 가서 도끼머리로 힘껏 치면 결대로 찢어지거나 중간 부위가 툭 부러졌다. 그것을 한 지게 해 오면 땔나무로 그만이었다.

일여덟 살쯤 먹은 아이들은 형들이나 아재가 나무하러 갈 때 비료 포대 같은 것을 들고 따라가서 나무하는 주위에서 솔방울을 줍고 부러진 가지도 주워 담는다. 한 포대 가득 차면 형이 칡을 걷어서 멜빵을 만들어 지워 준다. 좀 더 크면 갈비를 해서 한 둥치를 만들어 지워 준다. 그러다가 지게를 질 나이가 되면 자기 힘으로 나무를 해 온다. 나는 형이 없어서 아재나 동네 형을 따라 다녔다. 이렇게 나무하러 갈 때 동무 삼아 한둘을 데리고 산에 가면 심심하지 않아서 좋고, 따라가는 아이들도 나무를 해 올 수 있어서 참말로 누이 좋고 매부 좋은 격이었다.

이렇게 나무를 하면서 나무마다 다른 생김새, 성질, 나뭇결, 잎사귀, 뿌리 들을 저절로 터득하게 되는 것이다. 식물 사진도 없고 식물도감도, 세밀화도 없던 시절이었지만, 눈으로 보고 손으로 만져 보면서 나무를 알았기 때문에 나뭇가지가 부러져서 진이 나온 것을 보면 마치 자기 팔이나 다리에 생채기가 나서 곪은 것처럼 생각할 줄도 알았던 것이다.

소나무가 좋은 게 또 하나 있다. 바로 솔바람 소리다. 찬바람이 매섭게 몰아치는 밤에 갈비든 장작이든 멘자리든 군불을 뜨뜻하게 넣고 두꺼운 솜이불을 코밑까지 당겨서 덮고 누워 있으면 소나무를 스치고 지나가는 바람 소리가 참 마을을 그득하게 채우면서 지나갔다.

아침에 산으로 올라가 나무를 한 지게 하여 지고서 주린 배를 안고 집으로 돌아오면 설설 끓는 버래기죽(수제비 형태이나 건더기의 크기가 조금 작음)이나 국수 한 사발로 점심을 때운다. 겨울에는 날이 짧아서 점심을 먹고도 쉴 새 없이 또 지게를 지고 산으로 올라간다.

살기가 조금씩 나아지면서, 또 먹을거리를 생산하기 위한 것이 아니라 농가의 소득을 올리기 위한 일이 점점 많아지면서 수확한 밀을 읍이나 도시에 있는 국숫집에 가지고 가서 국수를 뽑아 왔다. 장날 밀가루를 가지고 가면 다음 장날에 한 상자나 두 상자 국수를 가져 올 수 있었다. 당시에는 어지간한 도시에는 국숫집이 많았다. 도시에 와서도 꽤 늦게까지 국수 뽑는 집을 보았다.

1990년대 후반, 인천에서 한 1년 간 일한 적이 있었는데, 일터로 오가는 길에 허름한 동네에 국숫집이 있었다. 마당에 빨랫줄처럼 줄을 쳐놓고 삼실을 말리듯이 국수 가락을 척척 걸쳐서 늘어뜨려 말리고 있었다. 이렇게 뽑은 국수 가락은 말리는 도중에도 숙성을 한단다.

국숫집에서 뽑아 온 국수를 국수틀로 뽑았다고 해서 '틀국시'라고 하였다. 틀국시도 가락이 굵고 납작한 것과 가는 것이 있었다. 양력으로 해가 바뀌어 1, 2월이 되면 시어진 김치와 굵은 멸치로 국물을 내어 삶은 국수가 점심이나 저녁이었다. 어쩌다 동네 점방에서 라면 한두 봉지를 사 와서 함께 넣고 국수를 끓이면 국수 가락 사이로 라면 가락을 찾아먹는 것이 큰 즐거움이었다.

짧은 겨울에 해가 떨어지면 국수나 버래기죽 한 그릇으로 이른 저녁을 먹고 밤이 이슥해져 배가 출출해지면 또 김치를 찢어 가며 고구마로 배를 채우고 잠자리에 든다. 국수도 보통은 김치를 많이 넣어서 끓이는 데다 밤참으로 또 김치를 먹었으니 자다가도 몇 번씩 물을 찾게 된다. 그래서 잠자리 머리맡에는 자리끼가 큰 대접으로 놓여 있곤 했다. 국수나 죽 같은 물 음식을 먹은 데다 자면서 물을 먹었으니 자다가도 한두 번씩은 오줌을 누게 마련이다.

한밤중에 일어나 마루로 나가 요강에 끓어앉아서 오줌을 눈다. 전에는 요강을 방 안에 두었는데 언젠가부터 마루에 요강을 두었다. 따뜻한 방에서 두터운 솜이불을 콧등까지 당겨 덮고 자다가 내의바람으로 싸늘한 마룻바닥에 나가 끓어앉아서 오줌을 누다 보면 따뜻한 몸에 싸늘한 기운이 돌아 상쾌한 느낌이 그만이었다.

보름 무렵에는 오줌을 누고 하늘을 쳐다보면 훤한 달이 솔바람에 밀려 배처럼 떠갔다. 가로등도 없던 때라 달이 뜨면 정말 글자도 읽을 수 있었다. 온 마을이 달빛으로 가득했다. 월식을 본 적도 있었다. 안방에서 부모님과 이야기를 나누고 사랑방으로 건너가려고 마루에 나섰는데, 달이 조금씩 먹혀 들어가는 것이었다. 불개 이야기가 떠올랐다. 일식, 월식의 유래 이야기 말이다. 차츰차츰 달이 줄어들어 실처럼 가늘어졌다가 캄캄해지고 다시 달이 돋아나올 때는 그 이야기가 참말처럼 느껴졌다.

자야, 전선에 그리움을 부치다

자야의 노래(子夜吳歌)

내일 아침 배달꾼 떠난다기에
밤을 새워 전포에 솜을 누이네.
뽑아 든 바늘 차기만 한데
곱은 손 가위질은 또 어이하랴.
마르고 꿰매어 먼 길에 부치지만
언제나 전선에 가 닿을는지.
明朝驛使發 一夜絮征袍
素手抽針冷 那堪把剪刀
裁縫寄遠道 幾日到臨洮

    이백의 시, '자야의 노래(子夜吳歌)'의 넷째 수로서, 겨울에 해당하는 시이다. 전쟁이 치열한 최전방에 나가 있는 남자를 위해 긴 밤을 지새워 가며, 곱은 손 호호 불며 바늘을 뽑아 들고 전포戰袍에 솜을 둔다. 가을 동안 다듬이질하고 마름질하여 지어 낸 전포이다.
    솜을 넣어서 만드는 옷은 촘촘하게 누벼야 하기 때문에 공이 몇 곱절로 든다. 전포를 만들어 보낸다 한들 목적지에 도착하고 못 하고는 심부름 가는 사람 형편에 달렸다. 그래도 행여나 하는 마음에 서둘러 옷을 짓는다. 가위조차 펴기 힘들 만큼 곱은 손으로 솜을 누이면서도, '이곳에 있는 나는 방이라도 있지만, 그이는 전선에서 이 추운 밤을 어떻게 지새울까?' 생각하면서 말이다.

위문품에 얽힌 이야기이다. 초등학교 2학년 때였다. 단풍이 지고 아침마다 펌프로 길러 낸 물에서 김이 서리고 나락을 벤 논에 서릿발이 밟히던 무렵이었다. 하루는 학교에서 위문품을 가져오라고 했다. 크리스마스 위문품으로 국군 아저씨께 보낼 거라고 한다.

우리는 모두 "국군 아저씨께"라는 인사로 시작하는 편지를 한 통씩 쓰고, 학교 앞 문방구에서 치약, 칫솔, 세숫비누 같은 것을 담아서 만든 자루를 하나씩 사서 냈다. 문방구에서 파는 위문품 세트는 아예 위문품 보내기용으로 만든 것이라 그런지 어린 내 눈으로 보기에도 조잡해 보였다. 그 가운데 세숫비누는 동그랗고 분홍빛 나는 것이었는데, 꽤 나중에도 구멍가게 같은 데 걸려 있는 것을 본 적이 있다. 더러 답장을 받은 동무들도 있었지만, 나는 한 번도 답장을 받아 보지 못했다. 위문편지 쓰기는 중학교를 졸업할 때까지도 이어졌다.

중학교 1학년 때인가? 국어책에 중학교 1학년 학생이 위문편지를 쓰는 내용이 나온다. 거기에는 이제 중학생이 되었으니 '국군 아저씨께'라는 말보다 '국군 형님께'라는 말이 어울릴 듯해서 '국군 형님께'로 부르겠다는 내용이다. 그래서인지 더러 중학교 때 위문편지를 쓰라고 하면 '국군 형님께'로 쓴 애들도 있었다. 3학년 때 담임이 국어 선생님이었는데, '국군 형님'이니 뭐니 하고 다르게 쓰지 말고 그냥 '국군 아저씨께'로 쓰라고 역정을 내기까지 하면서 신신당부하던 기억이 난다.

선생님은 원래 법대 출신이었는데, 데모하다 잘려서 고시를 볼 수가 없어서 국어 선생님이 되었다는 소문이 떠돌고 있었다. 그래서인지 수업 시간에 늘 사물을 삐딱하게 보고 말도 삐딱하게 했다. 아마 사회의 모순을 그렇게라도 저항하고 싶으셨나 보다. 위문편지를 일률적으로 쓰라고 하는 정부의 행태가 못마땅하기도 했을 것이다.

온난화 현상 탓인지 봄과 가을은 이제 한 달가량밖에 안 된다. 한 철이 꼭 석 달로 나누어 떨어지는 것은 아니지만, 그래도 대충은 석 달씩 한 철로 잡는데, 이제는 겨우 한 달이라는 거다. 짧은 가을을 느끼기도 전에 입동 절기가 지나면 바로 겨울로 들어서는 것이다. 겨울이 있다는 것은 계절의 오감을 느끼는 가장 확실한 경험이다. 시간의 흐름을 의식하는 것도, 해가 바뀌는 것을 실감하는 것도 낮의 길이가 짧아지는 것과 함께 찾아오는 혹독한 추위이다.

해가 짧아지는 것을 태양이 점점 죽어 가는 것으로 생각한 아득한 옛 인류는 동지를 태양의 죽음과 부활로 여겼다고 한다. 동지를 기점으로 묵은 태양이 죽고 새 태양이 생겨나는 것으로 여긴 것이다. 그러다가 동지가 해마다 같은 때에 생긴다는 것을 알고 점점 태양의 고도의 주기성을 깨닫게 되고 거기서부터 시간 의식이 생겨난 것일 것이다.

겨울에 땅은 힘을 모은다

네 계절의 숨어 사는 즐거움(四時幽居好吟)

겨울날 조용히 숨어 사는 맛이 좋아
농가의 일도 쉬고
마당을 다져서 남새밭 다듬으며
외나무다리 놓아 냇물을 건너네.
병든 몸 따습기는 나무하는 아이에게 의지하고
추위를 막기는 길쌈하는 아낙에게 맡기네.
깊은 땅속에서 양기가 자라니
이로부터 온갖 근심이 없어라.
冬日幽居好 田家事亦休
築場開圃地 橫扚過溪流
熨病樵兒仗 排寒織婦謀
窮泉陽德長 從此百無憂

퇴계 이황이 읊은 '사시유거호음四時幽居好吟'의 마지막 수이다. 겨울에는 그저 뜨끈뜨끈하게 군불을 지펴서 구들장을 지고 누워 등을 지지는 게 수다. 아무리 추워도 겨울날 채비만 잘해 놓으면 마음 편하게 쉴 수 있었다. 겨울은 한 해 농사도 끝나 곡식을 다 거둬들이고 집안으로 들어가 쉴 때이다. 땀 흘려 일한 사람도 쉬고 소도 쉬고 곡식을 길러 낸 땅도 쉬고.

그러나 요즘은 겨울이 되어도 쉬지 못한다. 사람도 땅도 1년 내내 일만 한다. 무엇을 위해 일하는 걸까? 겨울은 모든 것이 제자리로 돌아가는 때인데 말이다. 어찌 보면 삶을 소모하면서 사는 것 같다. 추위가 깊어갈수록 땅속 깊은 곳에서는 양기가 자라니 양기가 돌아오기를 기다리며 쉬는 맛이란 한 해의 고달픔을 삭히는 곰탕처럼 구수한 맛이다.

짐승이 굴속에 들어가 겨울잠을 자듯 사람은 겨울이 되면 밤새 식어가는 구들장을 지고 이불 속에 파고들어 긴 밤을 보냈다.

우리 할배는 별다른 일이 없으면 낮 동안에도 이불을 이마까지 푹 덮어쓰고 누워 지내셨다. 사랑방에 엎드려서 책을 보다가 발이 시려서 할배가 덮고 계시는 요 밑으로 발을 집어넣었다가 야단도 많이 맞았다.

내가 살던 시골에는 대부분 왼쪽부터 부엌, 안방, 샛방, 사랑방이 일—자로 이어진 집이 많았다. 부엌에서 밥 지을 때 넣은 불로 안방을 데우고, 쇠죽솥에서 쇠죽을 끓이는 불로 사랑방을 데웠다.

그리고 본채를 두고 왼쪽이나 오른쪽으로 곁채를 더 내기도 했는데 이 곁채를 모채라고 했다. 모서리에 있어서 그렇게 부르는 것일 게다. 모채에는 작은 방을 내어서 누에를 치기도 하고 식구가 많은 집은 사춘기가 된 시동생의 방으로 주기도 하고 손님이 오면 손님방으로 쓰기도 했다.

이 모채에 외양간을 달아 내기도 했다.

한겨울에는 대여섯 시라도 캄캄하게 어두운데, 이른 새벽에 아버지나 할매가 일어나서 쇠죽을 끓이면 밤새 식었던 구들이 따뜻해져서 어렴풋이 깨던 잠이 다시 곤하게 들곤 했다.

아침에 김이 설설 나는 쇠죽을 한 구유 가득 담아 주면 긴 밤을 보내고 배가 고픈 소는 뜨뜻한 쇠죽을 훌훌 김을 불어 가면서 참 맛나게도 먹었다. 쇠죽을 퍼주는 몫은 가끔 우리한테도 돌아왔다.

낮에는 바람이 안 드는 따뜻한 양지에 소를 매어 놓고 고무로 만든 죽통이나 나무로 판 구유를 가져다 놓고 식은 쇠죽을 주었다. 밤에는 다시 쇠죽을 끓여서 주었고. 소는 되새김하는지라 늘 입을 우물거리고 있었다.

한겨울의 정취를 물씬 풍기는 것 가운데 하나가 바로 소가 쇠죽을 먹는 광경이다. 콧김을 연신 후우 후 불어가면서 뜨거운 쇠죽의 건더기를 혀끝으로 척척 감아올리는 모습을 보노라면 나도 모르게 따라서 침을 꿀떡 삼키게 된다. 참 순하고 진지하게 먹으니 말이다.

따뜻한 아침을 먹어야 배가 든든하고 하루 일을 할 수 있는 힘이 생긴다고 생각했던 옛사람들은 식구한테는 물론 소한테도 꼭 아침과 저녁을 끓여 주었다. 고된 일을 하는 농사철에는 더욱 신경을 써서 여물에 넉넉히 댕가리(당겨)를 넣어서 구수하게 끓여 주었다. 소는 가축으로 치지 않고 식구나 마찬가지로 쳤던 것이다.

부엌에 외양간이 붙어 있는 집도 더러 있었다. 소도 따뜻하게 겨울밤을 나라고 말이다. 집을 지을 땅도 넉넉지 않았지만, 소가 자고 쉴 곳도 반드시 있어야 했으니까. 요즘은 끓인 소죽을 먹인 소고기는 더 비싸게 받아먹는다. 참 사람들이 가지가지 한다.

어릴 적 친구에 김종철이라는 친구가 있다. 앞에서 잠깐 언급했던 금세공을 하던 친구이다. 초등학교 3학년 때인가 다른 데서 전학 온 것으로 알고 있는데, 처음 봤을 때 우리 반은 아니었지만 동그란 얼굴에 눈이 컸고, 몸이 날래면서 가벼워 인상에 남았다.

원래 이름은 김준영이었는데, 6학년 말 중학교 진학을 위한 주민등록 정리 과정에서 김종철로 바뀌었다. 그때까지만 해도 관공서에 이름 등록이 체계적이지 못해서 그랬던지 이런 일이 예사였다. 집에서 부르는 이름과 출생신고를 할 때의 이름이 다른 경우가 있는데, 집에서 불러버릇 하던 이름으로 학교 출석부에 등록되면 이렇게 두 가지 이름이 생기는 것이다.

초등학교 다닐 동안에는 종철이와 그다지 친하지는 않았다. 6학년 때 경주로 수학여행을 갔을 때 일이다. 석굴암에 갔는데 그 당시부터 이미 유리문으로 닫아 두고 제한된 인원만 관람을 시켰다.

우리는 모두 밖에서 유리를 통해 멀리서 본존불 모습을 관람했는데, 석굴암 관리인이 종철이의 고모부라서 특별히 종철이만 들어가서 구경하고 나왔다. 그리고 형평을 맞추느라 그랬는지 여학생 가운데 절에 다니는 사람을 손들게 하더니 그 가운데 한 여학생도 관람하게 했다.

수학여행을 다녀온 지 며칠 뒤 수업 시간에 갑자기 선생님이 종철이를 불러내더니 회초리로 엄청나게 때렸다.

　나중에 알고 봤더니 종철이 고모부가 할매한테 갖다 드리라고 6,500원을 주셨는데, 그 돈으로 태엽을 감아서 굴러가게 하는 장난감 비행기를 비롯하여 갖고 싶은 몇 가지 장난감을 사고 동무들한테도 사서 주고 하느라 일부를 써버려서 돈이 모자라 갖다 드리지 않았던 것이었다. 가난하고 어렵게 자란 종철이한테는 생전 처음 가져보는 돈이었던 것이다.

　고등학교 다닐 무렵 나는 사춘기의 반항 심리와 거창하게 형이상학적 고민이라고까지 할 것은 없지만, 삶에 대한 나름의 방황으로 교회를 다녔다. 친정이 교인이어서 처녀시절에 교회를 다녔던 할매는 우리 집안에 시집을 오면서 교회를 나가지 않다가, 아재가 군에서 사고로 돌아가시는 바람에 기도원에 들어가셔서 잠시 심신의 수양을 하셨다.

　그러다가 내가 읍내 중학교로 진학하면서 동네 조카뻘 되는 동갑내기와 함께 방을 얻어 생활하게 되었는데 밥을 해 주려고 온 할매의 권유로 나도 교회에 나가게 된 것이다. 부모님은 내가 교회에 다니는 것을 완강하게 반대하였다. 그래서 한 1년쯤 다니다가 별로 신앙심도 없고 해서 교회를 나가지 않다가 3학년 무렵부터 사춘기의 방황과 충동으로 다시 교회에 나가게 되었다.

　연합고사를 보아 대구에 있는 고등학교에 진학했으나 공부도 격차가 많이 나고 대구 생활에도 적응하지 못하던 차에 마침 유례없는 냉해로 농사가 폐농이 된 것을 기화로 모교로 전학을 왔다.

내가 교회 나가는 것을 반대하던 부모님은 읍내로 살림을 내주지 않고 집에서 다니게 했다. 부모님의 반대가 완고하면 할수록 나도 더 고집을 부려서 교회를 다녔다. 아마 반은 사춘기의 반항과 반은 종교적 열정이었을 것이다.

중고등학교 다닐 때 종철이는 키가 작았는데 고만고만한 또래 아이들과 일명 짤짤이라고도 하고 쌈치기(숫자 3을 강하게 쌈이라고 했다)라고도 하는 노름을 자주 했다. 어떤 계기였는지는 모르지만, 종철이도 그때 같이 교회를 다녔는데, 일요일에는 둘이서 아침부터 저녁까지 교회에서 살았다. 전도사님이나 교회 신도들이 점심을 같이 먹자고 초대해도 가지 않고 둘이서 교회 뒷산에 올라가 놀다가 내려오기도 하고 어떤 때는 종철이가 밀가루를 볶아서 가져와 그것을 물에 타 먹고 점심을 때우기도 했다. 토요일에는 종철이가 도시락을 가져오지 않을 때가 많았는데, 그런 때면 내 도시락을 반으로 나누어 같이 먹곤 했다.

종철이네는 농사와 함께 마방馬房이라는 것을 해서 돈을 벌기도 했다. 마방이란 이전에 우시장이 있는 시골 장터에 가까이 사는 사람들이 장이 서기 전날 저녁 또는 장날 당일 저녁부터 다음 장이 서는 날까지 소를 먹여 주고 재워 주고 거두었다가 장날 소 주인한테 내주고 소를 먹인 값을 받던 집을 말한다.

우리 봉성면은 3일, 5일에 장이 서고 읍내의 봉화장은 2일, 7일이었다. 종철이는 토요일에 봉화장이 서면 수업을 마치고 가방을 동네의 동무한테 맡기고는 장에 가서 아버지로부터 소를 건네받아 집에까지 소를 몰고 갔다. 보통 일여덟 마리를 타래기(고삐)를 서로 이어서 앞에서나 뒤에서 소를 몰고 가는 것이다. 20리 길을 줄곧 걸어갔다. 방학 때면 꼭두새벽이나 한밤중에 일어나 40리 떨어진 춘양장, 재산장, 영양장까지 몰아가기도 했단다.

소를 보통 열서너 마리를 먹였는데, 하루에 꼴이 한 수레나 들었단다. 그래서 꼴 베는 게 아주 진력이 났다. 아무튼, 장이 서기 전날 저녁부터 장날 아침까지 소를 먹여 주면 마리당 2,500원을 받았단다. 3, 40리를 걸어서 소가 지쳐서 죽을 먹지 않으면 국수를 삶아 억지로 먹이기도 했단다.

고등학교를 졸업하고 나는 서울로 올라오고, 시골에 남았던 종철이는 석 달간 면사무소 행정전산화 작업에 아르바이트하여서 12만 5천 원을 벌어서 돈을 아버지 드리고 일부를 남겨 3만 8천 원을 들고 1983년 6월에 수원으로 올라왔다. 농사는 지긋지긋하여 몸서리가 나고 수원에서 금은방(보석가게)을 하던 작은아버지가 올라와서 공무원 시험이라도 보라고 해서 올라오게 된 것이다.

청량리에 도착하여 전철을 타고 수원으로 내려가는데, 허름한 점퍼를 입은 한 청년이 다가와서 사업하는 사람이라고 자기소개를 하고서는 부산을 가려는데 지갑을 잃어버려서 갈 수 없다고, 꼭 갚을 테니 1만 원만 빌려달라고 하더란다.

그래서 종철이는 작은아버지 주소를 가르쳐 주고, 청년의 주소를 받고 돈 1만 원을 빌려 주었단다. 그 청년은 다음 역에서 전철에서 내리더란다. 그런데 몇 정거장을 더 가다니까 그 청년이 다시 나타나서 그 돈으로는 모자라고, 새마을호를 타고 빨리 내려가야 수 억 대의 부도를 면할 수 있다고, 있는 돈을 더 달라고 하더란다.

종철이는, 사정이 딱하니까 빌려 주기는 하겠는데, 이 돈은 학원 등록비니까 꼭 돌려줘야 한다고 신신당부하고 다음날 갚겠다는 청년의 말을 믿고 남은 돈을 다 주었단다. 수원에 도착하고 며칠이 지나도 소식이 없어서 청년이 적어준 주소지로 편지를 보냈더니 며칠 뒤 '수취인불명'이라는 도장이 찍힌 편지가 되돌아왔다.

아무튼, 당일 저녁에 수원에 도착하여 물어물어 작은집에 찾아간 종철이는 작은아버지한테 수원에 온 소감을 이렇게 말하더란다. "작은아부지요. 수원이 영주보다 벨로(별로) 안 크디더(큽디다)." 하기야 수원역에서 작은집이 있는 남문까지 그것도 밤에 보았으니 그렇게 보였겠지.

우리 지역에 전해 오는 우스개 가운데 이런 이야기가 있다. 일월산인가 어느 산인가는 잘 모르겠지만 아무튼, 화전을 부쳐 먹고사는 두메산골에서 어떤 아이가 아버지를 따라 난생처음으로 춘양장 구경을 왔다.

춘양목으로 유명한 춘양장은 인근에서는 군소재지 봉화장 다음으로 큰 장이었다. 번화한 장 구경을 처음 온 이 촌닭이 아버지한테 이렇게 물었다. "아부지요. 서울이 춘양보다 크니껴(큽니까, 큰가요)?" 그러자 아들 앞에서 권위를 세우려는 아버지 왈, "예이 이놈아! 큰 게 다 뭐로(뭐냐). 서울은 춘양 두 목(배)은 된다." 수원이 영주보다 별로 안 큰 것으로 본

종철이도 영락없는 촌닭이었던 것이다.

아무튼, 신혼생활을 하던 작은집에 얹혀살면서 몇 달 수험준비를 하다가 작은아버지의 권유로 금세공을 배웠다. 농사일로 잔뼈가 굵고 눈썰미와 손재주가 있던 종철이는 남들이 세 해 걸려 배울 일을 한 해 만에 다 배웠다. 처음 한 해 동안은 초짜 보조원으로 한 달에 두 번씩 쉬고 하루 열여섯 시간 가까이 일하면서 2만 원을 받았다. 그러다가 기술을 다 배우고 중간급 기술자가 되면서 10만 원씩 받았다.

그 무렵 이태 가까이 서울에 살면서도 정을 붙이지 못하던 고향친구들이 그래도 돈을 버는 몇 안 되는 친구라고 뻔질나게 종철이를 찾아가서 자취방에서 뒹굴면서 술을 마셨다. 소주 몇 병에 줄줄이 비엔나라는 소시지나 오징어를 안주로 해서 말이다. 비가 내리는 밤에 수원 화성에 올라가서 술을 마시던 기억은 아직도 생생하다.

이렇게 온갖 고생하면서 돈을 모아 집도 마련하고 장가도 들고 해서 무난히 살던 친구가 일도 싫증이 나던 차에 사기꾼의 꾐에 빠져 홀랑 털리고 맨몸으로 처자식만 데리고 나와 몇 년간 이일저일 하다가 배운 게 도둑질이라고 다시 금세공을 하다가 금값이 천정부지로 오르기만 하고 내릴 줄 몰라 결국은 또 문을 닫고 지금은 다른 일을 한다.

종철이보다 종철이 부인이 참 무던한 사람이다. 그런 생고생을 겪으면서도 불평 한마디 안 하고 묵묵히 집안을 잘 꾸려나가니까. 종철이 이야기가 너무 길었다.

자나 깨나 일

전가사시사에 화답함(和田家四時詞)

농가에 추운 겨울 닥치니
옷이 없어도 걱정할 겨를이 없다.
도끼 들고 깊은 산에 들어가
날마다 나무를 해서 돌아온다.
나뭇가리가 언덕처럼 쌓였으니
긴긴 여름날 보리밥을 먹을 수 있다.
농사일은 이제부터 힘을 써야 하나
큰 밭은 애써서 다스리지 않는다.
거름을 쌓아서 씻겨 나가는 것 막고
재를 모아서 바람에 날리는 것 막는다.
쉬지 않고 일을 해야 하나니
농사일은 헐한 때가 없다.

田家迫冬寒 未暇憂無衣
持斧入深山 日日採薪歸
採薪積如丘 長夏麥可炊
穡事始專力 甫田不勞治

蓄糞防水洩 蓄灰防風吹

須加不息功 田務無歇時

김응조의 '전가사시사에 화답함' 겨울 편이다.

어린 시절에는 지금보다 날씨도 더 추웠고 입고 먹는 것이 변변찮아 겨울나기가 몹시도 어려웠다. 그래도 어린아이들은 남루한 옷일망정 껴입고 얼음판에 뒹굴고 빈 논에서 공차기를 하고 밭에서 자치기를 하고 마당에서 제기차기를 했다. 늘 뛰어놀았고 그렇게 놀 때는 추운 줄도 몰랐다.

그래도 워낙 추우면 소를 먹이려고 논 가운데 쌓아 둔 짚가리에서 몇 단을 뽑아내고 텐트처럼 그 속에 들어가 놀았다. 짚은 정말 얼마나 보온 효과가 뛰어난지. 짚가리 안에서도 그냥 놀지는 않는다. 고구마를 훔쳐 와서(집에 있는 것이라도 몰래 가지고 온 것은 다 훔쳐 온 것이라 했다) 깎아 먹고, 그 안에서 딱지놀이도 하고 숨바꼭질, 전쟁놀이 온갖 놀이를 다 고 안에서 놀았다.

물론 불장난도 빠지지 않았다. 얼음 타다 얼음이 깨져서 발이 빠진 아이들은 볏짚을 태워서 양말을 말리다 나일론으로 된 양말까지 눈게 하거나 홀랑 태워 먹었다. 내 아우는 남의 짚가리에서 불장난하다가 짚가리를 다 태워서 아버지한테서 쫓겨나 앞산 토굴에 숨어 있기도 했다. 짚가리는 소가 한 해 동안 먹을 양식이었으니까.

겨울에는 아무리 옷을 껴입어도 추웠다. 11월 말부터 재를 넘어 학교

가는 길은 늦게까지 산그늘이 져서 해가 비치지 않고 길게 골을 따라 바람이 오르내려서 몹시도 추웠다. 겨울방학 직전이나 겨울방학을 마치고 개학을 하고서 아직 봄방학을 하기 전에는 혹독하게 추워서 여자아이들은 엉엉 울면서 학교에 갔다. 그래서 집에서부터 해가 비치는 산모롱이를 돌면서 꼬불꼬불 끊어졌다 이어졌다 하는 논밭과 산의 경계지점을 따라 학교에 다녔는데 이 길을 우리는 '토끼길'이라고 불렀다.

산에는 진짜 토끼길이라고, 마른 풀잎이 납작하게 깔린 한 뼘 정도 되는 길이 여기저기 나 있다. 사람들이 늘 다니는 길은 제법 넓고 흙도 드러나 있지만, 토끼길은 토끼나 노루 같은 짐승이 다니고 나무를 하는 사람들도 어쩌다 다니기 때문에 풀만 납작하게 눌려 있을 뿐이다.

그래도 길의 흔적은 있어서 산에 갔다가 길을 잃었을 때에는 토끼길을 따라 오면 된다. 겨울이면 이 길목에 올가미를 놓아서 토끼를 잡기도 했다. 나도 동네 형들을 따라 토끼길에 올가미를 여러 번 놓아 보았지만, 사실 토끼는 한 마리도 못 잡았다. 반은 놀이 삼아 한 일이었다. 그러나 학교에 다닐 때 오고 간 토끼길은 산에 있는 토끼길과 달리 여러 아이들이 다녔기 때문에 제법 길다운 길이었다. 토끼길로 가면 집에서 학교까지 거의 햇볕을 쬐며 갈 수 있었다. 그리고 산모롱이를 돌 때는 바람도 비켜가곤 했다.

5학년 때쯤이니까 1975년도 무렵이다. 시골 장터에도 트레이닝복(츄링, 츄리링, 츄리닝이라고 저마다 다르게 불렀다)이 들어왔다. 장터에 사는,

조금 넉넉한 아이들부터 트레이닝복을 입고 다니기 시작하더니 금세 유행이 되었다. 나는 어릴 때부터 사치를 유난히 싫어하여서 조금이라도 화려하거나 눈에 띄는 옷은 아무리 새 옷이라도 입지 않으려고 버텼기 때문에 트레이닝복이라 하여 구미가 당기거나 하지는 않았다. 그때쯤에는 조금 지각도 나고 해서인지 트레이닝복을 사달라고 조르지는 않았던 것 같다.

어느 날 해거름 할 때까지 놀다가 저녁을 먹으려고 집에 들어왔는데, 식구들은 벌써 저녁을 먹고 있었다. 그때는 크게 추운 때는 아니라서 안방 마루에서 저녁을 먹었는데 희미한 남폿불 아래 국과 찌개에서 오르는 김에 가려서 낯선 아이가 밥을 먹고 있었다.

자세히 보았더니 바로 밑의 아우였는데 늘 입고 있던 옷이 아니라 바로 자주색 트레이닝복을 입고 있어서 몰라본 것이다. 그날이 장날이어서 장에 다녀온 어머니가 사 왔는데 늘 옷을 물려 입던 처지에 새 옷을 입게 되어 신이 나서 미리 입은 것이다.

나는 물론 다음 날에 입었다. 내 옷은 검푸른 색이었다. 트레이닝복은 소매와 바짓가랑이에 흰 선이 두 줄 나 있었는데, 얼마 뒤에는 석 줄짜리가 유행했다. 그 무렵, 트레이닝복이 얼마나 유행했는지 전교 어린이가 거의 모두 트레이닝복을 입고 다녔다.

5학년 때 전학 온 지상호라는 애가 있었다. 별명이 그 무렵 군것질거리로 많이 먹던 쥐포였다. 성이 지씨라서 지포라고 했는데 우리 시골에서는 쥐의 이중모음을 지라고 단모음으로 불렀기 때문에 지포가 된 것이다. 또는 지고기라고도 했다. 쥐포를 쥐고기라고도 했으니까. 두 형제가 같이 학교를 다녔는데 우리 옆 마을에 살았다. 두 형제는 다른 속옷도 입지 않고 트레이닝복만 두 벌을 껴입고서 온 겨울 내내 한 번도 갈아입지 않았다. 봄가을에는 한 벌을 입었다. 늘 그 옷을 입고 다녀서 소맷부리와 목덜미가 반질반질했다.

이 지상호한테서 나는 처음으로 어묵볶음 반찬을 얻어먹어 보았다. 늘 먹는 김치반찬에 질려 있던 우리는 지상호가 싸 가지고 온 어묵볶음이 너무나 먹고 싶어서 주위에 죽 둘러앉아서 그가 먹는 것을 지켜보고 있었다. 모처럼 젠 체할 기회가 와서 뻐기고 싶었던지, 지상호가 "남은 밥 누구 먹을 사람!" 하고 외쳤다. 서로 기회를 보던 아이들 가운데 내가 먼저 "나!" 하고 소리쳐서 내 몫이 되었다. 겨우 한두 조각 남은 것이었지만 고소하고 매콤하고 맛이 있었다.

그 순간 우리 가운데 누구도 자존심 따위는 없었다. 나를 보는 아이들의 눈길도 자존심이 없다고 나를 비웃는 눈길이 아니라 자기 차지가 될 수도 있었던 것을 놓쳤다는 아쉬운 눈길이었다. 이렇게 느낀 것은 내 합리화를 위한 강다짐일까? 아무튼, 지금도 그 일을 떠올리면 얼굴이 화끈해진다. 겨우 어묵 한두 쪽에 자존심을 내팽개치다니!

트레이닝복에 얽힌 얘기는 또 있다. 6학년 2학기 10월 말쯤인가 경주, 포항 일대로 수학여행을 다녀왔다. 경주 어느 여인숙에 세 반 학생들이 묵었다. 같은 여인숙에 고등학생쯤으로 보이는 단체 여행객이 또 들었다. 이들의 눈에는 시골티가 팍팍 나는 까까머리 남학생들과 단발머리 여학생들이 오글오글 하는데 대부분 아이들이 트레이닝복을 입고 있어서 가관이었을 것이다. 그들도 운동부였는지 어떤 동무한테 이렇게 물어보더란다. "너들 어느 학교 운동부에서 왔나?"

트레이닝복이 마치 운동부의 단체복처럼 보였나 보다. 지금도 가끔 졸업앨범을 뒤적여 보면 졸업 사진에 트레이닝복을 입고 찍은 아이들 사진이 매우 많다. 옷이 넉넉하지 않은 터에 그나마 모양이 수더분하고 유행에 낡지 않은 옷이라 하나 장만하면 오래 입을 수 있고, 아이들 활동하기에도 좋고, 시골에서는 그 옷을 입고 어디를 가더라도 추레하게 보이지는 않았으니 이래저래 쓸모가 많은 옷이었다.

겨울에는 양말을 겹으로 신어도 발이 시리고 눈밭을 헤매고 다니다 오면 동상에도 걸렸다. 한창 다닐 때는 모르다가 집에 들어와 잠자리에 누우면 언 발이 녹으면서 온통 가렵다. 모기나 벌레에 물렸을 때는 화끈거리면서 가려운데 동상에 걸리면 살 속 깊은 곳에서 언 살이 녹으면서 뭐라고 할 수 없을 정도로 얼얼하게 근지럽다. 간지러운 것이 아니라 정말 근지러워 견딜 수 없다.

흔하게 동상에 걸렸기 때문에 동창이라도 나지 않은 이상 병원에 가서 전문 치료는 받지 않지만, 동상은 정말 무서운 질환이기도 하다. 어릴 때 당시 우리 마을에도 정신이 온전하지 못해 바깥에 쏘다니다 동상에 걸려 발가락을 모두 잃은 사람도 있었고 한참 뒤 대학 다닐 때 고향에 내려갔을 때도 마침 역시 정신이 조금 모자라는 젊은이가 밖에 나갔다가 집을 못 찾고 헤매다 동상에 걸려 발가락을 자른 일이 있었다.

그러나 이런 사례는 심각한 동상에 걸렸을 때 얘기고 아이나 어른이 겨울철에 얼음에 빠지거나 눈 속에 오래 다니다 손발이 얼었을 때는 민간요법이 여러 가지 있었다. 아무래도 병원에 가거나 약을 처방하기 어려운 상황에서 경험상 여러 가지 효과가 있는 방법을 찾아냈을 것이다.

그 가운데 흔히 쓰는 방법이 콩을 담은 자루에 언 발을 넣거나 양말에 콩을 넣어서 신고 있거나 하는 방법이 있고, 두부를 할 때 나온 간수 물에 담그는 방법도 있었다. 이밖에도 여러 방법이 있으나 모두 증세가 약할 때 임시방편으로 쓴다.

안티푸라민이라는 초록색 납작한 깡통에 든 연고가 있었는데 간호사 얼굴이 상표로 붙어 있었다. 이 연고는 원래 신경통이나 관절염, 타박상, 삐거나 멍든 데 바르는 연고인데 동상에도 바르고 손발이 튼 데도 발랐다. 약을 발라 문지르면 화끈하면서 시원한 느낌이라 외상에는 거의 만병통치약처럼 썼다.

자연에 내던져져 있으니 아이들도 저마다 제 살 궁리를 하고 선배로부터 갖가지 지혜를 물려받았다. 발이 시린 것이나 동상을 예방하는 방법으로 내가 효과를 본 것은, 신발 속 발가락 부위와 발뒤꿈치 부위에 마른 고추를 하나씩 넣어 놓는 방법이다. 한참 신고 다니면 마른고추가 으깨지면서 발가락과 발뒤꿈치가 얼얼하고 화끈화끈해진다. 웬만한 추위에도 발이 덜 시리고 동상도 걸리지 않는다. 이 방법은 어린이 월간잡지에서 보고 응용한 것이다.

아침을 일찍 먹은 아이는 동무네 집 쇠죽 끓이는 아궁이, 이를 소죽부엌이라고 했는데, 앞에서 웅크리고 앉아 남은 불을 쬐면서 기다린다. 그동안에도 심심하니까 불을 쑤석이기도 하고 감자나 고구마, 밤 따위를 구워 두었다가 학교에 가면서 먹기도 한다. 그리고 조그마한 조약돌을 몇 개 잿불 속에 넣어 둔다. 동무가 밥을 다 먹고 책보나 책가방을 들고 나오면 조약돌을 꺼내서 주머니에 넣고 학교로 간다. 손이 시릴 때 조약돌을 만지면 손이 금방 따뜻해진다.

학교에 오면 조회 시간에 자주 호주머니를 뒤졌다. 그러면 한두 녀석의 호주머니에서는 반드시 성냥이 나왔다. 그래서 선생님께 불려 나가 야단을 맞는다. 학교 오는 도중에 논에서 볏짚을 태워 불을 쬐고 조약돌을 구워서 주머니에 넣고 오는 아이들이 많았는데 꾀가 많은 아이들은 성냥을 짚단 사이에 숨겨 두고 학교로 오지만, 어수룩한 아이들은 그냥 주머니에 넣어 두었다가 들켜서 야단을 맞는 것이다.

사실 호주머니에 성냥을 넣어 두었던 아이가 모두 들불놀이를 한 것은 아니다. 아침 일찍 쇠죽을 쑤어서 쇠죽을 주고 자기도 아침을 먹고 학교로 오노라면 서두르다 성냥을 그냥 주머니에 넣어 두고 오기가 일수였던 것이다. 그래도 호주머니 뒤짐을 하지 않을 수 없다. 들불놀이를 하다가 잘못하여 산불이 나기도 하기 때문이다. 나도 들불놀이 하다가 두 번이나 산으로 불이 옮겨붙어서 일을 낸 적이 있었다. 두 번 다 다행히 크게 번지지 않아서 큰 피해는 나지 않았지만 정말 큰일 날 뻔했다.

겨울에는 농사일이 아니라도 일은 많았다. 늦가을에서 초겨울 사이, 상강에서 입동 사이에 콩 타작해서 메주 쑤고 김장을 해야 집에 들어앉아 쉴 수 있다. 겨울에는 사랑방이나 동네 남정네들이 잘 모이는 방에 모여 앉아서 새끼 꼬기, 가마니나 멍석 짜기, 자리매기 등 온갖 농기구나 생활도구를 만들었다.

새끼 꼬기와 같이 단순하면서도 잔손이 많이 가는 일을 하면 손바닥을 자극하고 손을 많이 써서 건강에도 좋다고 한다. 아무튼, 서로 자기네 일을 하더라도 모여서 이야기도 나누고 우스갯소리도 하고 노래도 하고 농사나 살림살이에 관한 정보도 교환하고 하면 혼자 일하는 것보다 덜 고되고 능률도 올랐다. 농가에서는 집에 들어가 잠자는 것을 제외하고 거의 모든 일을 공동체 구성원이 모여서 함께했다.

해가 떨어지면 저녁을 먹는데 겨울에는 해가 일찍 지기 때문에 저녁을 먹고 한참을 보내고 나도 밤은 길고도 길다. 동네 사랑방에 모여 저마다 일거리를 가져와 일을 하거나 딱히 할 일이 없으면 이런저런 시시껄렁한 이야기를 나누고 그러다 보면 어느덧 밤이 이슥해지고 출출해진다. 그러면 화투를 치거나 추렴을 해서 밤참을 마련한다.

밤참으로는 잔치가 지나간 집에서 가져온 묵과 김치, 두부, 막걸리, 배추나 무로 지진 부침이 따위이다. 단조로운 일을 하거나 웃고 떠들며 이야기를 하다 출출해졌을 때 먹는 김치와 두부, 막걸리 맛은 정말 별미이다. 아무리 소박하고 단순한 음식이라도 일을 하고 출출할 때 모여서 먹는 음식은 유명한 음식점에서 솜씨 좋은 주방장이 만든 음식보다 더 맛있다.

살기가 조금씩 나아지면서는 달걀을 판으로 사서 삶아 먹기도 하였다. 달걀은 잔칫상에나 제사 때 맛을 보는 정도였지 달걀을 삶아서 먹는다는 것은 생각도 못 했었다. 집집이 닭을 길러서 달걀을 냈지만, 달걀은 쌀독에 두었다가 손님이 올 때나 콩가루를 섞고 달걀을 풀어서 계란찜을 하여 반찬으로 올렸고 아무나 함부로 먹지를 못했다. 물론 가만히 닭을 지켜보다 알을 낳으면 어른들 모르게 가끔 살짝 훔쳐서 맛을 보기는 했지만 말이다. 달걀은 집에 돈이 없을 때 점방에 가지고 가서 공책이나 연필과 바꾸기도 하였다. 그러니 달걀도 모아 두면 요긴하게 쓰이는 상비품이었다.

6학년 무렵 언젠가 장터에 사는 장성도라는 동무한테 어떻게 먹고사는지 궁금해서 물어본 적이 있었다. 무슨 반찬이 가장 맛있느냐고. 그랬더니 동무가 하는 말이 "달걀 후라이가 맛있다"고 하였다. 달걀 후라이가 뭐냐고 했더니 달걀을 프라이팬에 부쳐서 먹는 것이라고 했다. 그래서 내가 물었다. "달걀 후라이 하나를 니가 혼자서 다 먹나?" 달걀 한 알을 어떤 형태로든 혼자서 먹는다는 것은 놀라운 일이었다.

그러다가 살림살이가 나아지면서 밤참으로 달걀을 삶아서 먹게 된 것이다. 동네 어느 집에서 아낙네들이 주로 모여 놀았는데, 그 집에서 한번은 달걀을 몇 판을 삶아서 실컷 먹기로 했다. 그 집 아이 하나가 앉은 자리에서 한 참에 여남은 개를 먹더니 나중에는 삶은 달걀을 까서 노른자는 버리고 흰자만 먹더란다.

삶은 달걀을 먹을 때도 김치는 반드시 갖춰야 한다. 약간 신 김치를 함께 먹으면 달걀 냄새도 덜 나고 입도 개운해진다. 이렇게 달걀이든 고기든 먹을 수 있을 때 많이 먹어서 다음 날 아침까지 배가 묵직해지고 며칠 동안 고기 생각을 잊어버리게 되는 것을 우리 시골 엄마나 할매는 '골미임(골무임)' 한다고 했다. 골수에까지 영양성분이 그득 찬다는 말인가?

겨울에는 역시 나무하는 일이 주된 일이었다. 나무도 하는 순서가 있다. 먼저 솔잎갈비를 긁는다. 솔잎갈비를 다 긁고 나면 다음으로는 낙엽과 잡풀과 잡목을 낫으로 쳐서 갈퀴로 긁는다. 낙엽 지는 나무를 다 하고 나면 다음으로는 소나무 마른 삭정이를 따거나 모양이 바르지 않고 줄기의 중간이 마른 소나무를 자른다. 일종의 간벌에 해당한다.

이렇게 자른 나무의 줄기는 장작으로 쪼개고 가지는 삭정이와 함께 묶어서 쌓아 둔다. 또 아까시나무와 잡목을 잘라서 단으로 쌓는다. 이렇게 해서 집채만한 나뭇가리를 여러 가리 해 둔다. 그래야 이듬해 겨울이 될 때까지 연료로 쓴다.

아이들은 겨울이 한창 무르익어 땅이 완전히 얼어붙으면 도끼를 들고 아까시나무나 소나무 밑둥치의 그루터기를 자른다. 아까시나무 그루터기는 도끼의 머리로 내려치면 쭉 찢어지면서 잘 떨어져 나간다. 아까시나무나 소나무의 그루터기를 깨두기라고 했는데 깨두기를 한 지게 해 가지고 가면 불에 넣기도 좋고 웬만큼 젖어 있어도 잘 탔다.

우리 집터에 집안인 찬동이 형네가 살았다. 찬동이 형은 나보다 다섯 살 위였는데 나는 위로 형이 없어서 찬동이 형과 그 누이들과 자주 놀았다. 그 누이들은 내 아래로 두 살 터울로 줄줄이 태어난 동생들을 다 업어가며 보아 주었고 나와도 잘 놀아 주었다.

　찬동이 형은 아버지가 억척같이 일을 하는 사람이어서 어려서부터 들에 나가 일을 참 많이 했다. 초등학교 4학년 때인가, 어른 지게보다 작고 여남은 살 사내아이 체구만한 전용 지게가 있었을 정도였으니까. 학교에 갔다 오면 어른 지게보다 조금 작은 전용 지게를 지고 꼴을 베고 나무를 하고 거름을 져 나르고 못하는 일이 없이 일을 했다.

　당시 내 생각으로도 찬동이 형은 하도 일을 많이 해서 학교 공부를 할 겨를이 없어 공부를 잘 못하나 보다 하고 생각했을 정도였다. 학교 공부는 그리 잘 못하고 일을 하느라 동무들과 어울리지도 못해 친한 친구가 없었던 찬동이 형은 나무하러 갈 때면 으레 나를 데리고 다녔다. 혼자 산에 가면 심심하고 따분하기도 하니까 동무 삼아 나를 데리고 다녔던 것이다. 나를 데리고 가면 언제나 자기 나무를 한 짐 해서 지게에 받쳐 놓고 내가 가져 갈 나무를 한 아름 해 주었다.

　한번은 솔갱이라고 하는 골로 나무를 하러 갔다. 이 골짝 저 등성이에서 갈비를 긁어모아 편편한 곳에 모은 다음 싸리를 베어서 양발 사이에 벌려놓고 갈비를 차곡차곡 뭉치고 또 싸리로 갈비 모둠의 반대쪽에 대고 바싹 당겨 다져서 한 장을 만든다. 이렇게 석 장 정도 하면 한 지게가 되었는데 어른은 다섯 장에서 여섯 장까지 했던 것으로 기억한다.

　찬동이 형은 자기 나무를 다 하고 내 것까지도 해서 칡넝쿨을 잘라서 멜빵을 해서 나한테 지워 준 다음 자기 지게를 지고 일어났다. 그런데 산의 경사와 나뭇짐의 무게에 눌려 그만 앞으로 공중제비를 하면서 처박히고 말았다. 지겟다리와 찬동이 형의 다리가 위로 올라가고 찬동이 형 몸은 지게와 함께 앞으로 거꾸러졌던 것이다.

여름에 비가 많이 와서 고랑이 깊게 팬 길에 고랑 양쪽으로 지겟다리를 걸쳐서 세워 두고 나무를 지게에 얹어서 지게꼬리를 단단히 묶은 다음 고랑에 들어가서 지게를 지고 일어나면 쉬우리라 생각하여 고랑에 세워 두었다가 그런 사단이 났던 것이다. 다행히 여러 바퀴 구르지는 않고 앞으로 처박혀 있기만 하였다.

찬동이 형 힘으로도 일어나지 못하는데 내가 무슨 힘으로 일으켜 세우겠는가? 그래서 어쩔 줄 모르고 발만 동동 구르고 있고 찬동이 형은 형대로 끙끙대고 있는 차에 마침 동네 청년이 나무하러 오다가 그것을 보고 찬동이 형 다리를 잡아당겨서 한 바퀴 돌려서 일으켜 세워 주었다.

농기계가 많이 보급되면서 나무를 해 오는 것도 지게에서 경운기로 바뀌었다. 경운기 덕에 더 멀리까지 가서 더 많이 나무를 해 올 수 있게 되었다. 그러나 이제는 경운기로도 나무를 하는 사람이 많이 없다. 농촌에서도 기름보일러에 가스보일러까지 보급되어서 굳이 나무를 하지 않아도 되었기 때문이다.

그 덕에 산이 우거진 것까지는 좋은데 산을 돌보지 않아 죽은 나무가 썩어 가고 필요에 따라 베어 낸 나무도 그대로 두어서 비가 많이 올 때는 산사태를 일으키는 일도 있다고 한다.

그리고 풀이 너무 성해져서 산나물도 많이 나지 않는다고 한다. 아무리 추운 겨울이라도 산에 가서 나무를 하다 보면 이마에 송골송골 땀이 맺히고 이때 산 위에 부는 바람은 정말 값을 매길 수 없이 상쾌하다.

> 산 위에서 부는 바람, 시원한 바람
> 그 바람은 좋은 바람 고마운 바람
> 여름에 나무꾼이 나무를 할 때
> 이마에 흐른 땀을 씻어 준대요

이런 어린이 노래가 있다. 예전에 이오덕 선생이 그랬다. 이 노래를 만든 사람은 농촌 사정을 모르는 사람이라고. 농촌에서 여름에 나무를 할 일은 없다는 것이다. 정말 그렇다. 여름에는 논밭에 나가 일을 해야지 누가 산에 가서 나무를 한단 말인가? 산바람과 여름을 잇다 보니 나무꾼으로 생각하게 된 것이 아닐까?

하기야 '선녀와 나무꾼' 이야기는 선녀가 목욕하는 여름에 나무꾼이 산에 가서 나무를 하였다고 되어 있으니 아마도 나무를, 그것도 장작을 해다 팔아서 먹고사는 나무꾼은 더러 있었던 것이다. 사실 산 위에서 부는 시원한 바람은 겨울에 나무꾼이 나무를 할 때도 이마에 흐르는 땀을 상쾌하게 씻어 준다.

한 줄기 햇살을 기다리며

동지 전날 반탄을 건너며(小至日渡盤灘)

풀잎에 서리 맺혀 새벽에도 빛나고
바지 걷고 여울 건너니 오리 떼 어지러이 난다.
활처럼 멀리 굽은 길을 물어물어 가면
그림 같은 먼 봉우리 아름답게 보인다.
천심은 볼 수 있어 때가 되면 돌아오는데
세도는 돌아오기 어려워 일은 점점 그릇된다.
나그네라 팥죽 먹을 생각은 말아야지만
매서운 추위에 양 하나가 돌아옴을 점친다.

草頭霜白未朝暉 揭涉淸灘亂鴨飛
迂徑似彎行詰曲 遠峯如畫望依微
天心可見時當復 世道難回事漸非
爲客莫思嘗豆粥 嚴寒好占一陽歸

조선 시대 중기의 학자 조희일趙希逸의 시이다. 이 시는 앞부분에서 겨울의 정취를 마치 수채화처럼 투명하게 그렸다.

모더니즘 시인 김광균의 '추일서정秋日抒情' 가운데 이런 구절이 있다. "길은 한 줄기 구겨진 넥타이처럼 풀어져/일광日光의 폭포 속으로 사라지고"

이제는 활같이 휘고 넥타이처럼 구겨진 이런 길은 거의 없어졌다. 차를 위한 길만 늘어나 바둑판처럼 동서로, 남북으로 반듯반듯하게 두부모 가르듯이 국토를 나누고 있기 때문이다. 산이 나오면 굴을 뚫고 강이 나오면 다리를 놓고. 절대로 에둘러 가는 법이 없다.

겨울 절기는 뭐니 뭐니 해도 동지가 중심이다. 동지가 다가오면 오후 서너 시만 되어도 벌써 어둑어둑해져서 점심을 먹고 나서는 나무 한 짐 해 오기가 미처 바쁘다.

예전에는 동지가 되면 당연히 팥죽을 끓여야 한다고 생각했다. 설날에는 떡국, 단오에는 수리취떡, 추석에는 송편, 동지에는 팥죽. 이렇게 시절 음식을 먹어야만 하는 것으로 알았다. 또 이런 음식을 먹어야 절기를 넘기는 일이 실감 났던 것이다.

팥죽을 쑤면 먼저 사당에 올린 다음 방과 장독, 헛간 등에 한 그릇씩 떠다 놓고, 대문이나 벽에다 죽을 뿌린다. 팥죽의 붉은색은 양陽의 색으로서 귀신을 쫓는 힘이 있다고 믿었기 때문이란다.

고대 히브리 민족이 모세의 영도로 이집트에서 탈출할 때 문설주에 양의 피를 바른 것이 연상된다. 아무튼, 그러고 나서 식구들이 팥죽을 먹는데 마음을 깨끗이 씻고, 새로운 한해를 맞는 의미가 담겨 있단다.

음력 초열흘 전에 동지가 들면 애기동지라고 해서 팥죽을 쑤지 않고 팥 시루떡을 쪄서 먹었다. 애기동지에 팥죽을 해 먹으면 아이들한테 해롭다나. 옛사람의 정서, 옛사람의 세계를 알지 못하는 오늘날 사람은 쉽게 미신으로 치부해 버리지만, 자연을 외경하던 시절에는 모든 것이 살아 있는 것이었다.

문설주에도 부엌에도 부뚜막에도 외양간에도, 골목길에도 그리고 심지어 뒷간과 거름더미에도 신神이나 영靈이 있어서 신령을 잘 다독이고 비위를 맞추고 섬겼다. 이렇게 미신에 사로잡혀 사는 것보다 모든 것을 과학으로 이해하고 세계를 합리와 이성으로 파악하는 오늘날이 더 행복한지는 모르겠다.

집안의 온갖 살림도구와 힘을 합해 호랑이를 물리치고 팥죽을 쒀서 나눠 먹었다는 '팥죽할머니와 호랑이' 이야기나 어떤 노인이 팥죽이 어찌나 먹고 싶던지 다 익기도 전에 한 그릇 퍼서 먹으려다 며느리한테 들켜서 팥죽땀을 흘렸다는 따위 팥죽에 얽힌 옛이야기가 많은 것은 그만큼 절기 음식으로 팥죽이 각별했기 때문이 아닐까?

늘 쌀알을 셀 수 있을 만큼 노란 꽁조밥(강조밥)에 낮에는 으레 국수나 버래기죽으로 때우던 시절에 팥죽은 참 별미 중에 별미였다. 팥죽을 쑤는 날이면 몇 번씩 부엌을 들락날락하면서 팥죽이 끓으면서 나는 달큼하고 구수한 냄새에 침을 삼켰다.

산이고 들이고 쏘다니다 배가 고파 팥죽을 조르면 어머니는 나무하러 간 아버지가 오는지 마중을 가라고 하였다. 집 뒤에 나 있는 언덕바지에 올라가서 아버지가 나무하러 가신 산을 지켜보면 아버지보다 나뭇짐이 먼저 보였다. 아버지가 나뭇짐을 지고 오면 아버지보다 나뭇짐이 먼저 산에서 내려왔다. 아버지가 무거운 짐을 지고 오는 걱정보다 얼른 팥죽이 먹고 싶어서 목소리가 들리지 않을 거리인데도 아버지를 소리쳐 불렀다.

"아부지요. 엄마가 빨리 저녁 잡수러 오시라 그래요."

아버지가 돌아와야 맛있는 팥죽을 먹을 수 있기 때문이었다.

팥죽은 맛있는데 새알심은 먹기 싫었다. 찹쌀로 빚어서 익은 뒤에는 입에 쩍쩍 들러붙었기 때문이다. 할매와 어머니가 새알심을 빚으면서 새알을 먹어야 나이를 먹는다고 했기 때문에 억지로 먹었다.

큰 새알은 한 알에 열 살, 작은 새알은 한 살. 그래서 열 살이 지나고부터는 큰 새알 한 알에 작은 새알을 나이에 맞게 먹었다. 먹기 싫은 새알을 먼저 먹고 맛있는 팥죽을 천천히 먹었다. 한꺼번에 많이 쒀둔 팥죽을 점심이나 저녁으로 며칠씩 먹었는데, 식은 팥죽을 다시 데우면 새알심이 풀어져서 끈적끈적해져서 더 먹기가 거북했다.

아무튼, 팥죽을 먹고 나야 한 살을 더 먹는 것으로 알았고, 나이 먹는 것이 무엇보다도 바람이었던 어린 시절에는 팥죽의 맛과 나이 먹는 뿌듯함이 어울려 동지섣달 긴 겨울밤, 한 뼘 더 자라는 꿈을 꾸곤 했다.

조희일은 정묘호란 때 인조를 강화로 호종扈從하였고, 명의 사신을 잘 접대하였으며, 시문은 물론 글씨와 그림에도 뛰어났다고 한다. 서대문인 돈의문敦義門의 편액은 그의 글씨란다.

조희일의 아버지는 조원趙瑗이었는데, 조원의 소실小室이 바로 조선의 유명한 여류시인 이옥봉李玉峰이다. 이옥봉의 시 가운데 잘 알려진 '꿈 속의 넋(夢魂)을 소개한다.

요사이 어떻게 지내시는지요?
사창에 달 비치니 한도 많답니다.
꿈속의 넋이 발자국을 남기게 한다면
문 앞 돌길은 반나마 모래가 되었겠지요.
近來安否問如何 月到紗窓妾恨多
若使夢魂行有跡 門前石路半成沙

옥봉 이 씨가 조원한테 보낸 시라 한다.

한번은 조희일이 명에 사신으로 갔다가 그곳 원로대신과 인사를 나누게 되었다. 성이 조 씨라서 그곳 원로 한 사람이 조원을 아느냐고 물었단다. 조희일이 자신의 부친이라 대답하니, 원로대신은 서가에서 '이옥봉 시집'이라 쓰인 책 한 권을 꺼내 보였다. 조희일은 깜짝 놀랐다.

이옥봉은 아버지 조원의 소실로서 아버지한테서 내침을 당한 뒤 생사를 모른 지 40여 년이나 되었기 때문이다. 더구나 옥봉의 시집이 어떻게 머나먼 명 땅에 있게 되었을까? 원로대신은 이런 이야기를 들려주었다.

40년 전쯤 중국 동해안에 괴이한 주검이 떠다닌다는 소문이 돌았다. 너무나 흉측한 몰골이라 아무도 건지려 하지 않아 파도에 밀려 떠돈다는 것이었다. 사람을 시켜서 건져 보니, 온몸을 종이로 수백 겹 감고 노끈으로 묶은 여자 시체였다. 노끈을 풀고 겹겹이 두른 종이를 벗겨 냈더니 바깥쪽 종이는 백지였으나 안쪽의 종이에는 빽빽이 시가 적혀 있고 "해동 조선국 승지 조원의 첩 이옥봉"이라 쒸어 있었다. 읽어 보았더니 하나같이 빼어난 작품이라 거둬서 책을 만들었다고 했다.

이옥봉은 조선 명종 때, 종실宗室이며 옥천군수를 지낸 이봉李逢의 서녀로 태어났다. 어려서부터 시문에 뛰어난 재주가 있었지만, 신분 때문에 첩살이밖에 못 한다는 것을 알고 결혼에 대한 꿈을 버리고 서울로 올라가 장안의 내로라 하는 명사들과 어울리며 단종 복위운동에도 뛰어들었고, 문사와 선비들 사이에서 모르는 이가 없을 정도로 유명인사가 되었다.

옥봉은 조원이라는 선비를 사랑하여 첩이 되겠다고 자청했다. 첩살이가 싫어서 결혼을 거부했던 그였지만, 사랑 앞에서는 약해졌던 것이다. 옥봉의 재능을 질투했던 것일까? 조원은 옥봉을 받아들이는 대신 앞으로는 절대 시를 짓지 않겠다고 맹세하라고 했다.

자신의 시는 외로움과 허망함의 발로였으니 지아비를 얻으면 시를 쓰지 않아도 좋으리라 하면서 그의 제안을 받아들여 첩이 되었다.

세월이 흘러 어느 날, 조원 집안의 산지기 아내가 찾아와 남편이 소도둑 누명을 쓰고 잡혀갔으니 조원과 친분이 두터운 파주목사한테 손을 좀 써 달라고 애원했다. 사정을 들어보니, 아전들의 토색질이 분명하여 옥봉은 파주목사에게 시 한 수를 써서 보냈다. 산지기는 무사히 풀려났다. 그러나 옥봉은 이 일로 쫓겨나는 신세가 되고 말았다. 약속을 지키지 않는 여자와는 살 수 없다며 조원이 내친 것이었다.

옥봉은 조원의 마음을 돌려보려 애썼으나 허사였다. 사랑을 위해 내면의 외침을 억눌렀던 옥봉은 산지기를 위한 갸륵한 마음을 몰라주는 속좁은 조원이 야속하고 사랑을 잃어서 애통한 마음을 시로 읊고 또 읊었다. 그런 절창絶唱 가운데 한 수이다. 제목은 '이별의 한(離恨)'이다.

평생 이별의 한 병이 되어
술로도 약으로도 다스리지 못하네.
이불 속 눈물이야 얼음장 밑 물과 같아
밤낮을 흘러도 남들은 몰라.
平生離恨成身病 酒不能療藥不治
衾裏泣如氷下水 日夜長流人不知

짧은 해가 동지가 지나면서 다시 길어진다. 모든 것을 음양의 조화로 보았던 옛사람들은 동지를 음양의 전환점으로 보았다. 그래서 동지를 중하게 여겼던 것이다. 동지가 되면 자연의 순환에 경의를 표하기 위해 나라에서도 갖가지 의식을 하였고 민간에서는 설로 여기기도 했다.

크리스마스도 태양제에서 유래했단다. 혹독한 추위에도 새봄을 점치는 시인의 마음에는 희망이 싹튼다. 세상이 점점 나빠지고 자연의 도리에서 멀어지더라도 동지를 맞으면서 자연의 질서를 성찰해 보아야 하겠다.

하늘은 사라진 적 없으니

동지에(冬至吟)

건의 원리는 사라진 적이 없지만
곤은 모두 음이니
양 하나가 처음 고동치는 곳에서
하늘의 마음을 볼 수 있다네.
乾道未嘗息 坤爻純是陰
一陽初動處 可以見天心

한 기만으로는 조화가 일어날 수 없지만
그래도 성인은 음을 누르니
양 하나가 처음 고동치는 곳에서
내 마음을 더듬어 볼 수 있다네.
造化無偏氣 聖人猶抑陰
一陽初動處 可以驗吾心

정몽주鄭夢周가 동지를 두고 읊은 시이다. 두 편을 한꺼번에 읊은 것으로 생각된다. 「주역」에서는 일 년 열두 달을 괘로 표현하기도 하는데, 겨울이 정점에 이른 동짓달을 가리키는 괘를 복괘復卦라고 한다. 복이란 말은 회복한다는 말이다. 복괘의 모습은 아래 괘가 우레를 나타내는 진(震, ☳), 위 괘가 땅을 나타내는 곤(坤, ☷)으로 되어 있다. 그러니까 땅 밑에서 우레가 처음 우는 모습이다. 우레가 우는 것은 양의 기운을 고동치게 하고, 생명의 기운을 불러일으키는 현상이다. 죽음과 갈무리의 시기가 지나고 새로운 생명의 시기가 회복된다는 것을 알리는 전조이다.

「주역」의 괘는 모두 양효(—)와 음효(--)가 어우러져서 이루어진다. 양효는 삶, 남성, 뻗어 나감, 하늘, 생명의 시작 등을 나타내는 양의 기운을 가리키고, 음효는 소멸, 여성, 거두어들임, 땅, 생명의 성숙 등을 나타내는 음의 기운을 가리킨다.

그러니까 복괘는 생명의 시작을 알리는 양효 하나가 맨 밑바닥에서 꿈틀거리며 자라나오는 모습을 나타낸다. 동지란 바로 해가 가장 짧아졌다가 다시 길어지기 시작하는 전환점이어서 복괘로 표현한다. 그래서 옛날에는 동지를 애기설이라고도 했다.

동지 이전 달인 음력 10월은 여섯 효가 모두 음효인 곤괘에 해당하는 달이다. 곤괘는 모두 음으로 되어 있어서 양이 하나도 없지만, 그래도 양의 기운은 완전히 없어진 것은 아니어서 동짓달이 되면 다시 작용을 시작한다. 동짓달은 양이 처음 고동치는 달이니까. 해가 짧아졌다 길어지는 동지에서 만물이 생장을 멈추었다가 다시 시작하는 자연의 순환과 운행을 볼 수 있다는 말이다. 하늘의 마음이란 뭘 가리키는 것일까? 하늘의 마음이란 만물을 낳고, 낳고, 낳아 기르고 자라나게 하는 것이다.

그런데 이런 천지자연의 조화는 양의 기운이나 음의 기운, 어느 하나만 있어서는 안 된다. 반드시 양과 음의 조화, 암컷과 수컷의 결합이 있어야 한다. 그렇지만 동지가 되면 양이 음을 밀치고 올라오듯이 사람도 음의 기운, 죽음과 소멸의 기운을 억누르고 양의 기운, 삶과 생성의 기운을 북돋워야 한다.

농사짓는 것이란 바로 양의 기운, 삶과 생성의 기운을 북돋는 일이다. 농사가 봄에 시작되는 것도 이런 원리이다. 그래서 양 하나가 처음 고동치는 곳에서 사람의 마음도 결국은 자연의 마음과 같다는 것을 알 수 있다. 그리고 동지에 마음을 가다듬고 천지자연의 조화를 명상함으로써 내가 어떤 마음을 지녀야 하는가, 검토해 볼 수도 있고.

나그네는 천 리 밖에서 늙어 가고

섣달그믐 밤에(除夜作)

등불 차가운 여관에 들어 홀로 잠 못 이루네
왜 이다지도 애처롭나 나그네 마음
이 밤에 고향에선 천 리 밖 나를 생각하겠지
내일 아침이면 또 한 해 더 늙어 가겠네
旅館寒燈獨不眠 客心何事轉悽然
故鄕今夜思千里 霜鬢明朝又一年

    고적高適은 어려서 가난하였으나 널리 사람을 사귀기 좋아하였고 유협遊俠의 기풍이 있었다고 한다. 공명심도 불타서 출세하려고 하였지만, 쉽게 뜻을 이루지 못하였고 이백, 두보 등과 친밀하게 사귀었다. 만년에 벼슬길이 순조로워 여러 관직을 지냈다.
    고적은 자연경관을 읊기보다 사람의 일을 주로 읊었기 때문에 자연경관을 묘사한 시는 많지 않으며 시의 언어도 간단하고 꾸밈이 없다고 한다. 이 시도 수식이 없고 자연스러워 시를 읽으면 그 뜻이 저절로 드러나고 슬픈 감정이 묻어난다.

요즘이야 여행은 삶을 즐기는 방편의 하나이지만, 예전에는 집 떠나면 고생이었다. 괴테의 「이탈리아 여행기」를 읽어 보면 그가 독일에서 이탈리아까지 여행하는 데도 온갖 고생을 다 겪는다.

교통도 통신도 발달하지 않았으니 안부도 서로 전할 수 없었다. 여행을 떠난 나그네나 식구를 떠나보낸 사람이나 여행이 끝날 때까지는 서로 안부를 알 수 없었다. 편지를 주고받는다 하여도 때로는 보낸 편지를 받기 전에 받을 사람이 죽는 일도 많았다.

그러니 객지에서 명절 때가 되면 더욱 식구가 그립고 더욱이 설날을 맞이하면 고향과 식구에 대한 그리움에 더하여 인생살이의 마감에 대한 정조가 구체화하여 더욱 비감해진다.

겨울은 한 해의 마지막이지만 또 새해를 맞이하는 전환기이기도 하다. 식물도 뿌리로 낱알로 한 해의 삶을 마감하고 갈무리하였다가 새해에 또 힘차게 움이 튼다. 사람들도 짐승도 벌레도 문을 닫고 들어가 한겨울을 나고 새봄에 또 힘차게 새 삶을 살아간다.

이렇게 봄 여름 가을 겨울을 두고 해의 높이가 높아졌다가 낮아졌다, 밤낮의 길이가 길어졌다가 짧아졌다 하는 끝없이 돌고 도는 주기에 따라 풀과 나무와 벌레와 새와 짐승과 사람은 어울려 살았다.

삶은 과정이지 목적이나 결과가 아니다. 문명은 사람의 삶에서 과정을 싹 빼 버리고 결과만 제시한다. 그렇지만 우리가 언젠가 삶의 의미를 잃어버렸을 때 그때는 다시 자연으로 돌아갈까? 사람이 아무리 나이를 먹고 늙어도 어머니 품을 그리워하듯이 말이다.

봄

설이 지나면 아직 바람 끝은 시리고 응달에는 바둑범 가죽의 얼룩무늬처럼 희끗희끗한 눈의 형해가 회갈색 흙과 섞여 물기 없이 부서져 있다. 찬 기운이 남았건만, 봄은 벌써 가까워졌음을 느낀다. 바람 끝이 옷깃을 파고들어도 하루가 다르게 햇살은 높아만 간다. 찬바람 속에 봄 씨앗이 묻어 와 싹을 내민다.

시간이야 원래 있는 것인지 없는 것인지 알 수 없지만, 풀도 나무도 곡식도 씨앗으로 땅에 떨어져서 싹이 트고 자라 꽃이 피고 열매를 맺었다가 다시 씨로 돌아가고, 짐승도 새끼로 났다가 젖을 떼고 자라서 자기를 닮은 새끼를 치고 죽고 하는 것을 보면서, 사람들이 이 흘러가는 이치를 편리에 따라 나눠놓은 것이 시간이겠다.

말은 말이요, 달은 달이요

정월 대보름 저녁(上元夕)

높고 낮음은 땅의 형세에 따르고
이르고 늦음은 하늘의 시간에서 비롯한다.
남의 말은 아랑곳할 게 없나니
밝은 달은 본래 사심이 없어라.
高低隨地勢 早晚自天時
人言何足恤 明月本無私

조선 시대 학자 하서河西 김인후金麟厚가 다섯 살 때 지은 시라고 한다. 간혹 놀라운 천재를 드러내는 아이들이 있다. 모차르트도 서너 살 때부터 작곡을 했다 하고 김시습도, 이이도 네댓 살 때부터 글귀를 지었다고 하니 말이다.

그래도 다섯 살 아이가 대상세계의 경물景物을 두고 경이감을 토로하거나 천진한 상상을 덧붙이지 않고 시간과 공간을 논하고 사람의 의식과 본성을 논한다는 점은 너무 조숙한 애늙은이라고 할까!

높다 낮다 하는 것도 절대 기준이 있지 않고 땅의 형세에 따라 판단될

뿐이다. 빠르다 늦다 하는 것도 시간상의 판단일 뿐이다. 그러니 성공을 했느니, 출세를 했느니, 어른이니 아이니 하는 것도 객관적이고 절대적인 기준이 없다. 나는 다만 상대적 관점, 주관적 가치관에 따라 이러쿵저러쿵 하는 사람들이 뭐라 하건 본래 타고난 본성의 밝은 덕을 밝혀 나가련다.

김인후는 호남 유학을 상징하는 인물이다. 조선 중기 중종 5년(1510)에 태어나 명종 15년(1560)에 죽었다. 어려서부터 천재를 드러냈으며 많은 명사한테서 촉망을 받았는데, 특히 동궁 시절 인종과 각별한 지우知遇를 맺었다. 김인후는 세자의 공부를 이끄는 스승의 직책을 맡았던 것이다.
그 뒤 인종에 대한 그의 의리는 인종이 죽고 나서 명종 때 일어난 을사사화의 소용돌이 속에서도, 윤원형 일파의 전횡 속에서도 변함이 없었다.

벽초 홍명희는 「임꺽정」에서 김인후가 인종에게 바치는 충정衷情을 감동적으로 그렸다. 김인후는 문정왕후와 윤원형 일파의 마수에 그대로 노출되어 목숨이 경각에 달려 있는 동궁(인종)의 안위를 늘 걱정하고 동궁을 지키려고 마음을 졸였다.
중종 말년, 동궁을 둘러싼 공기가 심상치 않은 가운데 김인후는 부모 봉양을 구실로 옥과 현감으로 내려간다. 김인후가 옥과 현감으로 있을 때, 인종은 결국 재위한 지 여덟 달 만에 죽고 만다.
이어서 명종이 즉위하자, 김인후는 옥과 현감을 사직하고 두문불출, 글을 읽고 시문을 지으며 세월을 보내다가 해마다 인종의 기일에는 산속에 들어가 온종일 통곡하다 내려왔다고 한다. 인종에 대한 그리움과 세월의 배신에 울분을 토하다가 일생을 마쳤다.

정월 대보름은 달이 참 밝다. 정월 보름달이 특히 더 밝아서라기보다 정월의 보름달이라서 더 밝게 보이는 것이 아닐까? 달의 주기에 따라 농사를 지어 먹고살던 옛사람들은 해보다 달이 더 친숙하였다.
달에 관한 온갖 속설과 속신俗信이 일상의 삶을 지배하였고, 달맞이 행사와 놀이, 한 달을 주기로 한 신체의 반응과 심리의 변화, 달의 차고 이지러짐에 따르는 미세기, 이런 자연과 삶의 영역에 달이 영향을 미쳤다. 달에 소원을 빌었고 희망을 실었으며 달에 번민과 고통을 비추었.
일 년 열두 달 가운데서도 정월 보름은 대보름이라 하여 각별하였다. 정월의 보름달은 바로 농사의 시작을 알리는 신호탄이었기 때문이다.

정월 대보름에는 찰밥과 오곡밥을 지어 먹었다. 콩가루를 묻혀 끓인 나물국, 말린 아주까리 잎, 말린 가지와 같은 건채, 산나물을 물에 우려 볶거나 무쳐서 먹었다. 대보름이 며칠 지나고도 남아 있는 오곡밥은 신 김치와 같이 먹어도 맛있다.
정월 대보름 밤에는 달집 태우기, 남의 흙 훔쳐 오기, 여러 집을 다니면서 찰밥 얻어먹기 등 갖가지 놀이가 있었고, 쥐불놀이도 신 나는 놀이었다.
그러나 "찰밥 좀 주소!" 하고 바가지를 들고 돌아다니는 아이들 놀이를 천하게 본 어머니의 엄한 단속으로 나는 한 번도 찰밥을 얻어먹으러

다니지 못했고 '마구리', '망우리'라고 불렀던 쥐불놀이도 뒷집 두암 할매네 외손자들이 놀러 와서 함께 놀아 본 적이 딱 한 번 있을 뿐이다.

정월 대보름은 농사를 시작하기 전 마지막으로 잘 먹고 놀 수 있는 시기였다. 새도 먹을거리가 없어 그냥 지나간다는 메마른 고향 마을이라도 한창때는 쉰 남짓한 가구가 담 하나를 사이에 두고 초가집들이 갯가 바위에 따개비 붙듯이 다닥다닥 붙어살았다.

담 하나를 두고, 또는 벽과 벽으로 이어진 집들 사이사이 골목에는 아이들이 재잘거리고 집터와 논밭과 이어진 야산이나 냇가 나무떨기에서는 새들이 재잘거렸다.

그러다가 전국 농촌에 밀어닥친 이농離農의 회오리바람이 일면서 한 집 두 집 비어 갔고 빈집은 밭으로 돌아갔다. 아예 집과 논밭을 처분하고, 아니면 남의 전지를 부쳐 먹고살던 터라 처분할 땅도 없었던 사람들은 경향 각지로 흩어져서 명절에도 소식을 알기 어려웠다. 그리하여 고향과 인연의 끈이 완전히 끊어진 사람들은 어쩌다 몇 다리 건너서 간간이 생사를 알 뿐이었다.

그러나 피붙이의 정을 이어가고자 했던 우리 집안에서는 시집 간 딸네는 딸네대로 외지로 나간 아들네는 아들네대로 유년을 같이 보낸 오누이, 숙질간의 정리를 찾아서 해마다 정월 대보름 다음 날인 열엿새에는 근친을 겸하여 다 같이 모였다. 이름 하여 '남매계'였다.

'남매계'를 할 때면 촌수가 열촌(十寸) 이내의 가까운 남녀노소가 유사有司를 맡은 집 마당에 모여서 편을 갈라 크게 윷놀이를 하였고, 동네가 떠들썩하도록 놀아 면소재지에 있는 술도가에서도 대목을 볼 정도였다. 열 말이 드는 드럼통에 가득 채운 막걸리를 다 마시고 그것도 모자라 더 갖다 마셨다. 흥이 다하지 않으면 다음 날까지 놀이가 이어졌다.

밤에는 타성바지 문객들이 짓궂기 경쟁이라도 하듯 일부러 남의 집 닭을 물어보지도 않고 잡아와서 술안주로 볶아 먹고 끓여 먹으며 놀았다. 별다른 놀이나 볼거리가 없는 산골 작은 마을에서는 한 해에 한 번 있는 크고 신명 난 행사였다.

이렇게 한바탕 흥겹고 신 나게 논 뒤에는 저마다 자기 사는 곳으로 돌아가서 또 한 해 동안 논밭을 갈아 농사를 지어 부모를 봉양하고 자식을 키웠다.

바람처럼 왔다 가는 보름달

보름달(望月)

둥글기 전에는 둥글기 더디더니
둥글고 나서는 어찌 이내 이지러지나
서른 밤에 둥글기란 하룻밤만이고
한평생 마음 씀도 이러하여라
未圓常恨就圓遲 圓後如何易就虧
三十夜中圓一夜 百年心事總如斯

구봉龜峰 송익필宋翼弼의 시이다. 송익필은 아버지 송사련이 지은 업보로 평생 불우하게 살았으며, 신분상으로도 서얼이어서 탁월한 재능을 제대로 꽃피우지 못하였다. 아우 송한필과 함께 당대를 대표하는 문장가였으나 신분상의 질곡桎梏과 가계의 악업으로 평생을 그늘에서 살다시피 하였다.

율곡 이이와 학문, 문장으로 지음知音의 사이였으며, 예학에 밝아서 사계沙溪 김장생金長生에게 예학을 전수하였고 이후 조선 예학의 실질적 남상濫觴이 되었다. 이이가 스물세 살 때, 과거시험에 제출하여 장원한,

그의 출세작이라 할 「천도책天道策」을 해설하여 명성이 높아졌다고 한다. 지략이 뛰어나고 정치적 감각이 탁월하였다.

동서붕당과 정여립 사건으로 인한 기축옥사己丑獄死의 막후에서 서인의 모사로서 결정적인 역할을 하였다고 알려졌다. 인조반정을 주도한 세력이 대부분 송익필과 직간접적으로 사승 관계를 맺고 있다.

서인의 정통을 이은 노론이 조선 후기 정치를 주도하면서 줄기차게 송익필의 복권과 신원伸寃을 주장하였으나 받아들여지지 않았다. 그러다가 영조 28년(1752)에 사헌부 지평에 증직되면서 그는 신분상의 질곡에서 벗어났고, 순종 4년(1910), 조선이 망하기 직전에 홍문관 제학에 추증되고 문경文敬이라는 시호를 받음으로써 명예를 회복하였다.

밤이면 오로지 달을 바라보고 살던 시절에는 달의 차고 이지러짐은 밑도 끝도 없이 흘러가는 나달의 기준이었다. 밤하늘의 달처럼 원만한 것이 또 있을까! 그러나 사람들이 아무리 둥글어지기를 바라도 바람은 참으로 더디게 이루어진다.

밤길을 걷는 낭군이 행여나 '진 데'를 디디지 않도록 높이 떠서 멀리 비춰주기를 바라며 마음 졸인 백제의 아낙네에게도, 늙은 아버지를 대신하여 수자리 살러 나간 정인情人이 무사히 돌아오기를 비는 신라의 설씨녀에게도, 밤을 지새우며 변방으로 원정 나간 낭군에게 보낼 전포를 다듬이질하는 당대 장안長安의 수많은 집 아낙네에게도 둥근달은 한 달에 한 번 무심하게 밝을 뿐이었다.

보름달을 앞뒤로 며칠은 밝지만, 달은 둥글어지기 더뎌서 애를 태우더니 둥글어지고 나서도 이내 이지러져서 마음을 더욱 졸이게 한다.

　우리네 '바람(願望)'이란 늘 이러하다. 바람은 더디 이뤄지고 이뤄진 것은 금세 사라진다. 사람은 결과에서 사는 것이 아니라 과정에서 살기 때문이리라. 대체 끊임없이 추구하는 대상이면서 충족이 되고 나서도 싫증이 나지 않고 만족스러운, 그런 '행복'이란 것이 있을까?

　단 하루 바람이 성취되고 나머지 스무이레를 바라고 아쉬워하면서 사는 것이 인생이다. 바람의 충족이란 잠깐만 이뤄지는 일이기에 바람인 것이다. 바람처럼 왔다 가는 것이 '바람'이다.

백 마디 말보다 꽃

잡시雜詩

고향에서 오신 그대
고향 일을 아실 테지요.
오시던 날 창문 앞에
매 꽃망울 벌던가요?
君自故鄕來 應知故鄕事
來日綺窓前 寒梅著花未

　요즘은 도시 한복판에서 꽃을 보기가 어려워졌지만, 그리고 꽃을 본다고 해도 온실에서 나온 꽃이 대부분이지만, 옛날에는 철이 바뀌는 것을 피고 지는 꽃으로 빗댄 경우가 많았다. 목련에 개나리, 진달래, 제비꽃, 꽃다지, 온갖 꽃이 봄에 피지만 그중에서도 매화가 예로부터 시인들의 사랑을 받았다.
　이 시는 아주 이른 봄에 피어 때로는 눈 속에서 떨면서도 지조를 굽히지 않는다는 매화를 소재로 하고 있다. 이 시를 쓴 사람은 왕유王維라는 중국 당의 시인인데, 그가 쓴 시는 사람살이의 희로애락을 초탈하고 대

자연을 물끄러미 보는 불교의 정신세계를 보여주는 것이 많아서 그를 '시의 부처님(詩佛)'이라고 별호로 부르기도 한다.

고향에서 온 사람이 반가운 것은 매화의 소식이 궁금하기 때문이겠는가? 고향 집에서 기다리고 계시는 부모님이나 그리운 처자와 식구에 대해서는 차마 묻지 못하고 에둘러 매화의 안부를 묻지만, 고향에 대한 그리움은 백 마디 말보다 더 절실하다. 나도 더는 할 말이 없다. 매화꽃이 벌었는가 하는 물음 속에 온갖 안부가 다 들어 있으니까.

새싹은 돋고 시냇물은 다시 흐르고

봄(春)

밤중에 봄비가
소리 없이 가늘게 내린다.
눈 녹아 시냇물 넘실거리니
풀은 올망졸망 새싹이 돋고
春雨細不滴 夜中微有聲
雪盡南溪漲 草芽多少生

    정몽주의 시이다. 대쪽 같은 유교적 충절의 상징인 정몽주에게도 거의 동시에 가까운 감성을 표현한 시가 있었다니 새삼 놀랍다.
    이른 봄의 이미지를 비와 새싹으로 깔끔하게 그려 냈다. 중고등학교 시절, 고모가 보던 여성잡지를 몰래 훔쳐보았는데, 거기서 본 네 칸짜리 만화가 지금까지 인상 깊다.
    첫 칸에서는 청춘남녀가 공원 긴 의자에 앉아 머리를 맞대고 사랑을 속삭이는데, 빗방울 하나가 남자 머리에 툭 떨어진다.
    둘째 칸에서는 봄비가 제법 많이 내린다. 비를 여러 가닥 실로 그려 놓았다. 셋째 칸에서는 남자가 일어서서 비의 실을 커튼처럼 걷어 묶는다. 넷째 칸에서는 비의 커튼을 쳐놓고 다시금 사랑을 속삭인다. 소리 없이 내리는 봄비는 정말 살며시 거둬 모아서 커튼으로 칠 수 있을 듯하다.

어느 시인은 봄비를 두고 누에가 실을 토하는 듯하다고 했다. 봄비에 대한 형용은 헤아릴 수 없을 만큼 많다. 가을비는 가을비대로 한 해를 마감하는 감상을 자아내지만, 봄비는 새로운 삶의 희망을 일깨운다. 그래서 봄비가 내리면 응달에서 끝까지 남아 있던 눈도 녹아 시냇물이 불어나고 새싹도 고개를 내민다.

산골 마을에 위로 딸만 셋이 있는 집에 아들이 생겼다. 부모님은 물론 위의 누이들한테도 귀하고 귀한 손이었다. 아이가 서너 살이나 네댓 살 때쯤, 어느 날 어른들을 따라 밭을 다녀왔다.

저녁에 누이들이 아이한테 물었다. "아무개야, 오늘 뭘 봤노?" "양대(강낭콩) 싹 나는 것 봤지." "싹이 어떻게 나드노?" 말대답을 또록또록하게 잘하는 남동생이 귀여워 무슨 재롱을 피울까, 꼬치꼬치 물었다. 그러자 아이는 "이-래(이렇게), 이-래!" 하면서 머리를 방바닥에 대고 엉덩이를 한껏 치켜 올리며 용을 썼다. 저녁을 먹고 둘러앉은 온 식구들은 어린 아이가 나름대로 콩이 싹트는 모습을 흉내 내는 것을 보고 박장대소하였다. 아이의 눈에는 식물이 싹 트는 모습의 본질이 포착되었던 것이다.

돌아가신 선친 이야기이다. 근래까지도 고모들은 친정에 모이면 가끔 이 이야기로 먼저 간 아우를 추억한다.

떠나는 우리 님

임을 보내며(送人)

비 갠 강둑에 풀빛 짙은데
남포에서 임을 보내려니 슬픈 노래가 나오네.
대동강 물이야 언제 다 마르랴,
해마다 이별 눈물 보태는데
雨歇長堤草色多 送君南浦動悲歌
大同江水何時盡 別淚年年添綠波

    비가 내리면 서서히 녹아 푸석푸석해지던 얼음도 시나브로 스러지고, 응달에 남아 있던 눈도 삽시간에 다 녹아 버린다. 길은 질척해지고 벌써 냇가 버들가지에는 물이 오른다.
    음력으로 설만 지나면 벌써 버들가지 색깔이 달라 보인다. 봄은 만물이 소생하는 계절이다. 가을이 지나고 겨울로 접어들면서 낮이 점점 짧아지고 시름시름 앓던 해가 어느 날 문득 죽어 버릴 것으로 보이다가도 동지를 지나면서 다시 살아나 차츰차츰 길어져서 양지쪽은 제법 따뜻해지고, 땅 밑에서 피어오르는 아지랑이가 눈길을 어지럽게 하면 봄이로구나 하고 새싹도 돋아나고 땅속에 숨었던 벌레도 기어 나와 새 삶을 시작한다. 이런 새 생명의 숨결을 불어넣어 주는 소식이 봄비가 아닐까?

봄비 하면 가장 먼저 떠오르는 시가 고려 시대의 정지상鄭知常이 읊은 '임을 보내며(送人)'라는 시이다. 고등학교 1학년 때 고향을 떠나 대도시로 유학을 나왔다. 그해는 유달리 봄비가 많이 내렸다. 한 주일에 한 번씩은 꼭 비가 내렸고, 그 때문에 그해는 냉해를 입어서 농사가 아주 폐농이 되고 말았다.

어쨌든 그때 국어 시간에 배운 이수복의 '이 비 그치면'이라는 시는 낯선 도시에서 그리는 고향을 그대로 그림으로 그려 주는 것 같았다. 그 시 구절은 이렇게 시작한다. "이 비 그치면 내 마음 강나루 긴 언덕에 서러운 풀빛이 짙어오것다."

3년을 다닌 중학교가 있는 군청소재지 읍내에는 중심에 내성천이 흘렀다. 내성천은 북쪽에서 약간 서남쪽으로 감돌아 내려갔다. 내성천 양쪽 강둑엔 해마다 봄이면 파릇파릇 풀이 돋아 정말 내 마음 강나루 긴 언덕에 서러운 풀빛이 점차 짙어 갔다. 그래서 그만 한 학기를 마치고 고향으로 돌아가 읍내에 있는 중고등학교에서 중등교육을 마쳤다.

이 시의 심상을 그대로 느낄 수 있는 한시가 같은 국어 교과서에 실려 있었던 것으로 기억한다. 그 한시가 바로 정지상의 이 시이다.

봄비가 개자 긴 강둑에 풀이 파릇파릇 자라나서 짙어 가는데, 남포에서 그리운 사람과 이별을 한다. 남포란 대동강 가에 있는 포구가 아니라 이별하는 곳의 상징적인 장소를 일컫는 상투적인 표현이라고 한다. 원래 굴원屈原이라는 전국시대 중국의 시인이 읊은 시 가운데 들어 있는 구절에서 유래한 것이라 한다. 그래서 이별을 주제로 한 시는 으레 남포에서 이별하는 것으로 되어 있단다.

겨우내 땅속에서 숨을 죽이고 찬바람을 견디던 풀이 봄비가 일깨우자 긴 잠에서 깨어나 뿌리에서 올라온 생명의 기운을 잎으로 내보낸다. 그래서 강둑은 온통 푸른 생명이 약동한다. 그런 대동강 가에서 임과 이별한다. 헤어지는 사람들이 해마다 이 강가에 나와서 임과 이별한다면 대동강 물도 마를 날이 없을 것 같기도 하다. 물론 대동강 물이 마를 리야 있겠는가마는 안 그래도 마르지 않을 대동강 물인데, 이별하는 사람들이 대동강 가에 나와 눈물을 흘리니 언제 마르겠나?

가을이 이별의 계절로 제격인 것 같지만, 봄의 이별은 역설적으로 더 애절하다. 하기야 김소월의 시에 노래를 붙이고 '희자매'가 불러 한때 꽤 유행했던 '실버들'도 봄의 이별을 노래한 것이다.

"실버들을 천만사 늘여 놓고도 가는 봄을 잡지도 못한단 말인가? 이내 몸이 아무리 아쉽다기로 돌아서는 임이야 어이 잡으랴! 한갓되이 실버들 바람에 늙고 이내 몸은 시름에 혼자 여위네. 가을바람에 풀벌레 슬피 울 때에 외로운 밤에 그대도 잠 못 이루리!"

봄비와 봄밤이 만나니

봄밤에 내리는 반가운 비(春夜喜雨)

반가운 비가 때를 아는 듯
봄이 되자 내린다.
이 밤에 바람 따라 몰래 들어와
소리도 없이 만물을 촉촉이 적신다.
들길은 구름에 싸여 어슴푸레하고
강에 뜬 배에는 등불만 가물거린다.
새벽빛에 붉은 물기 번진 곳을 보니
금관성이 꽃 속에 겹겹이 싸여 있다.

好雨知時節 當春乃發生
隨風潛入夜 潤物細無聲
野徑雲俱黑 江船火獨明
曉看紅濕處 花重錦官城

두보杜甫가 쓴 시이다. 호우好雨란 좋은 비인데, 좋은 비는 봄이 되어 겨우내 언 땅을 녹이고 만물이 소생하도록 내리는 비이므로 반가운 비라고 해야 뜻이 살 것 같다. 때맞춰 내리는 비를 시우時雨라고 한다.

중국의 고대소설 「수호전」의 주인공 송강宋江은 별명이 급시우及時雨이다. 때에 맞게 내리는 비와 같이 권력에 짓밟히고 착취당하는 인민의 타는 목마름을 시원하게 풀어 주는 사람이라는 뜻이겠지. 비가 때를 알리야 있을까마는 겨울에는 눈이 내리다가 봄이 되어 비로 내리니 마치 때를 알고 내리는 것 같기도 하다.

농사에는 무엇보다도 비가 가장 필수 요건이다. 비가 내리지 않으면 농사를 지을 수 없다. 그래서 비가 제때 내리고 안 내리는 것까지도 나라님의 덕을 가늠하는 잣대로 삼았다. 가뭄이 들어 비가 내리지 않으면 농사를 짓지 못하고 농사를 짓지 못하면 농민한테 얻어먹는 만조백관의 관리와 나라님도 얻어먹을 수 없다. 물론 이들이 두 손 놓고 굶어 죽지는 않았다. 어떻게든 농민을 착취하여 자기들은 배불리 먹었으니까.

그러나 이치상 그렇다는 것이다. 그러기에 과거의 역사 자료를 보면 천문과 기상을 자세히 살피고 기록하였으며, 오랜 가뭄이 들다 비가 내리면 비가 내려서 농사를 지을 수 있게 된 정황을 일일이 기록하여 보고하게 하였다. 가뭄 극복을 위해 관개수리 시설을 정비하고 기우제를 지내 찢어진 민심을 달래고 수습하였다.

조선 3대 태종은 셋째아들 세종에게 왕위를 물려주고 상왕으로 물러나 있다가 세종 4년에 죽는다. 태종 말년에는 해마다 가뭄이 극심하였다. 태종은 가뭄에 원한이 사무쳐서 죽음에 임하여서는 "지금 가뭄이 이

토록 심한데, 내가 죽은 뒤에라도 넋이 있다면 반드시 이날에는 비가 내리게끔 하겠다"고 유언하기까지 하였다. 그 탓인지는 몰라도 그해 큰 풍년이 들었고, 그 뒤로 태종의 제삿날인 음력 5월 10일이면 어김없이 비가 내려서 이를 '태종우太宗雨'라고 하였다.

사실 이런 이야기는 설화적 요소가 강하다. 꼭 필요할 때 비를 간절히 바라는 인민의 염원과 인민의 생업을 걱정하는 왕의 염려를 왕이 죽은 날을 전후하여 내리는 비에 결부시켜서 이런 말이 생겼을 것이다.

실제로 이 무렵은 논농사를 위한 모내기 철이므로 꼭 비가 와야 한다. 그래서 이 시기를 넘기고도 비가 오지 않으면 촌락마다 유래된 속신에 따라 기우제를 지냈고, 그래도 비가 내리지 않으면 고을 단위로, 그리고 국가 단위로 기우제를 지냈다.

기우제는 촌락마다 다양한 형태가 있었다. 우리 마을에서는 이런 식으로 비를 빌었다. 첫아들 낳은 여자 가운데 선발된 한 사람이 삿갓을 쓰고 동네 큰 집 마당에 앉아 있다. 첫아들 낳은 다른 여자들이 물버지기(물동이)를 이고 모여 둘레에 선다. 부정풀이를 잘하는 여자가 솔가지에 물을 찍어 사방으로 뿌리면서 "동서남북 사방 검은 먹구름이 몰려들어 비를 내리소서!" 하고 주술을 왼다. 이를 물풀이라고 한다. 그러고 나서 물버지기를 이고 온 여인들이 돌아가면서 삿갓 위로 물을 내리쏟으면서 "비 온다, 비 온다!" 하고 큰소리로 외친다. 동이로 물을 퍼붓듯이 비가 흠뻑 내려서 타는 목마름으로 시들어 가는 초목과 갈라진 대지를 적시기를 바랐던 것이다.

마포구 합정동에 면한 한강 가에 망원정望遠亭이 있다. 이 정자는 태종의 둘째 아들이며 세종의 형인 효령대군이 세운 정자로서, 원래 이름은 합강정合江亭이었다.

세종 7년에 군사훈련과 인민의 살림살이를 살피러 효령대군의 별장이 있는 서강으로 거둥하였다. 세종이 홍제원洪濟院을 거쳐서 천천히 고삐를 잡고 들을 지나가는데 양쪽 길옆으로 밀보리가 무성한 것을 보고 매우 기뻐하였다. 별장에 도착하여 정자 위에 올라가 막 잔치를 벌이는데, 마침 큰 비가 좍좍 내려서 잠깐 사이에 사방 들판에 물이 흡족하였다.

임금은 매우 기뻐하며 그 정자 이름을 희우정喜雨亭이라고 지었다. 반가운 비가 내려서 가뭄에 시달리던 온 들판을 흡족하게 적셨던 것이다. 나중에 성종의 형인 월산대군이 이 정자를 소유하면서 이름을 망원정으로 바꿨다고 한다.

어떤 시점에 딱 들어맞는 것을 '당當'이라고 하니 당춘當春이란 '봄이 되자'라는 뜻이 되겠다. 그러니까 여기서는 봄이 되자 곧 비가 내린다는 뜻이다. '내乃'라는 글자가 '급及'이라는 글자로 된 판본도 있다. '급'이라고 하면 봄이 되자 거기에 딱 맞춰 비가 내린다는 뜻이 더 강하게 살아나는 것 같다.

밤에 바람이 불자 바람을 따라 비가 스며든다고 한다. 만물을 윤택하게 하는 봄비가 너무도 가는 실비로 내려서 촉촉이 스며들지만, 소리도 없다고 한다. 들길도 구름에 묻혀 거뭇거뭇하게 분간되지 않는다.

오래 가물던 땅에 비가 내리니 물기가 번져서 들판에 나 있는 오솔길도 구름과 안개와 빗발에 싸여 희끄무레하게 알아볼 수 없이 되었다. 그래도 강선江船, 곧 강에 떠 있는 배에는 등불을 밝혀 놓아서 등불만이 물기와 빗발 속에서 어슴푸레하게 깜박인다. 새벽이 되어 일어나서 붉은 꽃이 물기에 촉촉이 젖어 붉은 물이 밴 곳을 보니 거기는 바로 꽃으로 둘러싸인 성이 아닌가?

농사일을 할 때나 농촌에 살 때는 비가 가끔 성가시긴 해도 여간 반갑지 않다. 게다가 오래 가물다가 비가 오면 마음이 시원하고 상쾌하다. 모처럼 일을 쉬게 되니 한가롭기도 하고. 그래서 모자란 잠도 몰아서 낮잠으로 자기도 하고, 모여서 전도 부쳐 먹고 막걸리도 기울이며 한가로운 이야기도 나눈다. 수채화로 '고향의 봄'을 그려 놓은 듯하다.

꽃은 어느새 지고

봄 새벽(春曉)

봄잠이라 날 새는 줄 몰랐는데
여기저기 새 소리 들려온다.
간밤에 비바람 몰아쳤는데
꽃은 또 얼마나 졌을까?
春眠不覺曉 處處聞啼鳥
夜來風雨聲 花落知多少

봄날 새벽의 정취를 그린 짧은 시, 맹호연의 '봄 새벽(春曉)'이다.
철이 바뀌는 때가 되면 몸이 미처 따르지 못해서 잠도 곤하게 든다. 그래서 날이 새는 줄도 모르고 잔다. 문득 새 우는 소리가 귀에 재잘거려서 잠이 깬다. 간밤에 잠결에 비바람 치는 소리가 들렸으니 아마도 꽃이 많이 졌겠지.
처음 읽을 때는 그저 담담하고 쉬운 노랫말 같지만, 자꾸 읊어 보면 맛이 깊다. 부귀와 명예와 공명을 멀리하고 자연에 묻혀 사는 사람의 한가로운 심경을 노래한 것 같기도 하다.

봄은 생명을 출산하는 아픈 계절이다. 한순간 피어 있는 화려한 꽃은 바로 그 거룩한 출산의 아픔을 꾸미는 장엄이다. 덧없는 청춘을 상징하듯 꽃은 비바람에 쉽게 지고 만다. 지는 것이 아쉽기는 하지만, 꽃이 져야 또 잎이 무성해지고 열매도 맺는다.

그러나 꽃은 지는 모습을 보이는 것조차도 부끄러워 밤비에 져버린다. 그런데 시인은 봄철이라 곤하게 든 잠에서 깨어나지 못하고 언제 날이 새는 줄도 모르게 자다가 지저귀는 새소리에 깨어났다. 잠에서 깨어서는 어젯밤 비에 꽃이 졌을 거로 생각하면서 아쉬워한다.

이 시를 읽으면 이내 이제는 잃어버린 꿈, 자연과 하나가 되어 새와 꽃과 비와 바람과 어울려 살던 시절을 향수로만 그리게 된다.

비에 피는 꽃, 바람에 지는 꽃

문득 읊다(偶吟)

어젯밤 비에는 꽃이 피고
오늘 아침 바람에는 꽃이 지네.
가련하다 한 해의 봄이
비와 바람 중에 오고 가누나.
花開昨夜雨 花落今朝風
可憐一春事 往來風雨中

    송익필의 아우 송한필宋翰弼의 시이다. 송익필과 송한필 형제는 뛰어난 문장에 반비례하는 신분상의 결함으로 풍운의 삶을 살았다.
    하룻밤 비에 피어났다가 다음 날 아침 바람에 지는 그런 꽃이 있을까? 함께 피었다가 일시에 져버리는 벚꽃이라도 며칠은 피어 있을 것이다. 그러니 어젯밤 비에는 살구꽃이 피고 오늘 아침 바람에는 복사꽃이 지고 하는 것이리라. 봄이면 늘 피는 꽃이라도 비가 내린 뒤 피는 꽃이 더 인상에 남고 늘 지는 꽃이라도 봄바람에 우수수 지는 꽃이 마음을 사로잡는다.

그러고 보면 꽃과 나 사이에 비나 바람이 개입함으로써, 꽃의 피고 짐을 더 구체적으로 각인시킨다. 사랑하는 사람과 이별하는 그날에도 바람이 매서웠다거나 또는 영영 고향을 떠나오던 날 고갯마루에 왕거미가 집을 지었다거나 이렇게 자연의 경물이 감정을 구체적으로 매어 놓는 법이다.

전, 결 두 구는 중학교 1학년 한문 교과서에서 배웠던 것으로 기억한다. 한문 선생님은 조용호라는 분이었다. 수업 시간에 아이들이 지루해 하면 "기차역 근처에 사는 집에는 왜 아아들(아이들)이 많은 줄 아나? 잘만 하면 꽥꽤액 하고 기차가 지나가고 또 잘만 하면 꽥꽤액 하고 기차가 지나가서 잠이 깨니, 잠을 깨면 뭐하겠노? 아아나 만들지" 하고 농담을 하였는데, 아직 소년티를 채 못 벗어나서 영문을 잘 모르는 사내아이들은 몇을 제외하고는 별로 웃지도 않았다.

이런 썰렁한 농담을 했지만, 한문은 꽤 열심히 가르쳤다. 이 선생님의 수업을 '꽤'라고 수식한 까닭은 그때 중고등학교 교사의 수준이 학생의 학습이나 인성교육의 측면에서 상당히 문제가 많았기 때문이다. 지금 기준으로 보면 학생들보다 더 문제가 많았던 선생님들이 다수 있었지만, 아무튼 그분들 덕에 지금 이렇게 자라서 이렇게 살아가고 있다.

살구꽃으로 불 밝힌 마을

청명清明

청명날 비는 푸슬푸슬 내려
길 가는 나그네 애가 탄다
주막집 어디냐고 물었더니
목동은 멀리 살구꽃 핀 마을을 가리킨다
淸明時節雨紛紛 路上行人欲斷魂
借問酒家何處有 牧童遙指杏花村

중국 당 대의 시인 두목杜牧이 쓴 시이다.

산에는 진달래와 산도화山桃花, 인가에는 복사꽃, 살구꽃 그리고 개나리꽃. 복사꽃, 살구꽃이 피면 정말 마을이 온통 환해진다. 겨울을 나느라 빛이 바랜 채 웅크린 무채색에 가까운 초가지붕, 기와집들 사이로 살구꽃, 복사꽃이 둥두렷 벌어서 화사하게 생기를 불어넣는다.

한시에서 행화촌은 봄의 시어詩語로 자주 나온다. 초등학교 6학년 국어 교과서에서 이호우의 "살구꽃 핀 마을은 어디나 고향 같다/만나는 사람마다 등이라도 치고 지고/뉘 집을 들어서 본들 반겨 아니 맞으리" 하는 시조를 배웠다. 중학교 땐가 고등학교 땐가 국어 교과서에 역시 이 시조가 나왔다. 다만 종장이 "뉘 집을 들어서보면은 반겨 아니 맞으리"로 되어 있었다. 왜 이렇게 되어 있었는지, 알아보지 않아서 아직도 모르겠다.

살구는 개살구가 꽃이 더 짙고 야하다. 복숭아꽃도 집에서 심은 과일 복숭아나무 꽃보다 산에서 어쩌다 나는, 아마도 짐승들이 따 먹고 눈 똥에서 나온 씨가 자랐을, 야생복숭아 꽃이 훨씬 색이 곱고 야하다. 아마 사람의 손으로 보호받지 못하여 오로지 제힘으로만 다른 꽃들과 경쟁하며 벌 나비를 불러들여야 하기 때문이리라.

살구든 복숭아든 속에 씨가 든 과일의 핵이 발달하였는데 어릴 때는 씨를 둘러싼 핵과 살이 아직 분리가 안 되어서 살은 아직 시디시어도 하얀 씨 핵은 살보다 고소한 맛이 있고 조금 단단하여 나름 먹을 만하였다. 그래서 봄이면 풋살구 따 먹고 배앓이하는 애들이 흔했다.

학교에서는 날마다 아침 조회 때 교장 선생님이나 학생주임 선생님의 훈시에 풋과일을 따 먹지 말라는 내용이 빠지지 않았다. 그래도 우리는 실과나무에 꽃이 떨어지자마자 나무 밑을 맴돌며 가지를 쳐다보았다.

행화촌은 더러 주막집의 별칭으로도 쓰이는 모양이다. 조선 시대 말에 한문 초학 학습서로 편찬한 「학어집學語集」 살구꽃(杏花) 항목은 이런 풀이가 붙어 있다.

"강남에 삼월이 되니 곳곳에 꽃이 피어 있다. 내가 흐르고 산이 둘러친 마을에 바람이 주막집 깃발을 흔드니 나들이하는 사람과 나그네가 많이 살구꽃 핀 마을을 찾는다."

　행화촌은 그리하여 문장에서는 주막집, 술집, 여관이라는 뜻으로 쓰인다. 중국에는 행화촌이라는 술도 있다.

　길 가는 나그네야 애가 타건 말건 이 시를 읽는 내 정조는 시골에서 자란 어린 시절의 향수에 젖는다.
　어느 날 아버지가 밭에 나가 일을 하다가 쇠꼴을 베러 갔다. 할매와 어머니, 우리 형제는 밭에서 일하고 있었는데 갑자기 비가 쏟아졌다.
　꼴을 베러 갔던 아버지는 반 지게도 되지 않은 꼴을 지고서 낭패한 모습으로 헛웃음을 웃으면서 삿갓을 둘러쓰고 비를 피하고 있는 우리한테로 왔다. 민망했던 것이다. 길 가다가 뜻하지 않게 비를 만난 나그네의 애타는 모습을 읽으면 늘 이 장면이 겹친다.

길 떠나는 친구여, 한잔하세

이사를 안서로 보내며(送元二使安西)

위성 땅 아침 비 고운 먼지를 적셔
객사 앞 버들가지 푸른빛이 새로우이
그대에게 다시 한잔 술을 권하네
서쪽 나가 양관에는 벗이 없으리니

渭城朝雨浥輕塵 客舍靑靑柳色新
勸君更進一杯酒 西出陽關無故人

왕유의 시이다. 가까운 친구 원이元二가 서쪽 안서安西 지역으로 파견되자, 왕유는 친구를 전송하러 위성까지 동행하였다. 위성은 섬서성 위수渭水 북쪽에 있는 도시로서, 진秦 때는 이곳에 도읍을 정하고 함양성咸陽城이라 하였다. 한 대에 위성으로 이름을 고쳤다. 당의 수도 장안에서는 서북쪽에 있는데 당 대에는 서북쪽 변방으로 가는 사람을 위성까지 가서 전송하였다고 한다.

그리고 양관은 감숙성 돈황 서남쪽에 있는 관문인데, 옛날에는 옥문관玉門關과 함께 서쪽 변방으로 갈 때는 반드시 거쳐야 하는 곳이었다. 일설에 따르면, 옥문관 남쪽에 있다고 해서 남쪽을 뜻하는 양陽 자를 붙여 양관陽關이라 하였다. 안서는 지금 신강 위구르 자치구 고차현庫車縣 부근이다.

드넓은 땅에 교통과 통신도 원활하지 않은 옛날에 친지나 벗이 멀리 떠나면 언제 다시 만날지 기약할 수 없었다. 그러기에 길 떠나는 이를 전송하는 것은 당연한 일이었다. 전송하는 자리에는 늘 술과 음식을 베풀고 여정의 평안을 빌며 이별의 정을 담은 시를 주고받았다.

퇴계 이황이 한양에 올라왔다 내려갈 때도 한양 선비들이 여주 신륵사까지 따라가서 며칠씩 묵으면서 전송하고 이별을 아쉬워했다는 기록이 있다.

대학원에 갓 들어가서 선배들을 따라 이 대학 저 대학을 찾아다니면서 세미나에 참석했다. 전공 관련 교수가 한 사람밖에 없어서 어쩔 수 없는 일이었다. 어느 날, 과천에서 세미나를 하고 나오는 길에 마침 새잎이 돋은 수양버들 가지가 우리 눈길을 끌었다. 교수는 늘어진 수양버들을 보며 "수양버들은 참 아름답지!" 하고 찬탄하였다.

그 말이 떨어지기가 무섭게 내 머릿속에 '客舍靑靑柳色新(객사 앞 버들가지 푸른빛이 새로우이)'이라는 구절이 불현듯 떠올랐다. 그러나 차마 입 밖으로 내지는 못하였다. 사실은 그때 시 전편을 다 암송하지도 못하였고, 누가 쓴 어떤 시인지도 몰랐다. 다만 어디서 읽었는지는 모르게 이 구절만 떠올랐던 터이다.

이 시는 일찍부터 '위성곡渭城曲', '양관곡陽關曲' 또는 '양관삼첩陽關三疊'이라는 악곡으로 불리면서 이별의 노래를 대표하였으며 당 대부터 널리 전해졌다.

새 소리에도 놀라고 꽃을 보고서도 눈물을 흘리다

봄에 바라보다(春望)

나라는 무너져도 산천은 옛 그대로
성에 봄이 오니 초목이 짙어간다.
시절이 느꺼워 꽃을 봐도 눈물이 나고
이별이 한스러워 새 소리에도 놀란다.
봉화는 삼월에도 피어오르니
집에서 오는 편지 만금같이 귀해라.
흰 머리는 긁을수록 듬성듬성해져서
도무지 비녀도 이기지 못하겠다.

國破山河在 城春草木深
感時花濺淚 恨別鳥驚心
烽火連三月 家書抵萬金
白頭搔更短 渾欲不勝簪

두보의 시이다. 당시唐詩의 쌍벽인 이백과 두보를 두고, 이백은 시선詩仙이라 하고 두보는 시성詩聖이라고 한다. 신선은 도교에서 이상으로 여기는 인간상이고, 성인은 유교에서 이상으로 그리는 인간상이다. 이 두 사람의 별칭대로, 이백의 시는 개인의 낭만과 자유를 마음껏 노래하며 도가적 기풍이 묻어나고, 두보의 시는 현실에 대한 양심적 지식인의 현실의식, 우환의식, 시대정신에 대한 성찰이 시행과 시어마다 절절히 배어 있다.

그래서 두보의 시는 '시로 쓴 역사(詩史)'라고도 한다. 사회의 혼란과 부조리, 현실의 모순, 피폐한 인민의 삶을 얼마나 처절하고 철저하게 그려 냈는지 그의 시만 읽어봐도 당시 인민의 처참한 삶이 그대로 떠오른다. 사회와 시대라는 수레바퀴에 자기도 모르게 깔려 들어간 인민의 삶을 고발하고 있는 것이다. 개인은 시대의 흐름에서 벗어날 수 없다는 것이다.

두보가 이 시를 쓴 때는 그의 나이 마흔여섯일 때라고 한다. 그때는 안녹산의 난이 일어난 직후이다. 756년 6월에 안록산과 사사명의 반군이 당의 수도 장안을 함락하였는데, 그해 7월에 두보는 숙종이 영무靈武라는 곳에서 즉위하였다는 소식을 듣고 식구를 시골에 데려다 두고 숙종이 있는 곳을 찾아가다가 도중에 반군에게 사로잡혀 장안으로 끌려왔다. 그러나 관직이 낮아서 갇히지는 않았다고 한다. 그리고 이듬해 3월에 이 시를 쓰게 된다.

이 시는 수만 편이나 되는 당시唐詩에서 절창 가운데서도 절창이다. 내용은 그만두고라도 표현 기법만 보아도 정말 교묘하기 그지없다.

나라가 무너지건 생겨나건 때가 되면 어김없이 봄은 찾아오기 마련이다. 그러니 봄이 더욱 비감할밖에. 게다가 초목이 날로 우거져가니 말이다. 자연은 무정한 것 같지만, 꽃도 새도 시인의 서글프고 비감한 마음을 알아주는가 보다.

나라와 산하, 무너짐과 의연함! 이렇게 1행의 선명한 대비가 시 전체의 인상을 아주 강렬하게 만든다. 나라라는 사람이 만든 제도와 기구는 무너지고 생겨나는 것이 무상하지만, 산하는 옛 모습 그대로다.

여기서 말하는 나라는 수도인 장안을 말하는 것일 터이다. 인간사의 부귀영화를 대표하는 화려한 궁궐도 나라가 망하고 나면 폐허로 되는 법이다. 황성옛터에 밤이 되면 월색만 고요하여 폐허에 서러운 회포를 말하여 주는 것이다. 흥망이 운수가 있어서 왕공귀족들이 노닐던 만월대도 풀만 우거지고 오백 년 이어진 나라의 명맥도 목동의 피리소리에 흘러가 버리는 것이다.

1행은 그 자체로만 대비를 이루는 것이 아니라 2행과 어울려 한층 더 대비를 이룬다. 중층적 대비이다. 파괴된 나라의 처절함에 견주어 성에 다시 돌아온 봄은 그 적막감이 더욱 두드러져 보인다.

봄이 되면 사람들이 들로 나와 김을 매고 밭을 가꾸거나 봄나들이를 해야 할 텐데, 일하는 사람도 봄을 즐기는 상춘객도 없어서 초목만 우거질 대로 우거져 있다.

또한 1행은 시 전체의 공간적 배경이 되고 있고, 2행은 읽는 이의 시선을 더 구체적인 공간으로 끌어내리는 효과와 함께 시간적 배경을 제시하고 있다. 가을이 되어 잎이 지면 앙상한 나뭇가지 사이로 산의 모습이 드러나지만, 봄이 되어 풀이 자라고 나무에 잎이 돋아 녹음이 짙어질수록 푸름은 더 깊어진다. 송의 사마광司馬光은, '산천은 옛 그대로'라는 말에서는 사람이 만든 물건은 하나도 남지 않았다는 것을, '초목이 깊어간다'는 말에서는 사람은 하나도 남아 있지 않다는 것을 읽어 냈다. 두보가 말하지 않았던 것을, 그렇지만 꼭 말하고 싶었던 것을 사마광은 잘 알아차렸던 셈이다.

  1, 2행에서 공간과 시간을 제시한 다음 3, 4행에서는 시인의 감상을 말한다. 꽃과 새는 봄의 상징! 화창한 봄이 와서 만물에 생기가 도는 때, 꽃이 화사할수록 더 눈물이 나서 새의 울음마저도 자신의 울음으로 느낀다. 3, 4행을 이렇게도 풀이한다. "시절을 느껴워 꽃도 눈물 흘리고, 이별을 한하여 새도 놀란다." 어떻게 풀이하건 꽃이나 새는 시인의 정감을 대변하고 있다.

  꽃은 꽃대로 봄이 오니 피고, 새는 새대로 짝을 찾아 우짖는 것일 뿐 인간사에는 아랑곳없지만, 사람은 자기 정감을 자연물에 비추어 느끼는 법이다. 어쩌면 객관적 대상 세계가 나의 주관적 아픔과 관계가 없을수록 그 아픔은 더욱 큰지도 모른다.

  군부 시절 민주화 운동으로 구속된 사람들이 고문을 받을 때 정말 견디기 어려운 것 가운데 하나가 라디오를 틀어 놓고 고문하는 것이었다는 회고담을 본 적이 있다. 나는 이렇게 극심한 고통을 받고 있어도 세상은 그 어느 누구도 아랑곳하지 않는다는, 철저히 버림받고 소외되었다는 느낌이 들어 고통이 더욱 가중된다는 것이다.

춘삼월 봄이면 한창 농사일로 바쁘고 삶의 활기가 곳곳에 넘칠 텐데, 전란을 알리는 봉화가 끊이지 않고 이어지니 다시 식구가 만나 정겹게 살 기약을 할 수가 없다. 식구의 생사가 궁금해 죽을 지경이니 이런 때 집에서 무사를 알리는 편지가 온다면 그 값을 어디에 견주겠는가?

어수선하고 위태로운 시절에 식구에 대한 걱정, 나라에 대한 걱정, 온갖 걱정으로 근심하는 나날을 보내다 보니 머리는 허옇게 세고 날로 듬성듬성 빠져서 이제는 비녀를 질러 고정할 수도 없게 되었다고 한탄한다.

이렇게 산하라는 대자연에서 초목이라는 구체적 자연물로 시선을 좁히고, 꽃과 새로 자신의 정감을 대변하게 하고, 봉화와 집에서 오는 편지로 역사의 소용돌이 속에 파괴되어 가는 개인의 비극을 말하고, 역사의 흐름과 세월의 오고 감 속에 늙어 가는 자기 인생의 무상함으로 끝을 맺었다. 큰 공간에서 작은 공간으로, 자연에서 자기 자신으로 시상詩想과 시선을 자연스레 좁히고 압축하여 절묘하게 주제를 드러냈다. 제목인 '춘망春望' 도 봄에 바라본다는 뜻이겠는데, 바라본다는 것은, 멀리 보는 것이지만, 결국은 자기 삶의 성찰로 돌아왔으니 제목조차 역설적이다.

농사를 짓던 시절에는 새봄은 생명이 새로 움트는 희망과 활력의 계절이었지만, 산업사회에서는 계절의 변화가 실감도 나지 않고 아무런 의미도 없는 듯하다.

그래도 자연에서는 어김없이 새 생명은 싹트고 또 한 삶을 시작하겠지. 농업의 앞날을 기약할 수 없는 우울한 소식만 자꾸 들려온다. 그러니 가난한 농사꾼의 아들이었던 나도 봄이 화사할수록 더 비감해진다.

꽃 피는 봄이 오면

농가의 네 계절(田家四時)

통발엔 물고기 퍼덕이고
냇둑엔 봄새가 난다.
논둑엔 창포 잎 치렁치렁 자라고
들밭엔 고사리무침 군침이 도네.
비 오려니 비둘기, 집 주위를 맴돌고
진흙 물고 제비는 들보 밑으로 드네.
저물게 초가집으로 돌아와
베개 높이 베고 누우니 태평성대로세.

草箔遊魚躍　楊堤候鳥翔
耕皐菖葉秀　饁畝蕨芽香
喚雨鳩飛屋　含泥燕入樑
晚來茅舍下　高臥等羲皇

고려 시대의 학자인 김극기金克己가 '농가의 네 철'을 읊은 시 가운데 '봄'이다. 봄은 이래저래 시작하는 계절이다. 농사일도 시작하고, 한해살이도 시작하고. 고달프거나 말거나 봄은 어김없이 찾아오고, 그러면 농가에서는 또 새벽부터 나가서 농사일을 해야 한다. 그래야 먹고사니까.

남는 생산물이 생겨나고 이를 혼자서 또는 몇 사람만이 차지하면서부터 온갖 나쁜 것들이 생겨났다. 일에 분주하고 골몰하다 보면 딴생각이 안 드는 데 말이다. 너무나 고달픈 게 옛날 농사꾼의 삶이라 딴생각이 들 수도, 들 겨를도 없었을 터이다. 매화를 보고 고향을 떠올리는 건 그래도 여유 있는 선비나 할 일이다. 농사꾼은 그저 고된 하루 일을 마치고 집으로 돌아와 몸을 누일 수 있는 것만으로도 다행이었다.

비가 내려 응달에 그나마 남아 있던 눈도 녹고, 할매 손등처럼 표면에 가는 불규칙한 줄무늬를 남기며 녹아들던 얼음이 마저 녹아 물이 불으면 냇가에 쳐놓았던 통발 속에는 맑은 물을 찾아 오르던 물고기가 통발에 갇혀 퍼덕인다. 전문으로 물고기를 잡는 건 아니니 냇물 여기저기 통발을 쳐놓았다 한들 물고기 씨를 말릴 리야 없을 터이다.

논밭 가 둑에는 으레 버드나무를 심었으니 굳이 버드나무 둑이라고 할 필요는 없을 듯해서 그냥 냇둑이라고 옮겨 보았다. 왜 버드나무를 심느냐고? 버드나무는 가지만 잘라서 꽂아 놓아도 뿌리가 잘 내리고, 어디에 갔다 꽂더라도 잘 자라니까. 그래서 논밭 둑이나 냇가에는 으레 버드나무다.

내가 살던 곳은 장사를 지낼 때 상장喪杖으로 남자는 대나무 막대를, 여자는 버드나무 막대를 들었다. 어릴 때는 으레 그런가 보다 하고 무심히 여겼는데, 나이가 들어 나도 복을 입을 나이가 되고 오복지친五服之親이 돌아가시는 일을 가끔 겪게 되면서, 왜 여자는 버드나무 막대를 쓰는가 하고 궁금했다. 언젠가 선친이 그 까닭을 이렇게 말하였다.

"남자는 조상 대대로 살던 곳에서 태어나 그곳에서 살다가 죽기 때문에 한번 뿌리를 내린 곳에 그대로 산다고 대나무 막대를 쓰고, 여자는 물에 떠내려가 다른 곳으로 가서 뿌리를 내리는 버드나무처럼, 태어난 친정을 떠나서 남자를 따라 다른 동네로 시집을 가서 살기 때문에 버드나무 막대를 쓴다. 여자는 시집이 자기 집이다. 시집을 와서 시집에서 뿌리를 내린다."

가부장적 사회의 이데올로기에 바탕을 둔 통념이지만, 어쨌든 선친 세대에서는 이렇게 생각했던 것이다.

버들가지 잎사귀 무성해질 때면, 멧새, 참새, 온갖 자그마한 텃새들도 날아들어 가지 사이를 들락거리며 짝을 찾고, 아이들은 버들가지에 물오르면 가지를 꺾어 틀어서 호드기를 분다. 맞춤한 가지를 꺾어서 아래위를 잡고 손을 어긋나게 틀면 나무 부분과 껍질이 서로 떨어진다. 너무 힘을 주면 껍질이 갈라 터지고 힘을 조금 주면 아예 비틀어지지 않기 때문에 알맞게 힘을 주는 것이 요령이다. 버들가지 몇 개를 버리고 나면 제법 요령이 생긴다. 그런 다음 적당한 길이로 칼집을 내고서 가지를 쏙 잡아빼면 껍질만 대롱처럼 남는다. 그 한끝을 칼로 살짝 저며서 겉껍질을 벗겨 내고 이로 자근자근 물어서 납작하게 한 다음 불면 피리소리가 난다.

길이가 긴 호드기는 낮고 무겁고 울림이 큰 소리가 나고, 길이가 짧은 호드기는 날카롭고 높은 소리가 난다. 길이가 짧을수록 더 높은 소리가 나는 것이다. 아주 짧아서 아예 입속에 넣고 부는 것도 있는데, 소리가 아주 높고 날카롭다. 솜씨 좋은 아이들은 구멍을 몇 개 뚫어서 정말 피리처럼 리듬을 넣어 불기도 한다. 내가 자란 시골에서는 호드기를 해태기, 또는 회태기라고 불렀다.

'봄' 하면 바로 떠오르는 게 이 해태기 불기와 칡뿌리 캐기, 송기 벗겨 먹기이다. 송기는 송구라고도 했는데, 소나무 속껍질을 벗겨 먹는 것이다. 아이들이 학교로 오가는 고갯마루에는 이맘때쯤이면 씹고서 뱉은 칡뿌리 찌꺼기, 송기를 벗겨 먹고 버린 솔가지가 마른 뼈다귀처럼 허옇게 뒹굴었다.

어른들은 우리한테 이렇게 말했다. "송구를 꺾어 먹더라도 가운데 대궁은 꺾지 마라." 가운데 대를 꺾으면 장손이 잘 안 된다는 속설이 있었다. 가운데 대를 꺾었다고 해서 정말로 장손이 잘 안 될 리야 없지만, 이렇게 함으로써 소나무 원줄기를 함부로 대하면 안 된다고 가르친 것이다. 물론 찔레도 있고 수영도 있고 삘기와 진달래도 빠질 수 없다.

이렇게 아이들은 호드기를 틀어 불고, 송기를 벗겨 먹고 칡뿌리를 캐면서 버드나무와 소나무와 칡의 성질을 터득하고, 찔레를 꺾고, 삘기를 뽑고, 진달래를 따 먹으면서 비슷비슷한 것들 가운데서도 먹을 수 있는 것과 먹을 수 없는 것을 저절로 깨우쳤다.

창포는 동지가 지난 뒤 57일 만에 싹이 나오는데, 창포가 싹이 나오면 농사일을 시작했다. 그러니 창포에서 잎이 돋고 꽃대가 나오면 농사도 한창인 6, 7월이다. 이때에는 단오가 들어 있다. 창포 뿌리에는 향내 나는 물질이 들어 있어서 약으로도 쓰는데, 단오가 되면 창포 뿌리를 달여서 머리를 감기도 한다. 이 물에 머리를 감으면 머리가 검어지고 악귀를 물리칠 수 있고 한다.

그리고 고사리는 축축한 그늘진 산기슭에서 자라는데, 4, 5월부터 어린 순을 꺾어서 삶아 말려 두었다가 겨울에 물에 불려서 무쳐서 나물로 먹었다. 제사에도 빠질 수 없는 나물이고 육개장이나 닭개장에도 넣으면 아주 맛이 난다. 농가에서는 힘든 농사일을 해도 고기를 먹기는 어렵고 점심상에 고기처럼 쫄깃쫄깃하고 고기 맛도 나는 고사리나마 오르면 꿀맛이다.

고사리 하면 바로 백이, 숙제이다. 고죽국孤竹國이라는 작은 나라 군주의 아들로 태어난 백이와 숙제는 아버지의 유언과 형제의 의리를 지켜서 후계 자리를 서로 양보하다 결국, 둘 다 권력을 버리고 도망하여 은거하였다. 그러다가 늘그막에 주周의 문왕에게 얹혀살려고 가는 도중에 문왕은 죽고, 그 아들 무왕이 아버지 신주를 모시고 상商의 주왕紂王을 치려고 일으킨 원정군과 마주쳤다. 백이와 숙제는 무왕의 말머리를 가로막고 아버지 상 중에 군사를 일으킨 일, 신하로서 군주를 죽이려는 일은 부당하다고 충고했다.

결국, 무왕이 주왕을 치고 천하를 차지하자 부끄러운 일이라고 여기고 수양산으로 들어가 고사리 같은 산나물을 뜯어 먹고 목숨을 부지하다가 마침내 영양실조로 죽었다. 고사리는 그래서 지조를 지키는 은자의 곤궁한 삶을 상징하는 상징물이다.

단종 복위 운동이 실패하고 죽음을 맞게 된 성삼문은 이런 시조를 남겼다. "수양산首陽山 바라보며 이제(夷齊, 백이와 숙제)를 한하노라. 주려 주글진들 채미採薇도 하난 것가. 비록애 푸새엣거신들 긔 뉘 따헤 낫다니?"

차라리 굶어 죽을지언정 구차하게 고사리 따위를 캐 먹으면서 목숨을 부지할 것까지 있겠는가? 어차피 세상은 정의와 불의가 뒤섞여서 혼동되고 인과응보의 교설은 불의에 짓밟히는 양심의 연약한 자기 위안거리에 지나지 않는 세상이 아닌가? 착한 사람이 좋은 보응을 받지 못해서 심지어 굶어 죽기까지 하고 악한 사람이 제 마음대로 남을 괴롭히며 천하를 횡행하면서도 천수를 누리기까지 하는 부조리한 세상.

그래서 사마천은 역사에 대결하여 뚜렷한 삶의 발자취를 남긴 사람들의 전기를 모은 「사기열전」맨 처음에 백이의 열전을 두었다. 선과 악에 적절한 보응이 있어야 사람은 선을 행할 수 있는가? 아니면 보응이 어떠하든 선을 행해야 하는가? 역사의 심판은 늘 적합하게 이루어지는가?

비가 오려고 하면 새나 벌레가 먼저 안다. 몇 년 전, 동남아에 엄청난 지진해일이 일어났을 때도 짐승들은 먼저 알고 피해서 해를 입지 않았는데, 사람만 아무것도 모르고 있다가 많이 죽고 다쳤다. 더구나 사람이 더 잘 먹고 더 편하게 살자고 산호초를 파괴하고 열대나무를 베어 내고 바닷가 바로 코앞까지 시멘트를 처발라 길을 닦고 집을 지었다가 더 큰 피해를 보았다는 말도 있었다.

제비는 부지런히 진흙을 이겨서 입에 물어 날라다 둥지를 손보거나 새로 지어서 알을 까고 새끼를 기른다. 이제는 시골에 가도 예전만큼 제비를 자주 보기 어렵다. 농로를 개량한다, 밭 기반 정비 사업이다 뭐다 해서 조그마한 도랑까지 시멘트로 발라 버려 제비가 와도 둥지를 만들 진흙을 구하기 쉽지 않고, 조금만 벌레가 생기면 곧바로 약을 쳐대는 통에 제비가 살기 어려운 환경이 되었다.

물 찬 제비라고, 너른 냇가나 연못 위를 날다가 잽싸게 물에 닿을 듯 말 듯 날면서 벌레를 잡아채는 모습은 참 날렵하여 황홀하기까지 하다.
어릴 때 논에 피를 뽑으러 갔다가 본 일이다. 열심히 엎드려 피를 뽑다가 허리를 펴고 한 발짝 앞으로 디디니 아주 연한 풀빛 날개를 단 벌레 한 마리가 폴짝 날아오른다. 그것을 하늘에서 보고 있던 제비가 바로 내 눈앞에서 탁 낚아채서 쏜살같이 하늘로 떠올랐다. 한참을 입을 딱 벌리고 멍하니 하늘만 바라보고 서 있었다.
비 오는 날 처마 밑에 매어 놓은 빨랫줄에 제비들이 쫄로리(한 줄로 죽 늘어서 있는 모양을 내 자란 시골말에서 이렇게 말한다.) 앉아 있거나, 둥지에 두 마리가 들어앉아서 밖을 보면서 우짖는 것을 보고 있자면, 제비는 참 잘 생겼다 하는 생각이 절로 든다. 하늘을 날 때는 사람이 얼씬만 해도 정말 물 찬 제비처럼 반공중으로 휙 날아오르지만, 빨랫줄에 앉은 제비는 사람이 가까이 다가가도 조금 비켜서 앉을 뿐 날아가지도 않는다.

온종일 고달픈 일을 마치고 집으로 돌아와 늦은 저녁을 먹은 뒤, 베개를 베고 누우면 저절로 곯아떨어진다. 그 순간만큼은 달리 아무 생각도 없다.

시의 마지막에 "희황"이라 한 것은 복희씨를 말하는데, 그 임금은 아주 아득한 옛날, 사람들이 살 수 있도록 그물을 엮어 고기잡이와 사냥도 가르치고, 가축을 기르는 법도 알려 주고, 글자도 만들어 주었다. 이때 사람들은 아무 걱정 없이 평화롭고 순박하게 살았다. 그래서 도연명도 여름철에 서늘한 창가에 누워서 베개를 높이 베고 맑은 바람 소리에 저절로 흥겨워 "나는야 복희 때 사람이로세!" 하고 즐거워했던 것이다.

이백은 '정률양에게 장난 삼아 보낸 시(戲贈鄭溧陽)'에서 도연명의 풍모를 이렇게 부러워하였다.

도연명은 날마다 취하여
다섯 그루 버드나무에 봄 온 줄 몰랐네.
고에는 본래 줄이 없었고
갈건으로 술을 걸렀네.
맑은 바람 불어 드는 북창 아래서
스스로 복희 때 사람이라 했네.
어느 때나 율리로 가서
평생의 벗을 만나 보랴!
陶令日日醉 不知五柳春

素琴本無絃 漉酒用葛巾
淸風北窓下 自謂羲皇人
何時到栗里 一見平生親

  정말 농사짓는 사람들이 하루 일을 마치고 저녁을 배불리 먹고서 베개를 높직이 베고 누워 흥겹고 마음 편히 쉴 수 있는 날이 온다면 얼마나 좋을까.

봄을 맞은 농가 풍경

전가사시사에 화답함(和田家四時詞)

농가에 따뜻한 봄이 오니
나무엔 꽃 피고 샘물이 흐른다.
봄바람은 단비를 부르고
뻐꾸기는 나무 꼭대기서 우짖는다.
계집아인 자라서 호미질 배우고
사내아인 힘이 붙어 소를 먹인다.
나무를 휘어서 쟁기 만들고
나무를 깎아서 곰방메 만들어
얼른 보리씨 뿌리고 나서
다음으로 모내기할 논을 삶는다.
보잘것없는 제물로 풍년을 빌며
굶주림은 걱정할 겨를이 없다.

田家屬春暄 木榮泉始流
仁風吹好雨 布穀啼樹頭
女長學把鉏 男壯能飼牛
揉木以爲耒 斲木以爲櫌

急先播麥種 次第治秧疇

豚蹄祝五穀 餒在未暇憂

위의 시를 지은 김응조金應祖는 호가 학사鶴沙이며, 유성룡의 문인이다. 광해군 5년(1613)에 생원시에 합격했으나 문과 응시를 포기하고 장현광의 문하에서 공부를 더 하다가 인조반정 뒤에 알성문과에 급제하여 벼슬길에 나아갔다. 청의 사신이 빈번하게 드나들면서 재정의 지출이 과도하게 늘어나자 이 문제를 해결하기 위한 정책을 입안하여 시행하였다고 한다.

「주역」의 '계사전'에는 복희씨가 보습과 따비를 만들어 농경에 이용하였다고 한다. 복희씨가 정말로 있었던 사람인지는 알 수 없지만, 복희-신농-황제-요-순으로 이어지는 성인의 계보는, 동아시아 고대 사회에서 인류의 문명과 문화의 발전 과정을 대표한다.

복희씨는 어머니가 거인의 발자국을 밟고서 몸을 가져서 뇌택雷澤이라는 곳에서 그를 낳았다고 한다. 뱀의 몸에 사람의 머리를 하고 있었단다. 하늘과 땅의 삼라만상을 자세히 관찰하여서 「주역」의 팔괘를 그렸다고 하며, 부호를 고안하여 나무에 새겨서 결승문자를 대체하였다고 한다. 혼인 제도를 제정하고 예물을 교환하게 하였으며, 거미줄을 보고 그물을 고안하여 물고기를 잡는 법을 가르쳤고, 짐승을 따로 길러서 제사에 쓰게끔 하였다고 한다.

복희씨의 신화전설은 초기 단계나마 사람이 사회를 이루어 문화적인 제도를 만들어 내고 도구와 연장을 사용하여서 삶의 영역과 생산 활동의 범위를 넓혀간 시기를 나타낸다고 하겠다.

우리가 '농사'라고 하면, 먹고살기 위해 하는 일거리 가운데 하나로 여겨지지만, '농경'이라고 하면 뭔가 느낌이 달라진다.

농경農耕이라는 글자는, 논밭에서 작물을 길러 내는 일을 일컫는 '농農'과 밭을 가는 일을 가리키는 '경耕'으로 이루어진 말이다. '農농'이라는 글자는, 원래는 개간할 숲을 나타내는 '林림'과 큰 대합조개 껍데기를 갈아서 만든, 풀 베는 연장인 '辰진'이 합해서 이루어진 말이다. 나중에 윗부분의 '林림'이 점점 변하여 '曲곡'으로 바뀌어서 오늘날과 같은 '農농'이라는 글자가 되었다고 한다.

그리고 '耕경'이라는 글자는, 쟁기로 사람이 허리를 굽혀서 땅을 갈고 있는 모습을 나타낸다. 그래서 농경이라고 하면, 농사일과 관련한 사람의 구체적인 활동에서부터 농사를 매개로 하여 이루어지는 모든 문화적 활동까지 포괄하는 뜻을 담고 있다. 농경 생활이니 농경 문화니 농경 민족이니 하듯이 말이다.

그리고 아득한 고대부터 경제 활동의 근간도 농경 생산이었다. 농사를 지어서 수확한 곡식을 먹고 남은 것을 다른 필요한 물건과 바꾸면서 물물교환이 생겼고, 곡식을 갈무리하면서 저축이 생겼고, 곡식이 많이 나는 곳에서 곡식이 나지 않는 곳으로 옮기면서 유통과 교역이 생겼다.

사람들이 농사를 짓는 원리를 알아낸 것은 얼마나 위대한 발견인가? 현생 인류의 출현을 학자에 따라 기원전 수십 만 년 전에서 4, 5만 년 전까지 다양하게 주장하고 있지만, 아무튼 수만 년 전쯤에 현생 인류와 같은 DNA를 가진 인류가 지구상에 나타나 살게 되었다고 한다.

그리고 농경의 시작은 역시 지역에 따라 차이는 있지만, 가장 앞선 곳은 기원전 15,000년 전으로까지 거슬러 올라간다고 한다. 현생 인류는 영장류로 분류되는 고릴라나 오랑우탄, 침팬지와 같은 원숭이 무리의 수준에서 이들보다 조금 더 영리하고 호기심이 많았던 일부 원숭이 무리가 나무에서 내려와 무리를 이루어 살면서 영장류에서 갈라져 나와 사람으로 되었을 것이다.

그들은 아직은 연약한 발을 부들부들 떨면서 곧추서기 시작하고, 차츰차츰 먹이와 안전하게 숨을 곳을 찾으러 더 멀리까지 걷고 달리고, 손으로 돌멩이나 나뭇가지, 죽은 짐승의 억센 뼈다귀를 그러쥐고 먹이를 다투는 짐승을 후려쳐 내쫓고 때로는 같은 무리의 약한 놈의 것을 빼앗아 먹으며 힘겹게 살아남았다.

그러다가 여럿이 힘을 합쳐 힘센 짐승을 몰아서 잡는 꾀를 내기도 하고, 아직은 남아 있는 원숭이 같은 솜씨를 발휘하여 나뭇가지에 열린 열매를 따고 나뭇가지에 붙어 있는 벌레를 잡기도 하고, 뾰족한 나뭇가지로 물고기를 찔러서 잡기도 했을 것이다.

이들 무리에서 먹을거리를 구하는 한두 가지 새로운 기술이나 연모를 이용하는 방법을 알아내면 그 기술은 삽시간에 무리 사이에 퍼져 나갔다. 일본 어느 지방에 사는 원숭이 무리 가운데 어떤 놈이 우연히 먹이로

구한 고구마를 씻어서 먹으면 먹기에 더 편하고 좋다는 것을 알아냈다.

그래서 그놈이 고구마를 씻어 먹기 시작하고 얼마 지나지 않아서 그 지역 원숭이는 죄다 고구마를 물에 씻어서 먹게 되었다. 그리고는 곡식이나 열매 같은 것도 물에 일어서 건져 먹게 되었다고 한다.

농사도 이처럼 사람들이 우연히 발견한 일이 아닐까? 농사를 짓게 된 것은 도구를 사용하는 일과 밀접한 관련이 있다. 사람의 진화 단계에서 호모 하빌리스는 처음으로 조잡하나마 바위에서 떼어 낸 석기를 사용하였다고 한다.

영화 '2001 오디세이'의 도입부에 원인猿人의 무리 가운데 한 놈이 다른 놈들로부터 위협을 당하자 큰 짐승 뼈다귀를 주워서 휘둘러 으르고 쫓아내는 장면이 있다.

그 원인은 짐승의 뼈가 아주 쓸모 있다는 것을 알고서 의기양양하여 포효하다가 뼈를 공중으로 높이 던진다. 그 뼈가 갑자기 시공을 초월하여 우주선이 되는 장면 전환의 연출! 뼈를 주워서 자기 목적에 맞게 이용하였다는 것! 이것이 바로 도구의 사용이다. 도구를 사용하면서 사람은 더욱 사람다워지고 문명과 문화를 발전시켜 온 것이다.

농경 또는 경작은 땅을 갈아엎고 뒤집고 일구어 내서 곡식을 심어 가꾸는 일이다. 농경은 인류가 자연으로 주어진 자료를 최초로 자기 의지와 지능과 의식을 투입하여 필요한 것을 만들어 내는 일이다.

하늘과 땅은 삼라만상을 지어 만물이 살아갈 터전을 이루어 놓았다.

삼라만상은 있는 그대로의 자연물이며 재료일 뿐이다. 여기에 자기 착상을 투입하고 손을 써서 자연을 소재로 삼아 무언가를 만들어 내는 것은 인간이다. 사람이 하늘과 땅 사이에서 하늘과 땅이 지어낸 재료를 가지고 새로 창작해 낸 것이 문화이다. 사람은 바로 문화 창조의 주체이다.

그래서 문화를 가리키는 유럽 여러 나라의 말은 라티움 어로 경작을 뜻하는 'cultura'에서 갈라져 나왔다. 농경은 모든 문화적 행위의 가장 밑뿌리이다. 문화는 사람이 삶의 밭을 갈아서 일구어 낸 모든 활동이 꽃을 피우고 열매를 맺은 결과물이다.

농사는 땅에 자기 노동을 투입하여 먹을거리를 생산하는 일이다. 요즘은 먹을거리를 가게에서 사 오고 시장에서 사 오니 먹을거리가 얼마나 중요한지 실감을 하지 못하지만, 어쩌다 한두 끼만 굶게 되어도 먹을거리가 사람살이에서 가장 중요한 것임을 당장에 알게 된다.

예나 지금이나 사람이 먹고 살아가는 한 먹을거리는 하늘님이다. 그래서 임금은 백성을 하늘로 삼고 백성은 먹을거리를 하늘로 삼는다는 말도 있다. 옛사람들은 새도 들풀도 농사의 주기와 결부하여 이해하였다. 옛날의 뻐꾸기는 씨 뿌릴 때를 알고 곡식의 씨를 뿌리라고 "포곡布穀, 포곡布穀!" 하고 울었으며, 우리네 할매는 감꽃 필 때 올콩 심고 감꽃 질 때 메주콩을 심었단다.

'김씨 표류기'라는 꽤 재미있는 영화가 있다. 김 씨 성을 가진 한 젊은이가 생존경쟁에서 밀려나 한강 다리에서 몸을 던졌다가 자살이 미수에 그쳐서 밤섬에 표류해서 살아간다는 이야기이다.

물론 여기에는 영화의 입체적 구성을 위한 축이 또 하나 있다. 사회로부터 따돌림을 당해 모든 인간관계를 끊고 실의에 빠져서 하루하루 삶을 이어 가는 여자와 함께 망원경과 유리병을 메신저로 삼아서 나누는 감정 교류가 바로 이 영화를 이끌어 가는 한 축이다.

아무튼, 김 씨는 밤섬에서 자연에 적응해 살아가는 전체 인류문화사를 작은 일화로 축소해서 보여준다. 김 씨는 밤섬이라는 좁은 자연 공간에서 자연에 노출된 생명이 겪어야 할 일을 온몸으로 겪는다. 분명히 거대 도시 서울의 한가운데에 있는 곳이지만, 문명을 떠나자마자 김 씨는 순식간에 냉혹한 자연에 노출된 것이다. 비가 오면 비를 맞고 바람이 불면 바람을 맞고······. 이는 결코 낭만적이거나 서정적이거나 목가적인 시나 노래의 한 구절이 아니었다. 처절한 생존의 몸부림이었다.

이 영화를 이끌어 가는 주요 동기 가운데 하나는 '자장면 만들어 먹기'이다. 굶주림과 허기에 지친 김 씨는 지난날 입이 호강하던 시절을 떠올리며 위안을 삼는다. 사람들이 허기가 지거나 격심한 긴장과 불안에 시달리거나 오래 격리되어서 늘 비슷한 음식만 먹으면 특정한 음식을 먹고 싶다고 한다. 남자들이 훈련소에서 고된 훈련을 받을 때, 바깥에 나가면 가장 먼저 먹고 싶은 음식은 대부분 생맥주와 통닭 또는 자장면과 탕수육이다. 모두 기름지고 열량이 높은 음식들이다.

김 씨가 가장 먹고 싶었던 음식은 자장면이었다. 배부르다고 또는 입맛이 없다고 자장면을 물렸던 포시랍던(포실하던) 날들의 면면을 떠올리며, 김 씨는 자장면 그릇을 밀친 순간들을 저주했다.

그러던 어느 날, 김 씨는 우연히 옥수수 씨앗을 발견하고, 그 씨앗을 틔워서 자장면을 만들어 먹기로 한다. 씨앗을 심어서 새순이 나자, 김 씨는 비바람을 막고 새들을 쫓으며 갓난아기 돌보듯 애지중지 옥수수를 돌본다. 드디어 옥수수가 꽃을 피워 열매자루가 달리고 익어 간다. 할매 등에 업혀서 고집을 부리는 아기처럼 옥수숫대에서 열매자루가 몸을 한껏 뒤집자, 김 씨는 옥수수 열매자루를 따서 씨앗을 골라내어 돌로 갈아 가루를 만들고 반죽을 한다. 어찌어찌 주물러서 면을 뽑는다. 주워 온 갖가지 그릇을 늘어놓고 불을 피워서 면을 끓이고 물에 떠내려온 것을 건져서 간직해 두었던 자장면 스프를 넣어 비빈다.

마침내 자장면이 완성되었다. 김 씨는 마치 거룩한 의식이라도 치르듯 경건하고 엄숙하게, 소중히 간직해 둔 나무젓가락을 갈라 나눠 쥐고서 첫 젓가락질로 자장면 가락을 집어 입으로 가져간다. 김 씨는 서러움과 감격에 복받쳐 뜨거운 눈물을 주루룩 흘리며 자장면을 입에 넣는다.

이 장면을 보면서 나는 농경 사회의 추수감사 의례를 떠올렸다. 가뭄이나 장마와 싸우고 잡초와 씨름을 하며 고된 농사일을 해서 마침내 수확했을 때, 천지신명 모든 신령스러운 임들에게 고마움을 표현하지 않을 수 있을까? 땅을 개간하여 일구고 가꾸어 어른을 받들고 처자식을 먹여 살리다가 나에게까지 대대로 물려준 조상이 고맙지 않겠는가?

내가 조그마한 텃밭을 가꾸어서 보잘것없는 수확을 해도 햇볕과 땅과 비와 이슬과 바람과 이 모든 것에게 고마운 마음이 들던데. 심지어 그렇게 기승을 부리고 얄밉던 해충조차도 없으면 허전하리라 생각이 들던데.

정말 농사는 사람이 짓는 것이 아니더라.

  어려서 아버지 일을 도우면서 어깨너머로 농사일을 구경할 때부터 가끔 텃밭에 나가 풀을 뽑고 북을 돋우고 작물을 키우는 지금까지 농사라고 흉내라도 낼라치면 범신론자가 되기까지는 않는다 하더라도 작물과 나 사이에 있는 모든 것이 농사와 관련된 것으로 보이고 이 모든 것들이 마치 영혼과 정신을 가진 듯이 여겨지고 고마운 마음이 들더라.

  예전에는 태어나 자라면서 몸을 놀릴 때쯤부터 배우는 모든 것이 삶을 위해서 배워야 할 일이었다. 계집아이는 걸레질부터 시작하여 아기 돌보기, 물 길어 나르기, 밥 짓기, 반찬 만들기, 바느질 거들기를 하고 더 자라면 길쌈하기를 배웠다. 사내아이는 소를 먹이고 나무를 하는 것부터 시작해서 지게질, 꼴 베기, 논밭을 갈 때 앞에서 소 끌기, 쟁기질 거들기, 모춤 나르기, 못줄 잡기, 모심기 등을 하나씩 배워 가면서 어엿한 일꾼으로 자라났다.

  이런 일들은 모두 말로 일러 주어 머릿속에서 익히고 배우는 것이 아니라 손으로 몸으로 익히는 것이다. 마음에 새기는 것이 아니라 몸에 붙이는 것이다.

  「장자」에 이런 이야기가 있다. 중국 춘추시대 제나라의 환공(齊桓公)이 하루는 대청(堂)에서 글을 읽고 있었다. 대청 마당에서는 바퀴장이 편(輪扁)이 수레바퀴를 깎고 있었다. 편은 수레바퀴를 깎다가 작심한 듯 몽치와 끌을 내려놓고 대청으로 올라가 환공한테 묻는다.

"여쭙겠습니다만, 임금님께서 읽으시는 책은 무슨 말을 쓴 것입니까?"
환공이 이런 건방진 녀석을 보았나 하는 표정을 지으며 대답한다.
"성인의 말씀이네."
바퀴장이 편과 환공이 문답을 계속한다.
"그 말씀을 한 성인은 살아계십니까?"
"벌써 돌아가셨지."
"그럼 임금님께서 읽고 계시는 것은 옛사람의 찌꺼기로소이다."
어이없는 바퀴장이의 말에 벌컥 화가 난 환공이 말했다.
"내가 책을 읽고 있는데 바퀴장이 따위가 어찌 감히 따진단 말이냐? 이치에 맞게 설명한다면 괜찮겠지만, 그렇지 못하다면 죽을 것이다!"
바퀴장이 편이 조리 있게 말한다.
"저는 제가 하는 수레바퀴 깎는 일로써 터득한 것을 말씀드리겠습니다. 바퀴를 깎을 때, 굴대와 바퀴 구멍 사이를 느슨하게 깎으면 헐거워서 튼튼하지 않습니다. 반대로 너무 빡빡하게 깎으면 바퀴를 굴대에 끼울 수 없습니다. 느슨하지도 않고 빡빡하지도 않게 깎는 법은 손에서 터득하여 마음이 반응할 뿐 입으로 설명할 수가 없습니다. 바로 여기에 비결이 있습니다만, 저는 제 자식한테 깨우쳐 줄 수도 없고 제 자식도 제게서 전수받지 못하고 있습니다. 그래서 제가 일흔이 되어서 이 늘그막에도 바퀴를 깎고 있는 것입니다. 옛사람도 전수할 수 없는 것을 가지고 죽었을 터입니다. 그러니 임금님께서 읽고 계시는 글도 옛사람의 찌꺼기나 다름이 없을 터입니다."

환공이 어떻게 대답했는지는 모르겠지만, 아마 환공도 수긍하지 않을 수 없었을 것이다. 이 이야기는 원래 말이 뜻을 다 전하지는 못한다는 사상을 설파하는 이야기이지만, 역시 몸으로 하는 체험이 더 귀중하다는 가르침을 주기도 한다. 이처럼 손으로 하는 일은 손으로 익히고 터득하는 것이지 말로 전하고 말로 배울 수 있는 것이 아니다. 몸으로 하는 일은 몸으로 익히는 것이다.

나는 '오금희五禽戱'라는, 중국 한 대의 의사 화타華陀가 고안했다는 도인 체조를 수련해 오고 있다. 오금희는 곰, 학, 원숭이, 범, 사슴의 짐승을 흉내 낸 체조술이다. 오금희를 하면서 가끔 이런 경험을 한다. 처음에는 의식과 몸이 같이 간다. 동작을 한참 하다가 보면 어느샌가 의식과 몸이 따로 가게 된다. 그래도 몸은 순서대로 동작을 따라간다.

그런데 가끔 동작에서 벗어나면 의식으로 알아차리기 전에 손발이 먼저 어긋난다. 그래서 정신을 가다듬어 다시 하려고 해도 잘 안 된다. 그때, 몇 동작 앞에서부터 다시 반복하면 몸이 그제야 제 길을 찾아간다.

컴퓨터로 글자를 입력할 때도 이런 경험을 한다. 한참 글자를 입력하는 데 푹 빠져서 자판을 두드리다 보면 마음이 급해서 손가락이 미처 따라가지 못한다. 그래서 손가락이 꼬여서 글자를 잘못 친다. 그러면 눈으로 봐서 틀렸다고 알고서 고쳐야지 하고 판단하기 전에 이미 손가락이 먼저 고치려고 한다.

어릴 때 나이 많은 동네 형들이나 아재하고 꼴을 베러 가 보면 형들이나 아재는 낫질을 참 잘한다. 초보자인 나는 일일이 한 움큼씩 풀을 움켜잡고서 베어 내는데 형들은 그렇게 하지 않는다.

낫을 잡고 먼저 풀을 한 움큼 베어 낸다. 그런 다음 베어낸 풀 묶음을 잡고서 베려고 하는 풀의 무리에 마주 댄다. 그러고 나서 낫으로 척척 치면 금방 풀이 우북하게 쌓인다. 말하자면, 손목을 순간적으로 꺾어 낫날이 풀에 닿는 시간을 최소화하는 것이다. 그러면 연한 풀도 말끔하게 베인다. 이 정도 경지에 오르려면 수없이 낫질을 해야 한다. 농가의 사내아이는 이렇게 어려서부터 동네 형들을 따라다니며 낫질을 익힌다. 낫질이야말로 나무를 하고 꼴을 베고 수확을 하는 농촌 생활의 기본 기술이다.

형들의 낫질이 부러워서 가르쳐 달라고 여러 번 졸랐다. 그럴 때면 형들은 매번 낫은 이렇게 잡고 낫질은 저렇게 하라고 하면서 익숙한 솜씨로 꼴을 베는 시범을 보인다.

그러나 아무리 가르쳐 주는 대로 따라 한다고는 해도 영 신통치 않다. 그렇게 오래 형들을 따라다니며 곁눈으로 낫질을 흉내 내고 서툰 대로 어렵게, 어렵게 낫질을 하다 보면 어느 순간 활연관통豁然貫通 하는 것이다! 양의 변화가 질의 변화를 이끌어 냈다고나 할까!

이제는 나보다 어린 동무들 앞에서 척척척, 낫질을 익숙하게 한다. 그러면 아우들은 내가 하는 낫질이 부러워 가르쳐 달라고 조른다. 나 또한 형들이 했던 것처럼 이러저러하게 해 봐 하고 뻐기면서 가르쳐 준다.

그러나 입으로 아무리 비법을 일러 주어도 그들은 제대로 따라 하지 못한다. 그들이 하는 낫질은 도가 통한 내 눈으로 보기에는 영 신통하지 않다. 그러나 그들도 절치부심切齒腐心, 낫질하고 또 하다 보면 언젠가는 도가 통하겠지?

봄을 맞은 농가 풍경 231

음력으로 정월은 봄이 시작하는 달이다. 그래서 우리나라에서는 설날이라고 하는 것을 중국에서는 춘절春節이라고 한다. 봄이 시작되는 명절이란 뜻이겠다. 그리고 음력도 흔히 농사짓기에 알맞은 달력이란 뜻에서 농력農曆이라고 한다. 예전에 동아시아 사회에서는 날짜는 음력으로 따지더라도 철은 절기로 따졌는데, 설날 전후에 봄이 시작하는 입춘이 들어선다. 입춘이 바로 본격적으로 한 해를 시작하는 절기이다.

입춘이 되면 한 해 농사가 잘되기를 기원하는 마음에서 풍흉을 점친다. 농사를 점치는 데는 지역에 따라 속설로 전해 오는 갖가지 방법이 있지만, 우선 입춘이 드는 날을 따져 본다. 입춘이 설날보다 빨리 오면 그 해 봄은 춥고 설날 뒤에 오면 날씨가 순조롭다고 한다. 입춘이 드는 날의 간지를 보고 농사를 가늠하기도 한다.

입춘의 간지에 갑甲이나 을乙이 들면 풍년이 들고, 병丙이나 정丁이 들면 큰 가뭄이 생기고, 무戊나 기己가 들면 밭작물이 손상을 입고, 경庚이나 신申이 들면 사람들이 불안하고, 임壬이나 계癸가 들면 큰물이 진다는 것이다. 이는 대개 오행에 따라 유추하여 해석한 것이다.

갑과 을은 목木에 속하며, 목은 풀과 나무를 대표한다. 농사는 풀과 나무를 관리하는 일이 아닌가?

병과 정은 화火에 속하며, 화는 불을 말하니 가뭄도 불과 관계가 있다. 해의 뜨거운 불기운이 기승을 부려서 물을 말리고 비가 내리지 못하게 하여 가뭄이 드는 것이다.

무와 기는 토土에 속하며, 토는 땅을 가리킨다. 밭작물은 땅에서 나는 것이니 이런 해에는 밭작물이 영향을 입는다고 보는 것이다.

경과 신은 금金에 속하며, 금은 쇠붙이를 말한다. 쇠붙이는 또 전쟁이나 변란을 상징한다. 그래서 이런 해에는 실제로 전쟁이 일어나지 않더라도 사람들이 불안해한다.

임과 계는 수水에 속한다. 수는 물이니 이런 해에는 홍수나 그밖에 물과 관련한 기상의 이변이 생긴다고 보는 것이다.

코에 걸면 코걸이, 귀에 걸면 귀걸이 같아서 믿거나 말거나 하겠지만, 나름대로 변화무상한 자연에 적응하며 살아온 삶의 슬기가 담겨 있다고 하겠다. 사람들은 어떻게든 자연의 변화를 설명하려고 하니까.

이런 방식의 설명이 꼭 들어맞다고 할 수는 없을 터이다. 자연의 변화에 대한 예측이 꼭 들어맞다면 그것이 오히려 이상하지 않을까? 변화야말로 바로 자연의 본질이니까!

농사의 풍흉을 점치는 가장 흔한 방법은 보리 뿌리를 세어 보는 일이다. 언 밭에 파릇하게 자라나 있는 보리를 뽑아서 세어 보아 큰 뿌리가 한 가닥이면 흉년, 두 가닥이면 평년작, 세 가닥이면 풍년이 든다고 한다. 가을에 씨를 뿌려 겨울을 나면서 뿌리가 많이 난 놈은 당연히 봄이 되어도 다른 놈보다 더 빨리 더 크게 자라지 않겠는가!

이밖에도 지역에 따라 여러 가지 방법으로 풍년을 점쳐 보았다. 정월 대보름에 소에게 사람이 먹는 식으로 밥을 차려서 키에 담아 주는데, 소가 밥이나 쌀을 먼저 먹으면 논농사가 풍년이 들고 나물을 먼저 먹으면 흉년이 든다고 한다.

또 연못의 얼음이 남쪽에서 북쪽으로 갈라지면 풍년, 서쪽에서 동쪽으로 갈라지면 흉년이 든다고 한다. 이런 갖가지 속신俗信은 모두 농사의 풍년을 기원하는 염원이 담겨 있다.

시에 나오는 '보잘것없는 제물로 풍년을 빈다' 는 구절에는 다음과 같은 고사故事가 전한다.

중국 전국시대 제나라에 순우곤淳于髡이라는 사람이 있었다. 인물됨이 아주 익살스럽고 변론에 능수능란해서 다른 나라에 사신으로 자주 나갔는데, 한 번도 말문이 막혀 곤란한 일을 당한 적이 없었다고 한다.

제나라 위왕威王 때, 초나라가 군대를 크게 일으켜서 제나라를 치려고 하였다. 제나라 왕은 초나라가 침공하려고 한다는 정보를 듣고 조나라에 구원을 청하기로 하였다. 조나라에 보낼 예물로 황금 100근, 수레를 모는 말 40필을 준비하였다. 이를 본 순우곤이 하늘을 쳐다보며 갓끈이 끊어질 정도로 크게 웃었다. 기분이 나빠진 위왕이 물었다.

"선생은 이 예물이 적다고 생각하는가?"

순우곤이 대답했다.

"어찌 감히 그렇게 생각하겠습니까?"

"그럼 무엇 때문에 웃었는지 까닭을 말해 보라."

"제가 방금 동쪽에서 왔는데, 오는 도중에 길가에서 풍년을 기원하는 사람을 보았습니다. 그 사람은 돼지 족발 하나와 술 한 잔을 마련하고 축원하기를, '높은 땅에서는 바구니에 가득히, 낮은 땅에서는 수레에 가득히, 오곡이 모두 잘 익어서 집안 가득 넘치게 하소서!' 하였습니다. 저는 그가 마련한 것은 적으면서 바라는 것은 너무 많은 것이 생각나 웃었을 뿐입니다."

이에 위왕은 순우곤의 뜻을 깨닫고 황금 1,000일(鎰, 1일은 24냥), 백벽(白璧, 흰 구슬) 10쌍, 수레 모는 말 400필을 준비하여 순우곤에게 주어서 보냈다. 조나라 왕은 이 예물을 받고 정예병 10만 명과 전차 1,000승(乘, 말 네 필이 조를 이루어 끄는 수레의 단위)을 내주었다. 초나라에서는 이 정보를 받고서 밤중에 군사를 돌려 돌아갔다. 이 고사에서 돈제양전豚蹄穰田이라는 성어가 나왔다. 바치는 정성은 보잘것없으면서 바람은 지나치게 많은 것을 일컫는 말이다.

농사란, 사람이 아무리 노력한다고 해서 잘되는 것이 아니다. 기상 조건도 순조로워야 하고 땅의 토질과 곡식이 서로 궁합이 맞아야 한다.

그래서 사람이 제때에 알맞게 거름을 넣고 김을 매고 병충해를 막고 가꾸어도 수확할 무렵에 큰비가 내린다거나 서리가 일찍 온다거나 기상 조건이 맞지 않으면 한 해 동안 흘린 땀방울이 헛수고가 되어 버린다. 그래서 농사를 짓더라도 굶주림을 면하기 어려웠던 것이다. 얼마나 먹을거리가 귀하고 중했는지 내가 어렸을 때 부르던 노래가 생각난다.

고모네 집에 갔더니
암탉 수탉 잡아서
기름이 동동 뜨는 걸
날 한 그릇 안 주고
우리 집에 와 봐라

찬물도 한 그릇 안 준다!

모처럼 온 친정 피붙이 어린 조카한테 암탉 수탉을 잡아서 기름이 둥둥 뜨는 먹음직스러운 닭고기 국물을 왜 한 그릇 주고 싶지 않겠는가?
그러나 시어른들 밥상에 고기 건더기를 몇 저름(점)이라도 더 담고 서방과 주렁주렁 달려 있는 시동생, 시누들까지 한두 저름씩 돌아가게 국을 푸고 나면 멀건 국물에 물 한 바가지 더 넣어 푸고 남은 밥을 말아 입에 떠 넣는 층층시하의 며느리가 고모네 집이라고 찾아온 조카가 반갑기보다도 눈치가 얼마나 보였을까? 넉넉지 못한 살림을 자랑이라도 하듯 얻어먹으러 온 것으로 보여서 더욱 시어른들 보기 민망했을 것이다.
이런 고모의 처지도 모르는 조카는 고모네 식구들이 자기들만 기름진 고깃국을 먹는다고 나름대로 한이 맺혀 이런 노래를 지어 불렀다.

도랑 건네(건너) 사돈요
어예 어예(어찌어찌) 사니껴(사십니까)?
환자(환곡) 닷 말 받아다
굽고 지지고 하다 보이(보니)
그럭저럭 없니더(없습니다).

장날 오래 만에 만난 사돈끼리 인사라고 한다는 것이 어떻게 먹고사는가를 묻고 답하는 것이다. 아이들은 또 아이들끼리 주고받는 말놀이라고 하는 것이 꿈에도 먹고 싶은 떡을 해 먹자는 말놀이다.

떡 해 먹자 부엉
양식 없다 부엉
걱정마라 부엉
어예 하노 부엉
꿔다 하지 부엉
언제 갚노 부엉
갈(가을)에 갚지 부엉

뭐든지 조금 모자란 듯하고 아쉬운 것이 있을 때 오히려 마음이 넉넉한 듯하다. 위에서 든 노랫말을 부르던 시절은 정말 너무도 처절하게 없고 못 먹던 시절이었지만, 그래도 나눠 먹을 생각, 내 배가 고프니 남의 배도 고프리라 생각할 줄 알았는데, 궁한 것 귀한 것 없이 풍족할수록 남들과 나눠 먹을 줄 모르고 남이 먹고사는지 못 먹는지 챙기려 들지 않는다.

한가로운 봄날을 노래함

봄날 전원에서 이는 흥(春日田園雜興)

버들개지 핀 동네 한낮의 닭 울음
눈을 뜬 뽕잎은 새순만 뾰족하다.
낮잠 자고 일어나도 할 일이 없어
햇빛 가득한 창가에서 누에가 깨나 살핀다.
柳花深巷午鷄聲 桑葉尖新綠未成
坐睡覺來無一事 滿窓晴日看蠶生

중국 남송 대의 시인 범성대范成大가 쓴 연작시 '사시전원잡흥四時田園雜興' 가운데 '춘일전원잡흥春日田園雜興'의 첫째 수이다. 범성대는 전원의 네 계절을 소재로 60수를 엮어서 '사시전원잡흥'이라고 하였다. 이 연작시를 쓴 범성대는 중국에서는 전원 시인으로서 도연명에 버금가는, 엄청난 명성을 얻었는데 우리나라에서는 그리 알려지지 않았다.

이 시에서는, 봄에 낮잠을 자다가 깨어났지만 특별히 할 일이 없어서 햇빛이 가득한 창가에서 누에가 깨어나나 살핀다고 하였지만, 사실 농촌 생활은 1년 내내 할 일이 있다. 할 일은 언제 어디서나 널려 있다. 특별히 할 일이 없으면 나무라도 해야 하고 새끼라도 꼬아야 한다. 그러다 보면 농촌 사람들은 일만 하는 것 같지만, 그래도 역시 놀이를 한다. 예전에 농촌 생활에서는 놀이와 일이 맞물려 돌아갔다. 나무를 하다가 단단하고 결이 좋은 나무를 손에 넣으면 조각을 하거나 연장을 만들기도 하고 새끼를 꼬면서는 노래도 하고 수수께끼도 내고 한다. 놀이가 일에서 연상되어 나오고 일에 창의성을 더하는 것이다.

일은 생존을 위한 노동이고, 놀이는 생존의 부담에서 벗어나 즐기는 일이다. 농촌에서는 일과 놀이가 이어져 있다. 놀이 따로 일 따로, 따로 국밥이 아니다. 그런데 현대 도시 사회에서는 순전히 놀이를 위한 놀이가 되거나 놀이가 아예 그 자체로 일이 되어 버린다.

예전에는 새끼를 꼬면서 입담이 좋은 사람은 이야기를 하고 목청이 좋은 사람은 노래를 하여 같이 놀고 즐겼다. 그런데 이제는 노래를 하려면 노래방에 가야만 하고 남이 부르는 노래를 돈으로 사서 듣는다. 그래서 사람들은 '놀애'에서도 놀이에서도 소외疏外되어 버렸다. 사람은 일을 통해 자연과 주체적으로 관계를 맺는 것인데 자연에서 소외된 오늘날은 일이 자기실현도, 가치의 창출도 아니라 오로지 생존을 위한 저당물이 되었다.

「중용」에서는 문화를 창조하는 인간의 고유한 능력을 이렇게 찬양한다.
"기쁨, 성남, 슬픔, 즐거움이 아직 표현되지 않은 상태는 중심(中)이라 한다. 표현되어서 상황에 딱 들어맞는 것을 조화(和)라고 한다. 중심은 온 세상의 가장 근본이고, 조화는 온 세상 어디에나 적용되는 도리이다.

중심이 확립되고 조화가 이루어지면 하늘과 땅이 제자리를 잡고 만물이 자라난다."

　사람, 특히 인민의 삶을 책임진 지도자가 중심과 조화의 의식을 확고하게 지니면 그 세계가 제대로 돌아가고 그 세계에 존재하는 모든 것이 제 가치를 실현한다. 이는 바로 인간 존재를 문화 창조의 주체로 드높인 발언이다. 하늘과 땅은 시간과 공간으로 삼라만상의 생존 터전이 된다. 하늘과 땅 사이 모든 것은 자기 생존의 의미를 자각하지 못한다. 오직 사람만이 생존의 의미를 자각하고 다른 만물의 존재 의미도 파악한다. 그리하여 자연물을 가공하여 무언가를 만들어 낸다. 이렇게 만들어 낸 유형적 무형적 산물의 총체를 문화라고 한다.

　태초에 하느님이 권태로워서 천지를 창조했다고 한 사람도 있다지만, 똑같은 방식으로 놀다 보면 지겨워져서 자꾸 새로운 놀이를 만들어 낸다. 이러는 가운데 창의적인 생각이 일어난다. 사람은 놀이하는 것이 존재의 방식인가? 놀라고 하지 않아도 놀 줄 안다. 그래서 유교 경전에는 거꾸로 늘 일하라고, 부지런히 힘쓰라고 했는지도 모르겠다.
　「주역」에서는 건괘乾卦를 풀이하면서 "군자가 종일 부지런히 힘쓰고 힘쓰며 저녁에도 방심하지 않고 조심하듯이 하면 상황이 힘들더라도 잘못되지는 않는다"고 하였다.

　닭은 사람과 오랫동안 함께 살아온, 가장 흔히 볼 수 있는 새이다. 그래서 닭에 관한 온갖 민담, 설화, 속담이 많다. 옛날에는 시골에 지네가 흔해서 가끔 사람들을 괴롭혔는데, 닭은 지네의 천적이다.

「서유기」에도 전갈, 지네의 정령이 삼장법사 일행을 괴롭히자 손오공이 각각 수탉의 화신인 묘일성관昴日星官과 비람파毘藍婆 보살에게 부탁해서 퇴치하는 장면이 나온다. 묘일성관은 서방 묘수昴宿가 신격화한 선관이다. 닭은 묘수와 대응된다. 그리고 비람파는 묘일성관의 어머니이다. 묘일성관은 수탉의 화신이며 수탉의 어머니는 암탉이니까.

닭은 비록 잘 날지는 못하지만, 새의 꼴을 갖추고 있으며 토종닭은 홰에도 잘 올라가고 '닭 쫓던 개 지붕 쳐다본다'는 속담에서 알 수 있듯이 제법 높이 날아오르기도 한다. 오랫동안 사람들과 함께 살아왔기 때문에 새이면서도 사람과 친하다. 새는 늘 하늘을 날아다니고 사람을 멀리하고 두려워하지만, 닭은 날짐승이면서도 사람과 함께 살아가기 때문이다.

모이를 발견하거나 적과 싸울 때, 날개를 퍼덕이며 맹렬히 싸우는 모습은 사납고 용맹한 전사를 연상하게 한다. 투계鬪鷄는 야성을 조금이나마 지니고 있는 나름의 토종닭이 있는 나라나 지역에서는 널리 퍼진 놀이였던 것으로 보인다.

닭은 동양의 속신俗信에서는 잉어, 뱀, 거북 등과 함께 용이 될 수 있는 동물이다. 닭의 발에는 비늘이 있기 때문이다. 충청도에 있는 계룡산鷄龍山도 산봉우리 모양이 닭처럼 생긴 용과 닮았다고 해서 붙은 이름이다. 닭은 민화에도 자주 등장한다. 암탉과 병아리를 보호하여 깃을 세우고 노려보며 푸드덕 날아서 발톱을 들이대고 달려드는 닭은 용맹하기 그지없다.

그림의 닭으로는 피카소의 수탉 그림도 유명하다. 우리는 수탉을 장닭이라고 하였다. 아무튼, 피카소가 그린 수탉은 한여름 만상이 더위에 지쳐서 졸고 있을 때, 크게 꼬끼오 하고 울어서 잠을 깨우기라도 하듯 뻔뻔스러운 상이다. 캐리커처나 만화처럼 닭의 뻔뻔스럽고 의뭉스러운 특징을 잘 잡아서 그린 재미난 그림이다.

이육사李陸史의 시에서 닭은 새 시대의 도래를 예고하는 나팔수이다.

"까마득한 날에/하늘이 처음 열리고/어데 닭 우는 소리 들렸으랴/모든 산맥들이/바다를 연모하여 휘달릴 때도/차마 이곳을 범하던 못하였으리라"

닭은 새벽의 기미를 온갖 물상 가운데 가장 먼저 알고서 한번 크게 울어 새날을 알린다.

닭은 다섯 가지 덕을 지니고 있다고 한다. 「한시외전韓詩外傳」에 이런 이야기가 있다.

춘추시대 전요田饒라는 사람이 노나라 애공을 섬겼는데, 제대로 인정을 받지 못하고 있었다. 전요는 참다 참다 마침내 애공에게 말하였다.

"저는 임금님을 떠나 고니처럼 살까 합니다."

애공이 무슨 뜻인가 물었다.

전요는 이렇게 말하였다.

"임금님께서는 닭을 보신 적이 없습니까? 머리에 갓을 쓰고 있는데 이는 문장(文)입니다. 발에 발톱을 지니고 있는데 이는 무용(武)입니다. 적이 앞에 있으면 용감하게 싸우는데 이는 용감함(勇)입니다. 먹이를 보면

서로 부르는데 이는 인(仁)입니다. 밤을 지키면서 때를 놓치지 않는데 이는 신실함(信)입니다. 닭은 이 다섯 가지 덕을 지니고 있는데도 임금님께서는 날마다 잡아먹습니다. 왜 그렇겠습니까? 닭은 사람과 아주 가까이 있어서 흔하기 때문입니다. 고니는 단숨에 천 리를 날아서 임금님 동산과 연못에 내려앉아 임금님의 물고기를 잡아 먹고 임금님의 곡식을 쪼아 먹습니다. 고니는 이 다섯 가지 덕이 없는데도 임금님께서는 귀하게 여깁니다. 그 까닭은 고니가 멀리서 왔기 때문입니다. 저는 임금님을 떠나 고니처럼 살렵니다."

애공이 말하였다.

"잠깐만 기다리라. 내 그대의 말을 적어 두겠다."

그러자 전요는 이렇게 대답하였다.

"제가 듣기에 밥그릇으로 밥을 먹는 자는 밥그릇을 깨지 않으며 나무 그늘에서 쉬는 자는 그 나뭇가지를 꺾지 않는다고 합니다. 신하를 등용하지 않을 바에야 그 말은 적어서 무엇하겠습니까?"

그러고는 마침내 연나라로 가 버렸다. 전요가 연나라에 가서 등용된 뒤 연나라는 크게 태평해졌다. 이 소문을 들은 애공은 탄식하고 후회하며 석 달이나 안방에 들어가지 않고 정치를 돌보았다고 한다. 이 이야기는 물론 가까이 있는 인재를 알아보고 잘 쓰라, 있을 때 잘하라는 말이지만, 여기서 유래한 '닭의 다섯 가지 덕'은 닭과 같은 미물의 가치도 알아보아 주는 뜻도 있다.

전에 경기도에 잠시 산 적이 있는데 우리가 세 들어 살던 집 주인 아주머니는 "사람 못된 것은 닭만도 못하다"고 하였다. 수탉은 먹이를 발견하면 꼬꼬댁 소리를 내면서 암탉과 병아리를 불러들이고 자기는 껍데기나 쭉정이만 먹는다고 한다. 그래서 수탉은 잡아도 뼈만 크고 먹을거리가 없다. 사위가 오면 씨암탉을 잡아 준다는 말은 괜히 나온 말이 아니다.

어릴 때 시골에서는 집집이 으레 닭을 키웠다. 변변한 육식거리가 없는 때였으니 닭은 손쉽게 구할 수 있는, 요긴한 고기이다. 갑자기 손님이 찾아와도 닭 한 마리만 잡으면 제법 손님을 치를 수 있었다. 달걀은 노인이 있는 집에는 어른 밥상에 올리는 훌륭한 찬거리가 되었다.

우리 집도 닭장을 만들어서 닭을 키웠는데, 닭장 중간에 시렁을 가로지르고 그 위에 토끼장을 두었다. 아버지 말이 토끼 똥과 오줌이 독하여서 닭장을 소독하는 효과가 있다고 하셨다. 정말 그런지는 모르겠지만 공간을 효율성 있게 쓰고 닭과 토끼 같은 가축을 한꺼번에 쉽게 관리하기 위한 안배일 터이다.

봄이면 병아리를 깠는데 이른 봄 양지쪽으로 노란 병아리들이 어미 닭을 따라 돌았다. 그런데 며칠 지나면서부터 병아리가 한두 마리씩 눈을 까무룩 감고 꾸벅꾸벅 머리를 조아리더니 푹 쓰러졌다.

닭한테 치명적인 전염병인 콕시듐 병에 걸린 것이다. 콕시듐 병이 돌면 병아리를 거의 잃다시피 하였다. 처음에는 만화책이나 동화책에서 읽은 대로 삽을 들고 죽은 병아리 주검을 헝겊에 싸서 산에 묻어 주고 나뭇가지를 꺾어 십자가도 만들어 주고 하였으나 자꾸 죽어나가자 그만 그

놀음도 시들해져 버렸다.

　바로 밑에 아우가 아직 학교에 들어가기 전에 외가에 상당히 오래 가 있었다. 나와 달리 아우는 온갖 장난이 심하고 말도 못하는 개구쟁이였다. 그래서 외가 동네에도 아주 호가 나 있었다. 그때는 아직 순박한 때라 외가에 온 아이라 하여, 아우가 웬만큼 장난을 하여도 묻어 주곤 하였다. 자기보다 한두 살 더 먹어서 학교에 다니는 외가 동네 동무 하나를 사귀어서 밥만 먹으면 그 동무와 어울려 놀았다.

　하루는 아우가 그 동무와 함께 그 동무네 병아리를 두어 마리 붙들어서 모가지만 내놓고 땅에 묻고서는 "아이고, 아이고!" 곡하며 장사를 지내는 놀이를 하였다. 그 동무네 어른이 알고서 그 이야기를 외할매한테 해 주었다. 그 뒤로도 내가 외가에 다니러 가면 외가 동네 사람들이 가끔 나를 아우로 오인하고서 "그때 병아리 붙들어서 장사를 지내던 아이가 아닌가?" 하고 묻고는 했다.

　봄은 오행으로 목木에 해당한다. 목은 나무처럼 뻗어 나가는 작용을 상징한다. 봄이 오면 나무에 잎이 돋고 싹이 나고 자라듯이.
　사람에게서 목에 해당하는 장기는 간肝이다. 간은 잘라 내도 금방 재생하며 색깔도 나무처럼 푸르다. 봄에는 간이 왕성하게 활동해야 하는데, 아직 초목이 충분히 자라지 않아서 간에 필요한 비타민과 같은 자양을 많이 얻지 못하기 때문에 춘곤증이 생기는 것이다.

시냇가로 물러나 사는 즐거움

네 계절에 숨어 사는 즐거움을 읊다(四時幽居好吟)

봄날 조용히 숨어 사니 좋아라.
손님도 문을 드나든 지 오래.
동산 꽃은 성정을 드러내고
뜨락 풀은 천지에 오묘하여라.
아득히 노을이 깃든 동네에,
멀리 시내가 돌아가는 마을이로다.
시를 읊으며 돌아오는 즐거움을 알지니
기수沂水에서 씻어야 할 건 아니로세.
春日幽居好 輪蹄逈絶門
園花露情性 庭草妙乾坤
漠漠栖霞洞 迢迢傍水村
須知詠歸樂 不待浴沂存

나이가 들어갈수록 철이 바뀐다는 것은 현재의 느낌을 과거의 기억과 겹쳐서 다시 그려 내는 일이 되곤 한다. 옷깃을 파고드는 바람 끝은 아직도 산산하지만, 햇볕은 제법 높이 올라와 양지쪽에는 벌써 여린 잎이 묵은 줄기 밑에서 연둣빛 얼굴을 내보일 때면, '아, 이맘때에는 동무들하고 집 뒤 참나무가 늘어선 둑의 허물어진 흙을 파고 놀았지!' 하고, 밥상에 오른 김치가 묵어서 신맛이 깊어질 때면, '이맘때에는 묵은 김치에 멸치로 국물을 내고 콩가루를 풀어 넣어서 시큼하고 구수한 국을 끓여 먹었지!' 하고 말이다.

이 시는 평생을 조용하게 물러나 살고 싶어 하여서 별호조차 '시냇가로 물러났다'고 퇴계退溪라고 지었던 이황의 시이다. 조용한 곳에 물러나 숨어 사는 즐거움을 네 계절에 부쳐서 읊은 시 네 수 가운데 첫째 수이다. 퇴계 선생은 조용히 물러나 사는 것이 계절마다 다 좋은 점이 있다고 한다. 사실 정말 좋기도 하겠지만 좋다, 나쁘다 하는 것은 느끼기 나름일 터이다. 그러니 퇴계 선생은 어떤 점에서 시골에 사는 것이 좋다 했는지 들어보는 것도 괜찮을 듯하다.

내가 태어나 어린 시절을 보낸 경상북도 봉화는 안동과 붙어 있는 영남의 내륙 오지이다. 안동과 가까워서 퇴계 선생과 관련한 일화나 설화가 고을마다 전해 내려오는 곳이다.

퇴계 선생의 윗대는 원래 안동 지방의 향리였다고 하여 괄시를 받기도 하였으나, 퇴계 선생이 나온 뒤로 진성 이씨는 혼판婚板(혼인을 할 수 있을 만한 가문의 품격)이 높아졌고 퇴계 선생이나 그 가문과 혼맥婚脈, 학연, 혈연에 따라 가문의 끗발이 정해졌던 것이다.

퇴계 선생의 일화를 전해 주는 곳으로 빼놓을 수 없는 곳이 청량산清凉山이다. 낙동정맥의 줄지은 크고 작은 봉우리를 따라 안동에서 북쪽으로 이리구불 저리구불 올라가다가 길이 오른쪽으로 조금 꺾이면서 돌아가면 바로 외청량, 내청량의 기암절벽이 눈앞을 가로막는다.

높은 산이건 낮은 산이건 밋밋하게 이어지다가 갑자기 깎아지른 절벽이 낙동강에 발을 담그고 수천 년, 수만 년 앉아 있는 모습을 보면 뜻하지 않게 두메산골에서 자태가 수수하면서도 빼어난 색시를 우연히 만난 듯하다.

퇴계 선생은 젊어서 청량산에 들어가 글을 읽기도 하고, 청량산을 좋아하여 자주 청량산에 올랐다고 한다. 지금도 청량산에 가면 청량사 절에 못 미쳐 '청량정사'라는 이름이 붙은 집이 한 채 있는데, 후학들이 퇴계 선생이 공부한 곳을 기려서 지은 곳이라 한다. 우리네에게는 이 집을 청량정사보다는 '오산당吾山堂'으로 알려졌다. 오산당은 청량정사에 들어 있는 방 이름이다. 이름이 오산당이니 억지로 풀자면 '내 산의 집'이라는 뜻이 되겠다.

청량산 입구에는 퇴계 선생이 청량산을 두고 읊은 시조를 새긴 시비가 크게 서 있다.

"청량산 육륙봉을 아나니 나와 백구白鷗, 백구야 헌사하랴, 못 미들손 도화桃花로다. 도화야 떠지지 마로렴, 어주자漁舟子 알까 하노라."

요즘 말로 풀어 보면, '청량산의 열두 봉우리를 아는 이는 나와 흰 갈매기뿐이네. 갈매기야 어디에 가서 말을 전하랴만 못 믿을 건 복사꽃이로다. 복사꽃, 너는 떨어져 흘러가지 말거라. 저 아래에 있는 낚시꾼이 알고 청량산이 위에 있다는 것을 알까 두렵구나" 하는 내용이겠다.

샘과 바위를 그리워하는 마음이 고질병(泉石膏肓)이 되리만큼 자연을 사랑했던 퇴계 선생이고 보니 조용히 묻혀 사는 것이 성정에도 맞았을 듯하다. 그렇지만 자연을 즐기고 그윽이 감상할 여유는 아무래도 농사꾼의 그것은 아닐 터이다. 조선 시대는 유학사상이 지배하던 시대였다. 유교문화의 뿌리라 할 춘추전국 시대의 유가사상은 원래 귀족이나 지배층의 이데올로기를 표방하던 사상이라 한다. 공자나 맹자와 같이 유가사상을 확립한 사상가는 모두 지배층의 맨 아래에 있었던 사람들이다.

「맹자」에, 정신노동 또는 지식노동을 하는 사람과 육체노동을 하는 사람이 있는데, 정신노동을 하는 사람은 육체노동을 하는 사람을 다스리고, 육체노동을 하는 사람은 생산을 하여 정신노동을 하는 사람을 먹인다고 하였다. 그러니까 정신노동과 육체노동의 분업인 셈이다.

유가사상은 이렇게 정신노동을 하는 사람이 교양을 갖추고 도덕을 길러서 육체노동을 하는 사람을 다스리는 것을 이상적인 사회제도로 생각했던 것이다. 오늘날처럼 개인이 주인이 되는 민주사회를 생각지도 못했던 옛날 사회에서 나름대로 인민의 복지를 이루는 방안을 강구했던 셈이다. 물론 교양과 도덕을 갖춘 지식인이 나라를 다스리고 사회를 지배한다는 생각이 그대로 실현되지는 않았지만 말이다.

어쨌든 봄날 한창 농사가 시작되어 바쁜 때에 자신의 타고난 성정을 고요히 기르고 자연의 경치를 감상하고 시를 읊을 수 있다는 것은 양반 지배계층이 아니고서는 꿈도 꾸지 못할 일이다. 그래도 양반이라 하여, 가진 것이 있다 하여 남은 아랑곳하지 않고 가진 것을 즐기고 지위를 누리고, 세도를 부리고 하는 것보다는 자연의 경치를 조용히 감상하고 삼라만상이 저마다 제 생긴 대로 살아가는 모습 속에서 삶의 이치를 찾아보려는 데서 선비의 교양과 덕을 볼 수 있겠다. 염치를 아는 양반, 아랫사람을 돌아볼 줄 아는 귀족, 남에게 나눌 줄 아는 부자가 우리 주위에 많이 있다면 세상이 이처럼 각박하지는 않을 텐데 말이다.

'기수에서 목욕한다'는 말은 원래 「논어」에 나오는 말이다. 어느 날 공자가 제자 몇 사람과 담소를 나누다가 이렇게 말한다.

"오늘은 내가 너희보다 더 어른이라고 여기지 말고 이야기해 보자꾸나. 너희는 평소에 자기를 알아주지 않는다고 여기고 있는 듯한데, 만약에 누군가가 너희를 알아준다면 무엇을 하고 싶으냐?"

그러자 자로를 비롯한 제자들이 저마다 자기 포부나 뜻을 말하였다. 그때마다 공자는 빙그레 웃거나 특별히 비평하지 않고 차례대로 묻기만 했다.

마지막으로 증점曾點이라는 제자의 차례가 되어 공자가 그에게 뜻을 묻자, 증점은 그때까지 비파를 타다가 점점 그치더니 쟁그랑 소리가 나도록 바닥에 놓고 일어나서는 자신은 다른 제자들과 생각이 다르다고 했다. 공자가 저마다 자기 뜻을 말한 것뿐이니 다른들 무슨 대수냐고 말했다. 그러자 증점은 이렇게 대답한다.

"늦은 봄에 봄옷을 새로 만들면 그것을 입고 어른 대여섯과 어린이 예닐곱과 함께 기수에서 몸을 씻고 기우제단에서 바람을 쐬고 노래 부르며 돌아오겠습니다."

공자가 이 말을 듣고 허허 하고 감탄하면서 "나도 점과 함께하고 싶구나!" 하였다.

공자는 증점이 개인의 야망과 포부를 말하지 않고 시절의 흐름을 알고 시절이 잘 돌아가도록 바라는 점을 높이 샀을 것이다. 기수에서 몸을 씻고 기우제단에서 바람을 쐰다는 것은 비가 제때에 와서 농사가 잘되기를 바라는 마음을 나타내는 것이란다. 농사가 잘되어야 백성이 편안하게 살고, 백성이 편안해야 나라가 잘되고, 나라가 잘되어야 온 세상이 평화롭게 되는 것이란다.

빈집엔 봄만 다녀가고

늦봄(春晚)

비갠 뜨락에 이끼가 우북하고
주인 없는 사립문 대낮에도 닫혔다.
섬돌엔 진 꽃잎 한 치는 쌓였는데
샛바람만 불어 왔다 또 불어 가네.
雨餘庭院簇莓苔　人靜雙扉晝不開
碧砌落花深一寸　東風吹去又吹來

고려 때 진화陳澕라는 사람이 쓴 시이다. 이 사람은 정확하게 언제 태어나고 죽었는지는 모른다. 그러나 이규보와 같은 시대 사람이고 명종 때에서 고종 때 활동했다고 한다.

사람들은 먹고사느라 아무리 바빠도 봄은 무심하게 흘러간다. 해가 점점 길어지고 여름이 멀지 않으면 일은 점점 바빠지는데, 꽃도 피었다 지고 농가에는 한낮에 주인 없는 빈집을 바람만 찾아왔다가 짐짓 사립문도 건드려 보고 멋쩍어서 꽃잎도 떨꾸고 간다.

봄이 깊어 가면 가물다가도 여름을 재촉하는 비가 한 번은 오게 마련이다. 비가 개고 나면 그늘진 곳에는 이끼가 낀다. 우산처럼 생긴 우산이끼, 솔잎처럼 생긴 솔이끼. 뜨락에 이끼가 파랗게 낀 것으로 봐서 봄도 한창 무르익어 여름이 내일모레다. 사실 이끼는 장마철 무더위에 많이 낀다.

비 오는 사이에 고단한 몸을 쉬던 농가 사람들도 비가 그치자 저마다 들로 나가 집은 텅 비었다. 집이 비었다고 집 안에 아무도 없을까? 바람도 머물다 가고, 꽃잎도 마당에 나부끼고, 이끼도 빈집에 주인인 양 한다.

고요함 가운데 움직임이 있고 움직임 가운데 고요함이 있어서, 삼라만상의 모습은 이렇게 서로 반대되는 것들이 얽혀 어우러진다. 온갖 것이 제자리에 있는 고요한 뜨락에 움직이는 것이라고는 바람뿐이다.

꽃잎은 그저 바람에 몸을 맡길 뿐. 그러나 바람도 무심하게 불어왔다 불어가니 의도한 움직임이란 아무것도 없다. 봄도 여름도 이렇게 무심하게 오고 간다.

봄은 모두의 봄이다. 비도 모두의 비이고, 바람도 모두의 바람이고, 꽃도 모두의 꽃이고. 모두가 봄을 만들고 봄을 꾸미고 봄을 일구는 것이다.

그런데도 사람들은 새와 벌과 나비에게서, 개구리와 송사리와 우렁이에게서, 꽃과 풀과 나무에서 봄을 빼앗아 버렸다. 겨울은 버릴 것은 버리고 모두가 새 삶을 준비하는 계절인데, 이제는 겨울이 없어졌다. 온실을 짓고 시멘트를 발라서 겨울을 빼앗아 버렸기 때문이다. 그래서 사람들도 봄을 잃어버렸다.

그래도 어느 곳에선가는 숨어서 봄을 준비하고 봄을 만들어 가는 가녀린 몸부림이 있을 것이다. 그 몸부림에 희망을 담아 본다.

언젠가부터 신문에서, 방송에서 봄이 사라졌다고 아우성이다. 늘 돌아가는 계절인데 어찌 사라졌기야 하겠는가? 그만큼 짧아져서 봄이라 느끼기도 전에 벌써 날이 더워 반소매로 다니게 되었으니 하는 말이다.

신문에서는 예전보다 겨울이 30일 줄고 여름이 열흘 이상 늘었다고도 하고, 성급한 사람들은 벌써 한반도가 아열대 기후로 들어간다는 둥 여간 야단이 아니다. 사람들이 멋대로 자연을 들쑤셔 놓았으니 자연인들 성가셔서 제정신이 아닌 것이다. 저마다 눈앞의 이익에 눈이 벌겋게 달려드는데 무엇인들 남아나겠는가. 그래서 봄도 사람 곁을 떠나나 보다.

하기야 계절이 어디 정해져 있는 것인가? 해가 늘 동쪽에서 떠서 서쪽으로 지고, 달도 찼다 이지러졌다 하는 사이에 날씨도 더워졌다가 추워졌다가 하면서 달이 가고 계절이 바뀌고 해가 갈 뿐이다.

차차 날이 더워져서 여름이 되었다가 더위가 극성해지면 다시 추워지고, 찬바람이 불고 땅이 꽁꽁 얼어서 겨울이 되었다가 추위가 극성해지면 다시 더워지고, 천지가 개벽한 이래 늘 이렇게 더워졌다가 추워졌다가 한다. 데워진 땅이 식는 것도 하루아침에 되는 일이 아니니 가을이 사이에 끼어 있어서 땅을 식혀 주고, 언 땅이 녹는 것도 하루아침에 되는 일이 아니어서 봄이 사이에 끼어 있어 추위를 녹여 준다. 우리가 사는 이 강과 산은 이렇게 네 철이 어김이 없었다.

그런데 이제는 사람이 땅의 하는 일에 너무 끼어들어서 계절의 오고 감도 바꿔 놓고 있다. 그래서인지 해마다 날씨에 관해서는 기록이 바뀐다. 기상관측 이래 최대 강우량이라느니, 최고 더위라느니 하면서 말이다. 최대라는 수식어는 해마다 덧붙는다. 하마나(이제나저제나) 하고 기다리면 새색시처럼 수줍게 살짝 오곤 하던 봄이 이제는 남몰래 오는지도 모르게 왔다가 자취도 없이 가 버린다. 그나마 짧은 봄도 가 버리니 이래저래 아쉬움만 남는다.

  가끔 시골에 다녀올 일이 있어 내려가 산에 올라가 보면 이제는 누구도 진달래가 어떻게 피고 지는지 눈여겨보는 사람이 없다. 진달래를 따 먹고 놀던 아이들이 다들 컴퓨터방이다, 공부방이다 하고 방으로 들어가 버렸으니 누가 거들떠나 보겠는가?
  그러는 사이에 진달래는 키가 엄청나게 자랐더라. 진달래나 싸리, 철쭉, 아까시나무같이 지천으로 자라는 나무는 잡목이라 분류한다. 사실 잡목이 어디 있겠는가? 딱히 사람들 쓸모에 그다지 긴하지 않다고 하여 그렇게 붙여 놓은 것에 지나지 않을 터이다.
  어쨌든 이런 잡목은 겨울에 땔감으로 쓰이기 때문에 늦가을에서 겨울 사이에 가지가 잘린다. 그러면 이듬해 봄에 남은 그루터기에서 새순이 돋고 새 가지가 자라고 꽃이 핀다. 그래서 어릴 때는 이런 나무는 아예 키가 크지 않는 나무인 줄 알았다.
  그런데 언젠가부터 산에 가 보면 싸리도 철쭉도 진달래도 나보다 더 키가 크고 굵기도 엄지손가락보다 굵은 나무가 참 많다. 또 새 가지를 키우지 않아서 옆으로 많이 퍼지지도 않고 한 길로만 자라 있다. 줄기도 새 가지가 날 때는 발그레한 빛이었는데, 키가 크고부터는 거무튀튀한 빛한 가지다. 아이들이 성가시게 굴지 않으니 진달래 저야 좋을지 모르지만, 예쁘게 수줍게 피어 있어도 아무도 따 먹지 않으니 꽃만 속절없이 피었다가는 진다.

진달래 꽃잎에는 사연도 많다. 진달래는 늘 허기가 진 어린 시절에 자주 따 먹던, 말하자면 간식거리 가운데 하나였다. 바깥을 제법 나가게 된 나이가 되면 형이나 누나, 아재나 고모를 따라다니는 모험을 하려고 한다. 진달래를 한 아름 꺾어 오는 것이 부러워 진달래꽃 따러 가는 낌새라도 보이면 따라가겠다고 조른다.

그러면 어린 동생이나 조카를 데려가는 것이 성가신 형, 누나, 아재, 고모는 진달래 오방지(여러 꽃무리가 함께 어우러져 핀 가지)가 많은 곳에는 문둥이가 나온다고 겁을 준다. 문둥이는 어린애를 잡아 가서 간을 내 먹는다는 속설이 있었기 때문이다. 그래서 조금 나이가 들어 또래 아이들끼리 진달래 꺾으러 갔다가 낯선 사람을 보면 문둥인가 하여 울부짖으며 달아나는 아이들도 있었다.

"진달래꽃 피는 봄이 오면은 나는야 언니 따라 화전놀이 간다……"는 노래가 있다. 화전놀이는 찹쌀가루나 밀가루로 동글납작하게 빚고 그 위에 진달래 꽃잎을 따서 기름에 지져 전을 부쳐 먹으며 노는 놀이이다. 화전은 사실 다른 먹을거리보다 특별히 더 맛있는 것은 아니지만, 하얀 찹쌀과 노르스름하게 감도는 기름기와 진달래 꽃잎이 어우러진 눈으로, 멋으로 먹는 음식이다.

그리고 무엇보다도 화전을 부쳐 먹는 화전놀이는 여인네의 놀이이다. 바깥나들이를 자유롭게 할 수 없었던 양반가 부녀자들이 공식적으로 나가서 놀 수 있도록 허용된 놀이이다.

화전놀이도 아무나 할 수 없었고 한 구역에 살아도 이른바 반촌班村이라 하여 혈통이 그럴듯한 집안의 부녀자들이 날을 받아서 진달래가 한창일 때 야트막한 야산에 올라가 전을 지지고 술잔도 돌리고 가사도 짓고 하며 화전놀이를 한다.

나도 어렴풋한 기억에 초등학교도 들어가기 전 어릴 때 마을 뒤 야트막한 산꼭대기에서 화전놀이 하는 데 따라갔던 기억이 난다. 산꼭대기에서 북쪽을 보면 영동선 철도가 지나갔는데, 한창 화전놀이 하는 중에 지나간 기차의 잔상殘像이 지금도 눈 감으면 떠오른다.

화전놀이를 할 때, 바래미라는 인근 의성 김씨 마을에서 우리 집안에 시집 온 해저댁은, 바깥양반이 나하고는 형제 항렬이었는데, 친정에서 글을 많이 배워 시집 온 뒤로도 사돈지도 잘 썼고 화전놀이를 할 때면 가사도 잘 지었다. 한참 뒤 타지에 나가 살 때에도 해저댁이 마을에 다니러 오면 전에 지었던 가사를 가져와서 할매, 아주머니들과 읽으며 옛일을 추억하던 기억이 난다.

경상도 내륙에는 이렇게 아녀자들이 지은 내방가사가 발달하였는데, 내방가사는 개인의 문학적 소양을 표현하는 통로이기도 하고, 씨족공동체의 집단적 삶의 기록이기도 하다. 아울러 여자들의 인성 교육, 한글 교육에도 기여하는 여러 가지 구실을 하는 문학 장르였다.

머물러 있는 청춘인 줄 알았는데

봄을 보내며(送春詞)

날마다 사람은 속절없이 늙는데
해마다 봄은 다시 찾아오네.
정을 나누는데 술이 있으니
꽃이 진다 아까워하랴!
日日人空老 年年春更歸
相歡有尊酒 不用惜花飛

겨울이 가는 건 한 해가 간다는 뜻이고 그만큼 나이를 더 먹는다는 뜻이어서 주로 인생의 짧음에 대한 아쉬움이 있지만, 봄은 청춘이라 봄이 가는 건 청춘의 덧없음에 대한 감회를 불러일으킨다.

그러고 보니, 왜 하필이면 한창 젊은 때를 청춘이라 했을까? 청춘靑春! 푸른 봄! 새로 싹이 터 꽃이 피는 계절이 봄이라서, 인생이 꽃피는 시기도 청춘이라 했던가 보다. 가는 봄에 함께 늙어 가는 안타까움을 달래는 시를 소개한다. 앞에서도 소개한 당의 시인 왕유가 읊은 시, '봄을 보내며' 이다.

한시漢詩는 한자어을 소리 내어 읽어 보면 소리가 서로 어우러져 읽는 맛이 있다. '일일' 과 '연년' 이라는 시말은 같은 글자가 겹쳐지면서 울림이 증폭되고 뜻이 더욱 깊어진다.

일상에 쫓겨서 허둥지둥 살아가다가 문득 계절이 바뀌거나 해가 바뀌는 것을 느끼면 내가 무엇을 위해 살아왔나, 내가 해 놓은 일이 무엇인가 하고 허허로운 마음이 들기도 한다. 내가 늙어 가건 말건, 내가 늙음을 슬퍼하건 말건 봄은 무정하게 왔다 가는 가고 갔다가는 또 찾아온다. 늙음의 덧없음과 봄의 무정함을 "공空" 이라는 말과 "갱更" 이라는 두 글자로 대비시켰다.

같이 늙어 가는 아쉬움을 달래려고 술항아리를 앞에 두고 벗과 마주 앉았다. 술잔에 꽃잎을 띄워 마시기도 하고, 술 한 잔에 노래를 섞어 부르기도 하면서 말이다. 때맞춰 바람이 불면 남은 꽃잎이 우수수 지고. 이맘때는 기왕 술을 마셔도 진달래를 따다가 '화전' 을 부쳐 안주를 삼기도 했을 텐데, 중국에서 화전을 부쳐 먹었다는 말은, 과문한 탓인지 아직 듣지 못했다. 아무튼, 꽃잎이 지는 걸 아쉬워하지 않는다는 마지막 구절은 아쉬워하지 않는다고 함으로써, 오히려 더한 여운을 남긴다.

유희이劉希夷라는 당의 시인도 가는 봄을 두고 백발을 아쉬워하는 늙은이의 심정을 대신하여 읊었는데, 거기에 이런 구절이 있다.

"해마다 꽃은 그 꽃인데, 해마다 사람은 같지 않네(年年歲歲花相似, 歲歲年年人不同)."

"연" 과 "세" 라는 글자를 두 자씩 겹쳐서 줄을 지은 것도 솜씨가 기발한데, 아래 행에서 "세"와 "연"으로 앞뒤를 바꾼 것도 절묘하다. 소리 내어 읽어 보면 해마다, 해마다 조금씩 더 늙어 가는 면면이 더욱 실감 난다.

유희이가 '머리 허연 노인을 대신하여 슬퍼함(代悲白頭翁)'이라는 시를 지었는데, 그 가운데 이런 구절이 있었다. "올해 꽃이 질 때 얼굴이 바뀌었는데 내년에 꽃 필 때는 그 누가 남아 있으랴." 이 시구를 짓고는 탄식하였다. "이 구절은 예언과 같구나. 석숭石崇이 '흰 머리로 돌아간다(白首同所歸)'한 것과 무엇이 다르단 말인가." 그러고 이 구절을 없애 버렸다.

석숭은 서진 때의 문장가이며 엄청난 부자로서 왕개라는 이와 사치를 다툰 일화로도 유명한 사람이다. 나중에 정치 투쟁에서 밀려 비명횡사하였다. 말하자면, 극도로 사치를 누리던 석숭의 몰락을 이 구절에 결부한 것이다.

아무튼, 유희이는 또 "해마다 꽃은 그 꽃인데, 해마다 사람은 같지 않네" 하고 읊고서는 또 탄식하였다. "죽고 사는 일은 팔자에 달렸다. 어찌 이런 헛소리에 달렸겠는가!" 하고 앞 구절과 함께 다시 다 살려 두었다.

유희이에게는 송지문宋之問이라는 장인이 있었다. 장인 송지문도 측천무후 시절에 아주 유명한 시인이었다. 송지문은 사위 유희이가 쓴 이 시구가 아주 마음에 들었다. 유희이가 아직 이 시를 남들에게 발표하지 않은 것을 알고서 자기 것으로 삼고 싶다고 달라고 하였다. 유희이는 처음에는 주겠다고 했다가 끝내 주지 않았다. 자기를 속인 것에 분노하여 앙심을 품은 송지문은 하인을 시켜서 별채에서 흙을 담은 부대로 사위를 눌러 죽여 버렸다. 이때 유희이는 서른 살이 채 못 되었다. 모든 사람이 그를 가련하게 여겼다.

이 이야기는 원대의 신문방辛文房이 쓴 「당재자전唐才子傳」에 나오는 이야기이다. 어쩌면 유희이의 절창과 너무도 짧은 생애의 극한 대비가 이런 이야기를 만들어 낸 것일까? 이 이야기가 사실이든 아니든 천고에 남을 절묘한 구절을 만들어 내고자 하는 작가의 욕망과 시기심은 창작의 세계에 드리운 그림자이다.

정지상과 김부식에게도 비슷한 이야기가 있다. 이규보의 「백운소설白雲小說」에 나오는 이야기이다. 김부식과 정지상은 한때 문장으로 함께 이름이 났다. 그러나 두 사람 사이에 알력이 생겨서 서로 사이가 좋지 않았다. 아마 경쟁의식도 작용했으리라.

정지상이 "임궁에서 염불을 마치니/하늘빛이 유리처럼 깨끗하다(琳宮梵語罷, 天色淨琉璃)"는 시구를 지었다. 김부식은 이 시구가 너무도 마음에 들어 자기 시에 넣으려고 하였다. 정지상은 김부식의 요구를 거절하였다. 뒤에 묘청의 난에 연루되어 정지상은 김부식한테 피살되고 원귀가 되었다.

어느 날, 김부식이 봄을 두고 시를 지었는데 "버들 빛은 천 가닥 실로 푸르고/복사꽃은 일만 점으로 붉다(柳色千絲綠, 桃花萬點紅)" 하였다. 갑자기 공중에서 정지상의 귀신이 김부식의 뺨을 치면서 호통을 쳤다.

"천 가닥 실인지 만 점 꽃인지 누가 세어 보기나 했느냐? 왜 버들 빛은 가닥가닥 푸르고 복사꽃은 점점이 붉다(柳色絲絲綠, 桃花點點紅)고 하지 않느냐?"

김부식은 이 일을 겪고서 마음속으로 그를 더욱 미워하였다.

나중에 김부식이 어느 절에 가서 뒷간에 앉아 볼일을 보는데, 정지상의 귀신이 찾아와서 불알을 움켜쥐고 물었다.

"술도 마시지 않았는데 왜 얼굴이 붉으냐?"

김부식이 아픔을 참으며 천천히 대답하였다.

"언덕에 있는 단풍이 얼굴에 비쳐서 붉다."

정지상의 귀신이 더욱 세게 움켜쥐고 물었다.

"이놈의 가죽주머니는 왜 이리 무르냐?"

김부식은 얼굴빛을 바꾸지 않은 채 "네 아비 불알은 무쇠였더냐?" 하고 대들었다. 정지상의 귀신이 더욱 바짝 움켜쥐어서 김부식은 결국 뒷간에서 죽었다.

천 가닥, 만 점이라고 하면 물론, 정확한 계수가 아니라 아주 많은 양을 나타낸 말이기는 하지만, 역시 수사에 시의 이미지와 시를 읽는 이의 감상이 한정되고 만다. '가닥가닥'과 '점점이'라고 하면 같은 시어를 반복함으로써 사상을 증폭시키고 또 많은 양을 표현하면서도 한정적이지 않다. 역시 김부식은 삼국사기의 저자답게 유교적 합리주의에 깊이 기울었기 때문인가?

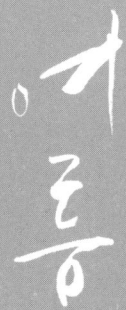

여름은 봄에 생명을 얻은 것들이 한창 무럭무럭 자라나는 철이다. 자라는 것도 저마다 목숨을 가진 것들이 감당해야 할 사명이다. 옛사람은 여름을 만물이 무성하게 자라서 형통하는 계절이라고 했다. 「용비어천가」에 "불휘 기픈 남근 보르매 아니 뮐씨 곶 됴코 여름 하느니"라고 하였으니 여름과 여름(열음)과 열매는 다 한 통속인 것이다.

「주역」을 풀이한 책에서는 형통하다는 말을 아름다운 것들이 가득 모여 있는 모습이라고 풀이했다. 싹이 터서 여리디여린 풀과 나무가 이제는 우북해지고 저마다 제 태깔을 드러내어 한창 자라는 것이니 제 할 일을 열심히 하는 모습이 얼마나 아름다운가? 삼라만상이 열심히 일하는 여름, 사람들도 부지런히 돌고 돌면서 한시도 쉬지 않고 일하는 하늘과 땅을 본받아 열심히 일해야 한다.

낟알마다 농부의 고생

가여운 농부(憫農)

봄에 한 알을 심어
가을엔 수많은 낟알을 거두네
나라 안에 놀리는 밭이야 없건만
오히려 농부는 굶어 죽는다.
春種一粒粟 秋收萬顆子
四海無閑田 農夫猶餓死

김을 매다가 한낮이 되니
땀방울이 땅에 뚝뚝 떨어진다.
그 누가 알랴, 밥상의 밥이
알알이 농부의 고생인 것을.
鋤禾日當午 汗滴禾下土
誰知盤中餐 粒粒皆辛苦

봄에 좁쌀 한 알을 심으면 가을에 수많은 조를 거둘 수 있다. 춘종春種과 추수秋收, 일립一粒과 만과萬顆. 봄에 뿌리고 가을에 거둔다는 말과 한 알과 수많은 알이 절묘하게 짝을 이루고 있다.

사해四海는 동서남북 사방에 있는 바다라는 말인데, 이 말로 온 세상을 가리키기도 한다. 요즘은 잘 안 쓰지만, 사해동포四海同胞라는 말이 있다. 온 세상 사람이 모두 한 배에서 나온 형제자매라는 뜻이다.

한전閑田은 놀리는 땅이란 말인데, 놀리는 땅이 없이 농사를 짓지만, 농부는 오히려 굶어 죽는다니 얼마나 불합리한 일인가! 농사는 가장 중요한 생업이라고들 말하지만, 농사짓는 사람이 억울하게 살기는 예나 지금이나 마찬가지다.

가장 중요한 일은 가장 낮은 자리에서 하는 일이다. 남들의 주목을 받는 일일수록 사실은 겉만 화려하고 알맹이는 없는 일이다.

농부가 호미로 곡식 포기 주위에 난 풀을 매고 있다. 이른 새벽부터 한낮이 되도록 김을 매니 땀방울이 땅바닥에 뚝뚝 떨어진다. 입에서는 연신 더운 김이 훅훅 뿜어져 나온다. 땀이 줄줄 흐르다 못해 눈에까지 들어가 눈이 아리다. 뜨거운 태양이 달구어 놓은 땅에서는 더운 열기가 이글거린다. 그래도 잠시 쉴 틈이 없다.

이렇게 농부들이 봄부터 가을까지 고생고생해 가면서 농사를 지어 곡식을 거둬들이기 때문에 밥을 입에 넣을 수 있다는 것을 도시에서 손에 물 한 방울 안 묻히고, 호미 자루 한번 안 쥐어 본 손으로 밥을 떠 넣는 사람이 알까?

낟알마다 모두 농부의 고생이 들어 있다는 마지막 구절이 참으로 가슴을 울린다. 낟알 하나가 곧 땀방울이다. 낟알도 둥글고 땀방울도 둥글고. 땀방울이 알알이 맺혀서 곡식 한 이삭이 되었나 보다.

당의 시인 이신李紳의 '가여운 농부(憫農)'라는 제목으로 된 시 두 편이다. 짤막한 시라 두 편을 함께 소개해 보았다.

달을 이고 호미 메고 돌아오는 저녁

전원에 돌아와 살며(歸園田居)

남산 아래 비탈 밭에 콩을 뿌렸더니
풀만 성하고 싹은 듬성듬성하다.
새벽이면 밭에 나가 거친 김을 매고
저녁이면 달을 이고 호미 메고 돌아오네.
오솔길엔 풀이 우거져 길 더욱 좁고
저녁엔 이슬 내려 잠방이가 흥건하네.
옷 젖는 것이야 아까울 리 없지.
다만 흉년이나 들지 말았으면.
種豆南山下 草盛豆苗稀
侵晨理荒穢 帶月荷鋤歸
道狹草木長 夕露沾我衣
衣沾不足惜 但使願無違

도연명은 초야에 은거하려는 사람한테는 귀에 익은 이름이다. "이제 그만 돌아가자꾸나!" 하고 노래한 '귀거래사'로도 잘 알려진 그는, 출세에 뜻이 없고 초야에 묻히려는 사람한테는 본보기 같은 사람이다. 그에게는 고향에 돌아가 살면서 감회를 읊은 '귀원전거歸園田居'라는 연작시가 몇 편 있는데, 그 가운데 한 수이다.

기계로 농사를 짓는 요즘은 넓고 평탄한 밭이나 논이 아니면 농사를 짓기도 어려워졌다. 그래서 가끔 고향 집에 돌아가 보면 전에는 산골짝 깊숙한 곳까지 일궈 먹던 밭은 말할 것도 없고 집 가까이 있는 밭도 경운기가 들어갈 수 없는 곳이면 어김없이 묵어 자빠져 있다.

여러 형제가 같이 자라다가 혼인을 해서 분가하면 큰집 곁에 옹기종기 집을 짓고 밭을 쪼아 개간하고 전지田地를 늘여 가던 때에는 정말 손바닥만한 곳이라도 부쳐 먹을 수 있는 곳이면 뭐라도 심었다.

이런 땅에 대한 애착이 유전인자로 박힌 탓일까? 지방의 중소도시는 말할 것도 없고 대도시에서도 산이나 하천의 제방 비탈, 아파트 주위에 땅을 일궈서 푸성귀 따위를 심은 것을 드물지 않게 볼 수 있고 심지어 이도 저도 없으면 화분이나 비료 포대, 스티로폼 박스 따위에 흙을 담고 고추 따위를 심은 것을 볼 수 있다.

농촌에는 일손이 없어서 땅이 놀고, 도시에서는 흙과 땅에 소외된 농사꾼 아낙네 출신의 노파가 자투리땅이나 화분으로 향수를 달랜다.

콩은 공중의 질소를 고정시킬 수 있는 뿌리혹박테리아가 있어서 땅을 걸게 만들기 때문에 여러모로 이로운 곡식이다. 콩은 콩대로 먹고 땅은 땅대로 기름지게 만드니까. 물론 어린 콩잎은 호박잎처럼 쪄서 먹거나 국을 끓여 먹기도 하고, 콩잎 김치도 담근다. 콩은 메주를 띄워 된장, 간장을 담가 1년 내내 먹고, 콩깍지는 소죽 끓이고, 대는 아궁이에 불을 때고. 이렇게 생각하면 참 콩이 없었더라면 우리 겨레가 어떻게 살아났을까 싶다. 논밭에서 나는 쌀과 보리, 콩으로 만든 장이 우리네 목숨줄이었던 것이다.

콩은 만주와 우리나라가 원산지란다. 지금도 시골에 가면 새콩이라고 콩의 조상에 해당하는 야생 콩무리가 곳곳에 흔하게 자란다. 덩굴로 뻗어 나가는데, 잎사귀가 꼭 콩잎이다. 다만 크기가 아주 작다.

가을이면 콩꼬투리가 맺혀서 익는데, 납작하고 꼭 아까시나무 씨앗만 한 씨가 세 알 정도 들어 있다. 토끼나 소처럼 풀을 먹는 짐승들이 참 좋아한다. 어릴 때 토끼를 먹일 풀을 뜯거나 쇠꼴을 벨 때 새콩 덤불을 보면 반드시 걷어 갔다.

없는 사람들은 산밭을 일구어서 콩 농사를 지으면 그런대로 한해살이에 유관하다. 유관하다는 말은 우리 시골말로 넉넉하고 흡족하지는 않지만, 아쉬운 대로 도움이 된다, 쓸모가 있다는 뜻으로 쓰는 말이다.

콩 농사를 짓더라도 콩만 심지는 않는다. 먼저 이른 봄에 감자 눈을 따서 감자를 놓고 감자가 어느 정도 자란 다음 감자 고랑 사이에 콩을 뿌린다. 여름이 되어 감자가 다 자라 꽃이 피고 알이 굵으면 콩도 자랄 만큼 자란다. 그러면 감자를 캐고 감자 싹을 콩 포기에 묻어서 흙을 덮어 두면 콩은 썩은 감자 싹을 거름으로 삼아 무럭무럭 자라 열매를 맺는다.

도연명도 귀족의 후예이기는 하나 가난한 살림에 입신출세하려고 글을 익혀 벼슬살이도 했지만, 성품에 맞지 않아 때려치우고 향리로 돌아갔는데, 가진 땅이 넉넉지 않아서 산밭에 콩을 심었나 보다. 봄에 씨앗을 뿌려 놓으면, 사람이 짓는 곡식 농사는 잘 안되고 하늘이 짓는 풀 농사는 어김없이 잘된다. 곡식은 사람과 타협했고, 풀은 하늘이 내려준 대로, 생긴 대로 살기 때문인가? 꺾일 줄 모르는 살려는 의지라고나 할까! 천벌을 오히려 자기 생존의 조건이나 이유, 또는 삶의 의미처럼 받아들였던 시시포스Sisyphos 같다고나 할까!

그러고 보니 중국 송 대의 학자 주돈이는 이는 집에 부리는 사람이 뜰에 난 잡초를 뽑으려고 하니, "그냥 놔둬라. 나는 잡초에서 만물에 깃들어 있는 생명의지(仁)를 본다"고 했다나!

풀도 살아 있는 것이니 살려고 하는 게 당연하다는 것이다. 또 갖가지 숨 있는 것들이 서로 얽히고설켜 살다 보면 풀도 풀끼리 생긴 대로 얽히고, 나무도 나무끼리 생긴 대로 섞여 모든 것이 조화를 이루는 것이다. 이것이 살아 있는 모든 것들이 살아가는 모습이고, 이렇게 살아가려는 의지가 모든 가치나 믿음이나 도덕의 뿌리인 것이다.

사람이 풀과 나무와 짐승에게 조금만 양보하고, 조금만 덜 가지고, 조금만 자신을 돌아보고, 조금만 염치를 안다면 사해의 백성이 동포가 되고 만물이 동무처럼 살 수 있지 않을까? 사람끼리도 서로 뺏고 해치고 하는데 푸나무나 짐승을 돌아보자고 하면 너무 뜬구름 잡는 얘긴가?

우리가 아직 아랫목의 아늑함에 빠져 있을 때, 아버지는 벌써 나무 한 짐을 해 오기도 하고 꼴을 한 지게 베어 오기도 했다. 우리가 겨우 일어나서 낯을 씻고 학교 갈 준비하고 밥상에 앉으려고 하면 아버지는 벌써 식전 일을 한참 끝낸 뒤이다. 이 시에서 시인도 새벽에는 밭에 나가 며칠 사이 우거진 김을 맨다고 했다. 한여름 긴긴 해를 풀과 씨름하다가 보면 꼼짝도 않던 해가 어느덧 서쪽에 기울고, 돋아 오는 달을 이고 긴 호미를 메고 집으로 돌아온다.

중국의 호미는 자루가 긴 선호미였던가 보다. 시골에서는 자루가 긴 호미를 서서 매는 호미라고 선호미라고 했다. 우리가 주로 쓰는 호미는 자루가 짧은 호미다. 그런 호미라면 들고 온다고 해야지 메고 온다고 할 수는 없겠다. 그런 것으로 봐서 시인이 쓴 호미는 긴 호미겠다.

사실 우리가 쓰는 손잡이가 짧은 호미는 좁은 땅에 여러 종류의 작물을 달게(배게) 심어서 가꿔 먹는 우리네 농법에 맞는 호미이다. 서서 쓰는 자루가 긴 선호미는 한 종류 작물을 심어서 풀을 메고 북을 돋울 때 쓰기 편하다.

중국은 도시를 벗어나 조금만 시골에 들어서면 차로 몇 시간이고 가도록 한 가지 작물로 온 들판이 일색이다. 언젠가 사천성四川省 쪽으로 다녀온 적이 있는데, 너덧 시간을 줄곧 유채꽃만 보고 지나갔다. 이런 곳에서라면 선호미가 당연하다. 이런 광활한 밭에서 몇 식구가 머리를 맞대고 웅크리고 앉아서 자루가 짧은 호미를 들고 깨작거리다가는 어느 천 년에 일을 쳐나갈 수 있겠는가!

한여름에는 풀이 참 무섭게 자란다. 이 밭의 김을 다 매고 나면 금방 저 밭에 풀이 자라고 이렇게 돌아가면서 김을 매다 보면 곡식이 웃자라서 풀을 이길 정도가 된다. 그래도 풀은 곡식 포기 사이에서 가늘고 길게 자라서 숨바꼭질을 한다. 장마철이라도 되면 비가 안 오더라도 눅눅한 날씨에 곱디고운 물 알갱이가 떠다니다 가끔 부는 바람에 날리는 게 보일 정도이다.

이런 날이 며칠만 이어지면 밭에 나가지 못해 손을 놓친 사이에 풀은 제 키를 마구 키운다. 나무에서는 푸른 물이 뚝뚝 듣는 것 같고, 산에서는 하느님이 개어 놓은 푸른 물감을 마구 뿌려 대는 것 같다.

푸른 물감의 안개가 자옥하던 한여름 장마철이 지나고 나면 긴 여름도 막바지로 접어들고 잠시 가을걷이를 하기 전에 쉴 참이 있다. 옛날에는 '호미씻이'라고 며칠 일손을 잠시 놓고 술을 빚어 먹으면서 놀았다.

내가 어릴 때도 시골에서는 '풋굿'이라고 해서 양력 8월 15일에 잔치 삼아 온 마을 사람들이 크게 놀았다. 이렇게 노는 것을 풋굿 먹는다고 했는데, 왜 8월 15일에 풋굿 먹느냐고 여쭈었더니, 선친은 그날은 공휴일이라서 공무원들이 술 뒤짐을 하러 다니지 않기 때문이라고 했다.

근현대 정치사에서 비롯한 국경일과 이 무렵 놀았던 전통적 세시풍속의 호미씻이가 타협을 본 것이다. 요즘은 기계로 농사를 짓고 시설 농사를 하므로 일할 철이고 쉬는 철이고, 농번기고 농한기고 하는 구분이 없어졌다.

여름 동안 마구 자란 풀이 길을 덮어 길도 좁아지고, 그렇게 뽑아도, 뽑아도 돋고 베어도, 베어도 자라던 풀이 해가 짧아지면, 어떻게 알고 금방 씨를 맺는다. 낯이 안 가서 길게 자란 풀은 길게 이삭을 키우고 낯이 지나가서 허리가 잘리고 새로 자란 풀은 앉은뱅이인 채로 손톱만큼 이삭을 만들어 씨를 맺는다.

백중이 지나면 아침저녁으로 길에는 이슬이 내려 아랫도리가 흥건히 젖고 거기에 풀씨가 파리똥처럼 들러붙는다. 그러면 봄에서 여름 동안 쉬지 않고 달려온 해가 갈 길을 더욱 재촉한다. 아침저녁 논밭으로 오가는 길에 아랫도리가 젖고 풀씨가 들러붙어 성가셔도 그쯤이야 늘 겪어 온 것, 새삼스러울 것도 없다. 아무리 이런 것들이 성가셔도 무어 그리 대수롭겠는가! 풍년만 든다면. 아니 풍년이야 바라지 못한다 하더라도 평년작이라도 먹는다면 오죽이나 좋을까?

이슬 젖은 길을 오가는 농부야 벌써 안다. 이맘때면 이미 한 해 농사를 짐작하고도 남을 테니까. 그래도 헛된 바람일망정 농부는 늘 밭과 대결하고 곡식과 속삭인다. 내년에는 더 잘해 보자고.

맑은 아침에 글 읽는 즐거움

별장(別墅)

화담에 지은 초가 한 채
신선의 집인 양 끼끗도 하지.
웅기중기 산봉우리 문 앞에 다가 있고
샘물 노랫소리 베개맡을 적시네.
골은 깊어서 바람은 맑고
땅은 외져서 나무는 벋었는데
이 가운데 한가로이 노니는 사람
맑은 아침에 글 읽기 좋아한다네.

花潭一草廬 瀟灑類僊居
山簇開軒面 泉絃咽枕虛
洞幽風淡蕩 境僻樹扶疎
中有逍遙子 淸朝好讀書

농사짓는 사람들한테는 여름이 고되고 힘들어도 글 읽는 사람한테는 참 한가하기도 한 때이다. 하얀 모시옷을 풀을 먹여 깔깔하게 갖춰 입고

서늘한 그늘에 앉아서 설렁설렁 부채질로 땀을 식히며 글을 읽는다는 것은 양반들이나 할 일이지 하루하루 일해서 먹고사는 사람으로서는 아무나 할 수 있는 일은 아니다. 그래도 그늘에 앉아 글 읽는 모습도 빼놓을 수 없는 여름날의 풍경이다.

우리 마을에 독메산이라고 부르는 야트막한 산이 있었다. 다른 산줄기와 동떨어져 홀로 우뚝 서 있기 때문에 '독메' 라고 해도 될 것을 굳이 독메산이라고 하였다.

아마 원래는 산줄기로 이어졌을 터인데 등성이 둘레가 편평하여 밭으로 개간하면서 독메산만 뚝 잘려서 평지돌출처럼 홀로 남겨졌을 것이다. 풍수로 볼 때, 우리 마을의 내청룡內靑龍 격이라 할까? 이 산이 마을을 반쯤 둘러막은 덕분에 마을이 안에 감싸여서 마치 피난처처럼 되어 있고, 여자들이 행실을 지킬 수 있었다는 것이다.

그런데 새마을 운동이다 뭐다 해서 몇몇 새 시대의 물을 먹은 사람들은 이 산이 마을을 둘러막고 있어서 마을이 발전하지 못하고 있다고 마치 의식이 깨인 양하더니 결국, 근년에 산을 무릎 아래만 남기고 헐어 버렸다.

이제는 그 많던 아름드리 소나무도 다 베이고 소나무 한 그루만, 그것도 가지 한쪽이 거의 말라 버린 소나무가 외로이 서 있어서 산의 형상을 추억하게 한다.

이 산에서 우리는 온갖 놀이를 하였다. 정월대보름에는 망월望月도 하고 쥐불놀이도 하였다. 원래는 깡통에 구멍을 뚫어서 관솔을 넣어 불을 붙여 돌리는 쥐불놀이를 하면서 '망월이여!' 하고 큰 소리로 외쳤는데 나중에는 '망월이여!' 라는 소리가 와전되어서 '마구리여!' 또는 '망우리여!' 처럼 들렸다. 그래서 쥐불놀이라고 하지 않고 마구리 돌리기라고 하였다. 깡통에 담은 불을 빙글빙글 돌렸으니까.

봄부터 겨울까지 사시사철 전쟁놀이나 숨바꼭질을 했고, 심지어는 높이뛰기, 멀리뛰기 연습도 이 산에서 하였다. 여름방학 때는 사생, 글짓기 숙제도 이 산에 올라와서 하였다.

산에 올라와서 마을을 내려다보면 어느 집에 누가 무엇을 하는지 손에 잡힐 듯이 가까이 보였다. 조금 크고 지각이 나면 잡스러운 놀이를 하지는 않아도 더울 때면 자리를 들고 와서 그늘에 펼쳐 놓고 배를 깔고 엎드리거나 누워서 책을 읽었다. 고3 때 모자라는 영어 공부를 하려고 영어 학습서를 본 곳도, 친구한테서 단테의 「신곡」을 읽은 곳도 이 독메산이었다.

황진이, 박연폭포와 함께 송도(松都, 지금의 개성) '삼절三絶'이라는 화담 서경덕徐敬德의 시이다. 서경덕은 참 학처럼 고결하게 살다간 사람이다. 조선 시대의 학문이 제대로 조선다운 모습으로 꽃피는 것을 알린 인물 가운데 한 사람이기도 하다.

서경덕은 가난한 집에서 태어나 어려서부터 밭일을 거들면서 자랐다. 혼자 골똘히 생각하는 버릇이 있어서 가끔 일을 하다가도 깊이 생각에 잠겨 일하는 걸 잊어버리기도 했다나.

언젠가는 밭일을 하다가 종달새가 하늘을 높이 나는 걸 보고 '종달새가 어떻게 날 수 있을까' 하고 한참 생각했단다. 날개가 있으니 날 수 있는 걸까? 그렇지만 어떻게 날개가 있다고 해서 날 수 있을까? 날개만 있다면 모두 다 날 수 있을까? 닭은 날개가 있는데 왜 날지 못하나? 이렇게 생각에 생각을 거듭하다가 마침내 깨달았단다.
"종달새가 나는 것은 기운이 종달새를 떠받치기 때문이다!"

비행기를 띄우는 힘을 양력揚力이라고 하는데, 처음 날틀을 고안한 사람들은 모두 새의 날개처럼 움직이는 날개를 만들어서 양력을 얻으려고 했다. 그런데 아무리 크게 날개를 만들어도 사람 몸무게를 띄울만 한 날개는 만들 수가 없었다. 물론 날개를 크게 만들 수야 있겠지만, 날개가 커지면 날개 무게도 덩달아 무거워지니까 사람을 띄우기는커녕 날개조차도 띄울 수가 없게 된다.
그래서 반대로 날개는 고정을 시켜서 각도만 조절할 수 있도록 한 다음, 날개 앞에 프로펠러를 여러 개 달아서 공기 흐름을 이용하여 양력을 얻는 방법을 생각해 냈다. 프로펠러가 세차게 돌아가면서 공기를 빨아들이면 공기가 날개 쪽으로 몰려든다. 그러면 날개 각도를 조절하여 양력을 얻는다. 그러니까 서경덕이 생각한 것처럼 공기가 비행기를 띄우는 것이다.

서경덕은 만물이 기운으로 이루어져 있다고 생각했다. 이 기운이 모였다 흩어졌다 하면서 삼라만상이 생겨났다가 없어졌다가 한다. 그렇지만 물상 하나하나는 없어져도 삼라만상을 이루는 기운 그것은 당초에 없어지는 것이 아니라 그대로 있다. 그는 또, 촛불은 초가 녹으면서 불을 밝히지만, 초가 다 타고 없어져도 초를 이루는 기운은 흩어져 있을 뿐 없어지지는 않는다고 했다. 현대의 화학 원리로는 '질량보존의 법칙'인가?

　기운은 모였다 흩어졌다 하는 가운데 맑게도 되고 흐리게도 되는데, 맑은 기운을 많이 가지고 생겨난 것은 가볍고 밝고 맑은 것이 되고 흐린 기운을 많이 가지고 생겨난 것은 무겁고 어둡고 흐린 것이 된다. 사람은 풀이나 나무나 짐승보다 맑은 기운을 더 많이 가지고 생겨났다. 사람 가운데도 똑똑하고 착한 사람은 그만큼 더 맑은 기운으로 되어 있다. 맑은 기운을 늘 간직하려고 노력하고 맑은 생각을 하고 맑게 살려고 하는 것이 참다운 사람의 할 일이다.

　벼슬에도 관심 없고 이름나는 것도 좋아하지 않고 돈에도 욕심이 없이 그저 조그마한 초가집 한 채를 꽃같이 아름다운 못 가에 엮어서 자연을 바라보며 사는 서경덕의 삶이 그림처럼 떠오르지 않는가? 면벽 10년, 지족知足 선사를 파계시킨 황진이의, 다분히 남성 지배의 위선과 허위를 비웃기 위한 의도적 유혹에도 맑은 기운을 흩트리지 않고 담담하게 접하여 도리어 그를 감화시켰다는 서경덕의 모습 말이다.

　사립문을 빼꼼히 열면 웅기중기 둘러앉은 산봉우리가 인사하고, 방에 들어가 베개 베고 누우면 머리맡에까지 물 흐르는 소리가 졸졸졸 들려오고…… 여름이면 성급한 아침 해가 일찌감치도 봉우리를 넘어오니 아무리 게으른 사람이라도 잠자리에 누워 있을 수가 없다.
　아침 맑은 기운에 글을 읽으면 지식 공부를 하는 것이 아니라 마음공부를 하는 것이 된다. 글을 읽는 것이 바로 마음을 닦는 것이다. 맑은 음성으로 청아하게 읊조리면, 맑은 기운이 귀에 들어와 머리를 맑게 하고, 또 좋은 글을 읽으니 마음이 저절로 깨끗해지겠지.

  남들은 땀 흘려 일하는 데 한가하게 글 읽는다고 해서 서경덕을 탓할 수는 없다. 사람은 저마다 할 일이 따로 있으니까! 다만 글 읽는 사람은 훌륭한 일을 하고 몸으로 일하는 사람은 보잘것없는 일을 한다는 생각만 하지 않는다면 무슨 일을 하건 그 일을 열심히 하면 그것이 곧 제 몸과 제 마음을 닦는 일이다.

훈훈한 바람은 보리밭에 일렁이고

농촌의 네 계절(田家四時)

들판에는 버드나무 한창 그늘 짙고
언덕에는 뽕나무 잎 드문드문 남았네.
까투리는 새끼 치느라 여위어 가는데
누에는 섶 오르려 살이 쪘다.
훈훈한 바람은 보리밭에 일렁이고
으슬한 비는 이끼 낀 냇가에 자욱하여라.
적막한 집에는 찾는 양반 없어서
냇가 사립문이 대낮에도 닫혔다.

柳郊陰正密 桑塢葉初稀
雉爲哺雛瘦 蠶臨成繭肥
薰風驚麥壟 凍雨暗苔磯
寂寞無軒騎 溪頭晝掩扉

김극기의 시이다. 농가의 여름은 보리밭과 함께 시작한다. 보릿고개를 넘느라 지친 사람들이 이제 보리를 베어서 타작을 하여 밥을 먹을 수 있는 때가 여름이다. 훈훈한 바람이 불어서 보리 이삭이 일렁이면 누런 황금물결이 장관이다.

문둥이 시인 한하운이 삼천리 이 강산을 방랑하던 때도 보리가 한창 팰 때였던가? 보리 줄기를 잘라서 보리피리도 만들어 불고, 덜 여문 보리 이삭을 따서 비벼 먹으면 풋풋하고 비릿한 맛이 제법 먹을 만하기도 하다. 농가의 아이들은 누릇누릇해진 보리 이삭을 따서 보리 서리도 해 먹고 보리밭 사이에서 꿩 알을 내리거나 꺼병이를 쫓아다니면서 키가 크고 뼈가 여물어 갔다.

농가의 네 계절 가운데 여름을 읊은 김극기의 시이다. 녹음綠陰! 푸른 나뭇잎이 짙게 우거져서 진 그늘! 글자 그대로 푸른 그늘! 해가 돋자마자 금세 그늘이 그리워지는 계절이다.

버드나무는 잎이 참 많은 나무다. 또 어디에서나 물기만 많으면 잘 자라는 흔한 나무다. 그러기에 논둑이나 밭둑, 봇둑이 허물어지지 말라고 둑을 따라 빙 둘러 심기도 하였다. 또 아래 논과 위 논 사이 논둑에 드문드문 몇 그루 심기도 하는데, 그것은 버드나무의 그늘을 이용하여 논물의 온도를 고르게 하기 위해서라니 옛사람의 슬기가 놀랍다. 아무튼, 논밭에서 일을 하다가도 새참 때나 점심때가 되면 논둑에 심어 놓은 버드나무 그늘에 자리를 펴고 둘러 앉아 밥을 먹고 막걸리를 마셨다.

'한질' 우리 논에서 논일을 할 때면 점심때나 새참 때 온 일꾼들이 논둑에 빙 둘러 앉아 밥을 먹었다. 아버지는 논 주인이라서 다른 설거지를 하고 오기 때문에 일꾼들한테 밥이 다 분배되고 나서 밥을 먹으러 오곤 했다. 꽤 넓은 논둑이라도 일꾼이 많아 앉을 자리가 마땅치 않을 때, 아버지는 지게 다리를 논둑 경사면에 걸쳐서 평평하게 지게를 놓고 그 위에 앉아서 밥을 먹었다. 그 모습이 매우 신기하고 꽤 해학적이었다.

지금 생각하면, 내게는 무섭고 엄격한 아버지였지만, 자연인으로서 아버지는 그 무렵 나이가 채 서른도 되지 않았으니, 내가 살아온 경험으로 미루어 봐도 아직은 혈기가 한창인 청년이었던 것이다.

이른 봄에 받아 온 누에씨를 따뜻한 방 아랫목에 두고 파리가 슬지 못하도록 체를 덮어 두면 며칠이 지나서 누에가 알을 깨고 나온다. 갓 깨어난 누에는 꼭 불개미처럼 까맣고 작아서 개미누에라고 한다. 정말 개미처럼 꼬물거린다. 개미누에를 새 날개로 만든 빗으로 살살 쓸어 담아서 한지나 천을 깐 광주리나 잠박(누에채반)에 담고 뽕을 따서 쫑쫑 썰어서 뿌려 준다. 그러면 개미누에가 그 뽕잎을 먹고 자란다. 며칠만 지나면 개미누에는 금방 자라서 제법 누에 모양을 갖춘다.

누에는 뽕을 갉아 먹다가 잠시 대가리를 빳빳이 쳐들고 꼼짝도 않고 있는데, 이것을 잠잔다고 한다. 누에는 잠을 자면서 크는 것이다. 보통 누에는 네 번 잠을 잔다. 잠과 잠 사이를 영齡이라고 하는데, 넉 잠을 자고 나서 다섯 잠째 곧 5령째에는 잠을 자지 않고 섶에 오르는 것이다. 넉 잠을 자고 나서부터는 뽕을 먹는 양이 마구 늘어난다.

그래서 논밭 둑과 개울가의 버드나무가 그늘이 짙어 가는 것과 함께 뽕나무는 잎이 듬성듬성해지는 것이다. 누에가 뽕잎을 다 따 먹기 때문이다. 잎사귀만 듬성듬성한 것이 아니라 가지도 다 잘려 나가고 새로 가지가 돋는다. 누에가 한참 뽕을 먹을 때면 미처 뽕을 따 대기도 바쁘다. 누에는 돈을 가져다주는 귀중한 벌레인 데다가 말도 못하는 누에가 굶기라도 하면 내 뽕 남의 뽕 가릴 겨를이 없게 된다. 그래서 누에에 줄 뽕이 모자랄 때는 남의 집 뽕을 몰래 따기도 해서 싸움도 심심찮게 일어났다. 그리고 뽕밭은 으슥하고 시원하고 남의 눈을 가리기에 맞춤하여 사건도 많이 벌어졌다.

또 누에는 농약에 아주 민감해서 뽕에 농약 냄새만 나도 죽어 버린다. 심지어 농약을 치는 것이 보이기만 해도 그 밭의 뽕을 따 주면 누에는 죽어 버린단다. 개미누에 때는 뽕잎을 잘게 썰어 주다가 누에 꼴을 갖추면 뽕잎을 따서 주지만, 서너 잠을 자고부터는 아예 가지째로 준다. 그러면 누에가 가지에 올라 뽕잎을 찾아다니며 갉아 먹는데, 누에가 뽕잎을 갉아 먹을 때 나는 와삭와삭 하는 소리가 마치 소나기 내리는 소리처럼 들린다.

누에를 치는 방은 따뜻하다. 비가 많이 오는 초여름 장마 때, 밖에 나가 놀지도 못하여 심심하면 누에 치는 방에 들어가 누워 있다가 방도 따뜻하고 누에가 뽕을 갉아 먹는 소리도 단조롭고 편안하여 저절로 잠이 들곤 했다. 그 달콤한 잠은 유년기 정서의 한 자락을 수놓는다. 그때의 안온했던 체험이 무의식에 잠재해 있어서 향수의 한 부분을 형성하는지도 모르겠다.

잠을 잘 대로 잔 누에는 몸이 말갛게 된다. 이때가 되면 성급한 누에는 벌써 입에서 실을 토하기도 한다. 이렇게 다 자란 누에는 개미누에 때보다 8천 배에서 1만 배나 자란다니 놀랍지 않은가? 이제 누에를 섶에 올릴 때가 되었다. 보통 섶은 짚을 한 뼘 정도로 맞춤하게 잘라서 새끼줄 사이사이에 끼워서 비틀어 벌려서 만든다. 섶을 마련하지 못하면 그냥 솔가지 같은 것에 올리기도 한다.

섶에 오른 누에는 고치를 짓는다. 누에고치는 실 한 오리로 되어 있다. 누에는 보통 사흘 정도에 걸쳐 누에고치를 짓는데, 처음에는 엉성하지만 차츰차츰 탄탄해진다. 다 지은 누에고치는 손으로 눌러도 끄떡도 없다. 어떤 고치는 짓다가 누에가 죽어서 얼룩이 지기도 하고, 또 어떤 고치는 벌써 나방이 뚫고 날아가 버려서 구멍이 나 있기도 하다. 이런 고치는 내다 팔 수 없다. 이런 고치를 모아서 명주실을 뽑기도 한다. 고치 하나로 뽑을 수 있는 실은 1,200미터에서 1,500미터 정도이다.

명주실을 뽑는 것을 실을 푼다고 하는데, 실을 풀 때는 물을 담은 작은 냄비를 아궁이에 걸어 두고 불을 땐다. 물이 보글보글 끓을 때 누에고치를 하나씩 넣으면 누에고치에서 실이 솔솔 풀려나온다. 그러면 실 끝을 실꾸리에 감고 물레를 돌린다.

실이 다 풀려나오면 누에 번데기만 남는다. 통통하게 익은 번데기는 영양 많은 간식거리이기도 했다. 지금 길가에서 파는 번데기는 말라서 찌그러진 번데기이지만, 어린 시절 즉석에서 건져 먹던 번데기는 입에서 터지는 들큼하고 고소한 맛이 기가 막혔다.

누에번데기는 많지 않기도 하거니와 아주 귀중한 단백질 공급원이어서 맏아들, 맏손자 위주로 먹였다. 내가 어릴 때 영양실조를 겪지 않은 것은 누에번데기를 먹고 자라서 그렇다고 하면 물론 과장이겠지?

누에똥은 거름으로 쓰고 심지어 소먹이로 쓰기도 했다. 또 누에가 자라다가 하얗게 굳어서 말라 버린 게 있는데, 그것은 '백강잠白殭蠶'이라고 하여 귀중한 약재로 쓴다. 전에는 누에고치를 얻으려고 누에를 쳤는데 요즘은 백강잠이나 동충하초冬蟲夏草 같은 약재를 얻으려고 누에를 친다. 그래서 전에는 파리 한 마리 못 들어오게 갓난아기 돌보듯 했는데 요즘은 아예 굵은 누에에 분무기로 균을 뿌린다.

여름이 무르익을 때면 신록이 한창 보기 좋다. 여기서 더 지나면 산과 들이 짙은 녹색으로 바뀌어서 온통 검푸르러진다. 이맘때면 뻐꾸기는 먼 산에서 울고, 꿩도 곧 알을 까서 꺼병이가 보리밭 사이를 재바른 걸음으로 뛰어다닌다. 뻐꾸기는 목이 쉬도록 한나절을 울어 대지만, 꿩은 한참 내쳐서 우는 법이 없다. 크고 우렁차게 "꿩— 꿩!" 두어 번 울고는 푸르륵 날아가 버린다. 몸통에 견주어 날개가 굵고 짧아서 오래 날지 못하고 몇 번 날개를 힘껏 쳐서 받은 바람으로 기껏 이 봉우리에서 저쪽 맞은편 골짝으로 날아가는 정도이다. 그런데 처음에 날개로 바람을 치는 소리는 꽤 커서 꿩 울음을 들은 곳에서는 꿩— 꿩— 소리와 함께 푸드덕 하는 소리가 먼저 들린다.

이 골짝 저 골짝 엎드려 있는 작은 집에서 오 리, 십 리, 시오 리(십오 리) 아침 길을 달려 학교에서 만나던 어릴 적 동무들은 꿩 알도 잘 내려

오고, 칡뿌리도 굵은 놈으로 캐서 어른 주먹만하게 톱으로 잘라서 가져왔다. 우리는 주머니에 칡뿌리 덩이를 넣어서 학교와 집을 오가며 입이 궁금할 때면 소고기 살코기를 뜯어먹듯 뜯어서 씹고 다녔다. 칡뿌리는 처음 맛을 보면 쓰고 떫고 하지만 뒷맛이 묘하게 달다. 온 사방을 쏘다녀 한참 배고프면 쓰고 달고 가릴 겨를이 없다. 그래서 칡뿌리도 달게 씹는다. 칡뿌리는 씹을수록 침과 섞여 단맛이 난다. 오래 씹으면 섬유질이 잘게 부서지고 섬유질 속에 들어 있던 녹말 성분까지 입에 가루로 앉아 들큼하다.

꿩 알은 달걀보다 조금 작으면서 날렵하게 생겼다. 나는 한 번도 꿩 알을 주워 보지 못했지만, 우리보다 더 깊은 골짝에 사는 동무들은 꿩 알을 잘도 주워 왔다. 꿩 알을 잘 줍는 동무를 따라가서 나도 주워 와야겠다고 벼르고 벼르다가도 학교에 다니느라 며칠만 지나치면 꿩 알을 주울 때가 언젠가 싶게 꿩의 새끼, 꺼병이가 보리밭을 헤집고 다닌다.

꿩의 병아리를 우리 쪽에서는 꽁배아리, 또는 꼬배아리라고 했는데, 꿩을 꽁이라고 하고, 병아리를 뱅아리, 또는 배아리라고 해서 그렇게 불렀던 것이다. 꺼병이는 참 빠르다. 꺼병이를 잡으려고 보리밭을 뒤지면 병아리보다 좀 작으면서 갈색 빛이 도는 꺼병이가 암꿩을 따라 이리저리 후다닥 달아난다. 그 가냘프고 작은 다리로 어쩌면 그렇게 빨리 달아나는지! 처음에는 잡으려고 쫓아가다가 달아나는 모습에 그만 넋을 놓고 바라볼 뿐이다. 어릴 때부터 남들보다 동작이 굼떴던 나는 무얼 잡으러 가도 손에 넣는 것보다 그저 잡는 시늉을 하면서 노는 것으로 만족했다.

푸른 시냇물에 발 담그고

네 계절의 숨어 사는 즐거움(四時幽居好)

여름날 조용히 숨어 사는 맛이 좋아
찌는 더윌랑 푸른 시냇물에 씻어 버리지.
석류는 한창 꽃이 피고
죽순은 뾰족이 돋아나네
낡은 집에선 구름이 섬돌에 돌고
깊은 숲에선 사슴이 새끼를 기르네
지금껏 몸을 숨겨 조심해 왔으니
유의 도에 끌려서 헤매지 말지니

夏日幽居好 炎蒸洗碧溪
海榴花正發 湘竹笋初齊
古屋雲生砌 深林鹿養麛
從來掩身戒 柔道莫牽迷

퇴계 선생이 여름을 두고 읊은 시이다. 우리나라의 여름 더위는 정말 찌는 더위다. 여름에는 습도가 높아서 그렇다. 십여 년 전 집사람하고 나

하고 여름에 어떻게 놀았었다고 옛날 일을 떠올리고 있자니 초등학교 3학년에 다니던 아이가 만화책에서 보았는지, "더운 여름에는 계곡물에 발을 담그고 있으면 그게 신선이지 뭐!" 하여서 한바탕 웃었다.

정말 여름에는 계곡물에 발 담그는 것만큼 시원한 게 또 있을까? 아이들이야 발가벗고 물에 뛰어들어 물장구를 치면서 한낮을 보내지만, 조금이라도 나이가 들어 지각이 나면 아무리 덥다 해도 함부로 옷을 훌렁 벗고 물에 뛰어들 수는 없다. 그렇지만 요즘은 여름철이면 큰 계곡이나 시내의 다리 밑 그늘에 승용차를 세워 놓고, 웃통을 훌렁 벗고 반바지 차림으로 어슬렁거리는 사람을 쉽게 볼 수 있는데, 바로 옆 논밭에서 일하는 사람을 보더라도 그렇고, 아무튼 좋아 보이지는 않다.

발만 담그는 것을 한자어로는 탁족濯足이라고 한다. 옛 신선이나 인품이 높은 인물을 소재로 그린 그림 가운데 조선 시대 화가 이경윤李慶胤이 그린 '고사탁족도高士濯足圖'라는 멋있는 그림이 있다. 이 그림을 보노라면 내가 어느덧 그림 속의 은자가 된 기분이 든다.

탁족에는 이런 이야기가 얽혀 있다. 「초사」에도 나오고 「맹자」에도 나오는 이야기인데 두 이야기의 배경이나 담고 있는 뜻이 서로 다르다. 「초사」에 나오는 이야기는 이러하다.

전국시대 초나라의 충신 굴원이 간신의 참소를 받아 벼슬자리에 쫓겨나서 울울한 심정을 시로 읊으며 마치 고목나무와 같이 초췌한 몰골로 강가를 배회하였다. 배를 저어 지나가던 어부가 그를 알아보고 물었다.

"그대는 삼려대부(三閭大夫, 초나라 왕실의 혈통인 세 성씨의 귀족)가 아니십니까? 그런데 어째서 이런 데를 다 오셨습니까?"

굴원이 대답했다.

"세상이 다 혼탁한데 나만 홀로 깨끗하고, 뭇사람이 다 취해 있는데 나만 홀로 깨어 있어서 쫓겨났다오."

"성인은 사물에 얽매이지 않고 시세를 따라 처신합니다. 세상 사람이 모두 혼탁하거든 어째서 그 진흙을 뒤집어쓰고 물결에 내맡기지 않습니까? 뭇사람이 다 취했거든 어째서 술지게미라도 먹고 모주(술을 거르고 남은 지게미에 물을 넣고 마지막으로 거른 묽은 술)라도 걸러서 들이키지 않습니까? 어째서 깊이 생각하고 고상하게 행동해서 스스로 쫓겨남을 자초한단 말입니까?"

"내 듣자하니 막 머리를 감은 사람은 반드시 갓을 털어서 쓰고, 막 목욕을 한 사람은 옷을 털어서 입는다고 하오. 누가 깨끗해진 몸을 때가 묻고 먼지가 낀 물건으로 더럽히려 하겠는가? 차라리 상강湘江 물에 몸을 던져 고기 뱃속에 장사지낼지언정 어찌 희디흰 결백한 몸으로 세속의 먼지를 뒤집어쓰겠소?"

그러자 어부가 빙그레 웃으며 노로 뱃전을 치고 노래를 부르면서 배를 저어갔다.

"창랑滄浪의 물 맑거든 내 갓끈을 빨고 창랑의 물 흐리거든 내 발을 씻는다네."

어부의 충고는 부조리한 세상을 혼자 힘으로 바꿀 수 없다면, 세상의 추이에 몸을 맡기던가 아니면 혼자라도 제 몸을 부지하던가 해야지, 시대에 대한 우환으로 제 몸을 망치지는 말라는 말이다. 세상이 깨끗하면

푸른 시냇물에 발 담그고 289

깨끗한 대로, 세상이 혼탁하면 혼탁한 대로 거기에 맞춰 처신하라는 말이다. 이에 대해 굴원은 여전히 시대와 불화하고 불우한 자신의 처지를 극복하지 못하여 마침내 자신의 말대로 강에 몸을 던지고 말았다.

「맹자」에 나오는 이야기는 약간 각색을 하여 소개하면 다음과 같다.
어느 날 공자가 제자들과 학문을 논하고 있었다. 가까운 곳에서 어떤 아이가 노래를 불렀다.
"창랑의 물 맑거든 내 갓끈을 빨고 창랑의 물 흐리거든 내 발을 씻는다네."
공자가 이 노래를 듣고 제자들한테 이렇게 말했다.
"얘들아, 저 노래를 들어 보아라. 물이 맑으면 갓끈을 빨고 물이 흐리면 발을 씻는다고 하는구나. 사람들이 소중한 갓끈을 빨고 더러운 발을 씻는 것은 모두 창랑의 물이 스스로 불러들인 일이란다."
「맹자」에 나오는 이 예화는 맹자가 집안이든 나라든 어떤 조직이라도 어지러워지고 붕괴하는 것은 모두 외적 조건보다는 내적 조건이 더 근원적인 역할을 한다는 주장을 논증하기 위해 든 이야기이다.

조선 시대 학자 김일손金馹孫의 호가 탁영濯纓이다. 김일손은 조선 정치사에서 중요한 위치를 차지하는 인물이다. 그는 사림파가 정계에 진출하기 시작한 성종 때 과거를 거쳐서 연산군 때 사림의 세력을 대변하였다. 당시 사관이었던 그는 사초史草에 스승 김종직이 쓴, 항우한테 죽임을 당한 의제義帝를 조상하는 글 '조의제문'을 집어넣었는데, 이 일이 발단이 되어 마침내 조선 중기 정치사의 흐름을 바꾼 사화士禍의 시대가 전개된다. 항우는 세조를, 의제는 단종을 빗댄 글이라고, 이극돈을 비롯한 사화를 주도한 구세력이 모함했기 때문이었다.

이 사화가 바로 연산군 4년(1498) 무오년에 일어난 무오사화이다. 김일손은 맑은 물 깨끗한 세상을 만나 갓끈을 빨아 쓰고 깨끗하게 살고 싶어서 탁영이라는 호를 썼겠지만, 창랑의 물은 너무나 흐려서 발을 씻기는커녕 목숨을 잃고 말았다.

김일손과 관련한 야담 한 토막! 김일손이 어려서부터 이름이 알려지자, 무인 출신 재상이 그를 맞아 사위를 삼았다. 김일손은 거짓으로 글재주가 없는 체하고 산사에 가서 글공부를 하였다. 어느 날 그가 장인한테 편지를 한 통 보냈는데 다른 말은 없고 짤막한 글뿐이었다.

文王沒武王出周公周公召公召公太公太公

옛날 한문으로 쓴 편지는 띄어쓰기를 하지 않으니 아마 위와 같이 죽 내려썼을 것이다. 아무튼, "문왕이 죽고 무왕이 나왔습니다. 주공주공, 소공소공, 태공태공이로소이다" 하는, 이런 내용이겠다.

장인은 아무리 읽어도 그 뜻을 알 수도 없고 남에게 물어보기도 뭣했다. 그래서 그 편지를 소매 속에 넣어 두었다. 마침 선비 한 사람이 찾아와서 그와 이야기를 나누다가 그 선비한테 편지를 보였다. 선비가 한동안 보더니 놀라면서 말했다.

"참으로 기묘한 말입니다. 문왕의 이름은 '창昌'이요, 무왕의 이름은

'발發'입니다. 우리말로 신발의 바닥을 '창'이라 하고, 족足을 '발'이라 합니다. 그러니 이 말의 뜻은 '신이 떨어져서 발이 나왔다'는 말입니다.

그리고 주공의 이름은 '단旦'이요 소공의 이름은 '석奭'이며, 태공의 이름은 '망望'입니다. 그러니 이 말의 뜻은 '아침저녁으로 바라고 바란다는 말입니다.'

아침을 뜻하는 단이라는 글자를 이름으로 쓰는 주공과 저녁 석夕 자와 소리가 같은 석奭을 이름으로 쓰는 소공, 바란다는 뜻의 망望을 이름으로 쓰는 태공으로 말장난을 한 것이다. 장인이 그 말을 듣고 사위의 재치에 감탄하며 신을 사서 보냈다고 한다.

문왕, 무왕, 주공, 소공은 중국 고대에 상과 주가 교체되던 때 주의 왕실을 주도한 인물들이다. 문왕은 주 왕실의 기틀을 닦고 아들 무왕은 상을 정벌하고 주를 건국하였다. 주공과 소공은 무왕의 아우들로서 무왕이 일찍 죽은 뒤 조카 성왕을 잘 보필하여 주의 기반을 안정시키고 중국 고대 유교적 정치문화의 뼈대를 세웠다. 그래서 공자가 꿈에도 주공을 오매불망하였던 것이다. 유몽인柳夢寅이 지은 「어우야담於于野談」에 나오는 이야기이다.

물에서 오랜 시간 헤엄을 치거나 물장난을 하면서 놀다 보면 슬슬 추워진다. 그러면 물에서 나와 바위에 올라앉아 젖은 속옷을 말리기도 하고 바위에 서서 고무신을 털어 말리기도 한다. 고무신의 물을 털더라도 그냥 터는 법이 없다. 그냥 털면 심심하다. 모든 아이들은 천성이 창의적이니까 뭔가 재미난 거리를 만들어 낸다. 두 손에 고무신을 갈라 쥐고서 힘껏 휙휙 물을 털어 내면서 "안동까지 가—라! 서울까지 가—라!" 하고 큰 소리로 리듬을 넣어서 왼다. 어떤 아이는 대구나 부산을 넣어서 '안동까지 가—라, 대구까지 가—라' 하기도 하고 '부산까지 가—라' 하기도 한다. '가—라!'는 말은 '가거라!' 하는 말이다. 그러니까 물기를 향해 멀리 날아서 안동이나 대구나 부산이나 서울까지 가라고 하면서 그리로 가고 싶은 자기 마음을 표현한 것이다.

사방이 산으로 둘러싸인 산골에 살던 아이들은 고모나 아재나 외가가 있는 안동으로, 대구로, 부산으로, 서울로 가고 싶어 하는 마음을 이렇게 달래 가면서 먼 도회지를 동경하고 꿈을 꾸었던 것이다.

그런데 서울에서 한 스무 해 넘게 살다 보니 큰 도시에 가 보고 싶었던 어릴 적 꿈의 크기보다 이제는 고향으로 가고 싶은 꿈이 더 커진다.

동무 따라 강남 간다고 어릴 때는 동무들 따라 이 마을 저 마을로 잘도 쏘다녔다. 동무네 집에 있는 책을 빌리러 따라갔다가 놀고 오기도 하고, 거리가 멀어서 하룻밤 자고 이튿날까지 연락도 없이 놀다 와서 한창 바쁜 때 일손을 거들지 않고 놀러만 다닌다고 야단도 많이 맞기도 했다.

그러면서 집집이 다른 음식 맛도 보고, 가풍이나 집안 분위기를 느껴 보기도 했다. 낯선 것에 대한 호기심, 어디로든 뻗어 나가려는 소양少陽의 기운 때문일까? 아무튼, 이렇게 쏘다닐 때 자주 다녔던 한 마을은 우리 집에서 한 십 리쯤 떨어진 마을이다. 그 마을은 골골이 깊고 넓어서 인근에서 가장 큰 마을이었다. 아마 내가 다닌 초등학교 학생의 삼분의 이가 그 마을 아이들이었을 것이다.

그 마을에는 '논틈못' 줄여서 '논틈', '논뜸' 이라고도 하는 작은 둠벙 (사전에는 웅덩이의 사투리라고 되어 있는데 아무래도 웅덩이보다는 둠벙이 제격이다. 웅덩이는 물이 고인 곳을 널리 이르는 말이고, 둠벙은 분명히 사람이 파놓은 못의 일종이다.) 못이 있었다. 꽤 높은 다랑논 사이에 있었는데 논에 물을 대려고 파놓은 못이다. 천수답이 대부분인 고향 쪽에서는 거의 마을마다 그런 못이 하나쯤은 있었다. 인근에 여러 개구쟁이 아이들이 놀 만큼 넓은 시내가 없었던 터라 논틈못은 그 마을 아이들이 아쉬운 대로 물장구를 치고 놀기에 맞춤했다. 나도 그 마을 아이들을 따라 논틈못에 두어 번 가서 물장구를 치고 놀았다. 온갖 물풀과 물가에 자라는 풀, 썩은 나뭇가지, 가시 떨기나무들 사이를 헤치고 조심조심 발을 들이밀어 둠벙 못으로 들어가면 발에 닿는 진흙의 촉감이 처음에는 기분이 나쁘지만, 아이들이 물장구를 치면서 말갛던 물이 온통 흙탕물이 되면 기분 나쁜 느낌도 없어지고 물놀이에만 온통 정신이 팔린다.

논틈못에서 같이 헤엄치고 놀던 아이들 가운데 아주 힘이 센 안진수라는 동무가 있었다. 어릴 때는 사내아이들 사이에서는 공부를 잘하는 아이보다 힘센 아이가 인기가 많았다. 그래서 서로 힘을 겨루는 일이 흔했는데, 안진수는 힘겨루기 싸움을 별로 한 것 같지는 않았다. 아마 자기 마을에서 어려서부터 힘을 겨루어 보아 학교에 다닐 때쯤에는 서열이 정해져 있어서 굳이 그럴 필요가 없었는지도 모르겠다.

아무튼, 안진수는 장터에 사는 아이들처럼 약빠르지도 않고 힘이 세다고 해서 약한 아이를 억누르거나 여자아이들을 괴롭히지도 않았다. 산으로 들로 뛰어다니며 놀거나 체육 시간에 경기를 할 때는 늘 앞장을 섰다. 한마디로 의리파였던 것이다. 원맨쇼를 잘하여 수업이 따분해진 선생님이 가끔 장기자랑을 하라고 하면 코미디언 남보원 씨 흉내를 잘 냈다. 코에 입을 대고 탱크 소리, 대포 소리, 총 소리를 실감 나게 내면서 손짓 발짓을 섞어서 한국전쟁의 경과를 한바탕 재현하곤 했다.

  4학년 때 일이었다. 초여름 무렵이었다. 우리 4학년 1반 전체 예순 명쯤 되는 아이들 가운데 몇을 빼고 대부분이 남학생은 남학생대로, 여학생은 여학생대로 두 패씩으로 갈려서 패싸움을 했다. 물론 패싸움이라고 해서 책걸상을 집어던지고 주먹다짐을 하는 식이 아니라 서로 상대편 아이들과 놀지 않고 반목을 한 것이다. 반 전체가 둘로 갈린 것이다.

  급기야 담임선생님까지 알게 되어서 어느 날 방과 후에, 연루되지 않은 몇을 제외하고 거의 모두가 야단을 맞고 단체 기합에 반성문 백 장을 쓰라는 벌까지 받았다. 삼사십 장쯤 썼을까? 모두 지치고 이제는 싸우라고 해도 싸울 생각도 없어진 우리는 저마다 끼리끼리 모여서 잡담을 하고 있는데, 선생님이 와서 한차례 으름장을 놓은 뒤 한 번만 용서한다면서 사이좋게 지내라고 타이르고 나갔다.

  가방을 주섬주섬 챙겨서 나오는데 안진수가 교실 문을 발로 박차고 빠져나와 복도를 나서면서 "고향이 어디냐고 묻지를 마라!" 하고 한창 유행하던 노래를 큰 소리로 불렀다. 한 소절이 끝나기도 전에 2반을 사이에 두고 떨어져 있는 교무실로 막 들어서려던 선생님이 바로 돌아서서 "안진수! 요 녀석! 아직도 정신을 못 차렸군!" 하고 귀를 잡고 질질 끌면서 교무실로 데리고 가서 한참 더 야단을 치고 매를 때리고 벌을 주었다. 아마 반성문도 몇 장 더 쓰고 나왔을 것이다. 결을 삭히지 못한 안진수는 선생님이 뒤에 있는 줄도 모르고 노래를 불렀던 것이다.

'논틈못' 하면 빼놓을 수 없는 아이가 박종홍이라는 동무이다. 애초에는 이름이 박종훈이었는데 졸업할 무렵, 상급학교 진학을 위해 주민등록 명부를 재확인하는 과정에서 이름이 박종홍으로 바뀌었다. 당시는 이런 사례가 흔했다. 집에서 어릴 적 부르던 이름과 학교에서 공식적으로 부르는 이름이 다른 아이도 많았다. 박종홍의 별명은 '쪼로이(쪼롱이)' 다. 아이들은 이름을 변형시켜서 별명을 짓는 경우가 흔하여서 처음에는 종훈이라는 이름에서 나온 별명인지 알았다. 그런데 한참 세월이 지나고 나중에야 별명의 내력을 알게 되었다.
　어느 해인가 박종홍이 자기 동네 아이들과 '논틈못' 에 헤엄을 치러 갔다. 그때 우리는 헤엄을 치는 것을 목욕하러 간다고 했다. 아무튼, 못에서 헤엄을 치고 밖으로 나왔는데, 박종홍의 감자에 거머리가 몇 마리 조롱조롱 매달려 있었단다. 박종홍은 그것도 모르고 감자를 덜렁거리며 나오다가 동무들이 모두 "야, 니 불알에 거머리 붙었다!" 해서 기겁을 하고 거머리를 떼어 냈단다. 그 뒤로 박종홍이는 감자에 거머리가 조롱조롱 붙었던 아이라는 뜻에서 조롱이라는 말을 되게 소리 내어 쪼롱이라고 불리게 된 것이다.
　경상도 북부에서는 사람이나 사물의 이름에 붙는 받침 ㅇ소리나 ㄴ소리는 보통 뒤에 이어지는 ㅣ모음에 흡수되어 버린다. 그래서 쪼롱이라고 하지 않고 쪼로이라고 한다. 이때 ㅇ이나 ㄴ이 탈락하고 이어지는 앞두 뒤의 모음은 한 음절처럼 짧게 소리가 난다.

거머리 가운데서도 찰거머리라고 검푸른 빛이 나는 놈이 독하다. 찰거머리는 굵고 뭉툭한 느낌이 나며, 자세히 보면 검푸른 바탕에 벽돌을 늘어놓은 것처럼 격자로 무늬가 나 있다. 거머리에 물리면 처음에는 아무런 느낌도 나지 않는다.

그러다가 뭔가 근지러운 듯도 하고 아픈 듯도 해서 다리를 보면 한참 피를 빨아 통통해진 거머리가 붙어 있다. 거머리 입에서 나오는 침에는 히루딘이라는 물질이 있는데, 피를 멎지 않게 하고 또 아픔을 느끼지 않게 하는 성분이 있다고 한다. 그래서 옛날에는 두통을 치료하거나 종기 같은 것을 치료하는 데 쓰기도 했단다.

거머리에 물리면 놀라고 당황해서 거머리를 떼어 내려고 해도 잘 안 떨어지는데, 이럴 때는 별안간에 거머리를 찰싹 때리면 움찔 하면서 떨어진다. 피가 흐르면 깨끗한 물에 씻은 뒤 길가에 흔한 쑥을 뜯어다가 씹거나 비벼서 쑥물이 배게 하여 상처에 꾹꾹 누르거나 문질러 주면 금방 낫는다.

거머리는 지렁이와 같이 분류되며 대롱같이 생겼는데, 조금 가는 쪽이 머리이고 뭉툭한 쪽이 꽁무니이다. 앞과 뒤 양쪽에 빨판 같은 것이 있어서 먹이에 찰싹 달라붙는다. 장난기가 심한 아이들은 풀 대나 꼬챙이로 쑤셔서 거머리의 속과 겉을 뒤집어 놓기도 한다. 그대로 한참 두면 거머리는 다시 제 모습을 되찾는다.

별명 하면 떠오르는 동무들 가운데 청개구리라는 별명이 붙은 박천교라는 아이가 있었다. 이십대 시절, 어느 해 명절에 고향에 내려오다 교통사고를 당하여 눈 신경을 다쳐서 빛을 잃었다. 지금은 강원도 삼척에서 맹인협회의 일을 맡아 보고 있지만, 어릴 때는 참 개구쟁이였다.

4학년 때 일이다. 한번은 학교에서 역으로 가는 길을 단장한다고 피마자(아주까리)를 심으러 간 일이 있었다. 길 양쪽을 따라가면서 호미로 땅을 파고 피마자 한두 알씩 넣고 주위의 흙을 긁어 묻는 일이다. 피마자를 다 심고 학교로 돌아왔는데 박천교가 선생님께 아주 혼났다. 나는 1반이었고 박천교는 3반이었는데, 3반 담임 김 아무개 선생님은 아주 무서운 분이었다. 요즘으로 치면 거의 변태라고 할 만했다. 얼마나 학생들을 다그쳤는지 월례고사에서 그 반 평균 점수가 90점이나 나온 적도 있었다니 말을 다했다. 학력 신장이나 품행을 다스린다는 명목으로 성적 수치심이나 모욕감까지도 주었다고 들었다. 아무튼, 그 선생님은 박천교의 옷을 홀랑 벗기고 체벌했다고 한다.

도대체 무슨 잘못을 저질렀기에 그런 벌을 받았을까? 이유는 간단했다. 박천교가 피마자는 열심히 심지 않고 뱀을 잡았다는 것이었다. 박천교는 자기 마을 아이들에게도 뱀을 잘 잡기로 소문이 났다. 시골에서 나고 자라서 뱀을 자주 봤어도 갑자기 뱀을 보면 무섭거나 움칠하는데, 그 애는 뱀을 보면 조금도 겁을 내지 않고 한 손으로 살살 뱀을 놀려서 뱀이 대가리를 빳빳이 쳐들고 휙 앞으로 달려들면 다른 손 두 손가락으로 얼른 매간지(모가지)를 낚아채서 꽉 눌러 잡아들고 공중에서 몇 차례 휙휙 돌리다 바닥에 패대기 질을 친다. 그러면 뱀은 정신을 잃어버린다. 어떤 때는 마치 땅에 떨어진 지겟작대기 주위 들 듯이 아예 뱀을 놀리지도 않고 성큼 두 손가락으로 대번에 매간지를 옮어서 자루에 담아 버린다고 했다.

그 무렵 우리는 뱀을 보면 거의 잡아 죽였을 정도이니 어찌 보면 생명을 소중히 여기지 않았다고 해서 벌을 준 것은 아닐 것이다. 그때는 사실 생명 존중이니, 환경 보호니 하는 말은 생각지도 못한 시절이었으니까.

사실은 선생님이 시키는 말을 안 듣고 제멋대로 행동했다고 해서 그런 벌을 준 것이다. 그 일로 박천교라 하면 모르는 사람이 없을 정도로 유명한 아이가 되었다. 그래서 수십 년이 지난 지금도 박천교라 하면 몰라도 피마자 심으러 갔다가 뱀 잡은 아이라고 하면 누구나 "아! 그때 가아(그 아이)!" 하고 고개를 끄덕인다.

그렇게 개궂고(개구쟁이 짓을 하고) 저정스럽던(침착하거나 온순하지 않고 장난이 심하고 나대는) 박천교가 장가를 잘 들었다. 박천교의 부인은 참 훌륭한 사람이다. 눈을 다쳐서 앞을 못 보는 박천교의 수발을 잘 들고 농협에 다니면서 박천교를 대신하여 살림을 꾸려 간다. 애초에는 고향 가까이 전근와서 부모님한테 도움을 받으려고도 했지만, 몸이 불편한 남편을 늙으신 부모님께 떠맡기는 것 같아 얼마 안 있다가 다시 살던 곳으로 가서, 아이들에 남편까지 돌보면서 꿋꿋하게 살고 있다고 한다.

박천교도 처음에는 장애를 갖게 되어 방황하고 힘들어했지만, 지금은 맹인협회 일을 하면서 동창 모임에도 빠지지 않고 나와서 조금도 구김살 없이 친구들과 잘 어울린다. "천교야, 내 아무개다!" 하면 초점이 없는 눈으로 그쪽을 향해 웃어 준다. 그리고 그 친구와 얽힌 옛일을 떠올리는 것 같다. 이제 그 눈은 과거만 보는 눈이 되었지만, 우리 친구들은 아무도 그의 장애를 부담스러워하지 않는다. 그 또한 떳떳하고 당당하게 잘 살아가고 있다. 그들이 살아가는 모습은 자녀들한테도 훌륭한 교육이 되고, 그 모습을 보는 우리한테도 거울이 되고 있다.

내 별명은 택걸바우였다. 나에게 별명을 붙여 준 아이나 나나 그 별명의 유래가 무언지 몰랐다. 그냥 내 이름에서 변형된 것으로만 알았다. 그런데 한참 나중에 철이 들고 집안 형의 말 가운데서 택걸바우 이야기가 나와서 별명의 유래를 알게 되었다.

택걸바우란, 퇴계 선생이 턱걸이하던 바위라는 뜻이란다. 앞에서 청량산 얘기를 했지만, 지금 청량산으로 들어가는 초입에서 낙동강을 거슬러 명호 쪽으로 몇 미터만 올라가다 보면 청량산 발치께에 강에 깎여서 삐죽 솟아 나온 바위가 어른 키만한 높이에 비어져 나와 있다. 물이 많이 흐를 때는 잠기기도 하는 바위이다. 퇴계 선생이 팔심을 기르려고 이 바위에서 턱걸이를 하여 그 바위를 택걸바우라고 부른다고 한다. 퇴계 선생이 공부하던 집을 '오산당吾山堂'이라고도 했으니, 청량산은 온통 퇴계 선생의 산인 셈인데, 택걸바우의 유래에서도 이 점을 확인할 수 있다. 일설에 택걸바우는 다른 산에 있는 바위라고도 한다. 아무튼, 퇴계 선생의 턱걸이 설화와 관련이 있다.

유의 도(柔道)에 끌리지 말라는 말은, 「주역」의 구괘姤卦에서 나온 말이다. 구괘는 위가 하늘을 상징하는 ☰ (건乾), 아래가 바람을 상징하는

☴(손巽)으로 이루어져 있으며 달로는 5월을 상징한다. 구괘 앞에 있는 괘는 쾌夬인데, 못을 상징하는 ☱(택澤)과 하늘을 상징하는 ☰(건)으로 이루어진다. 달로는 3월과 관련한 쾌괘의 뜻은 '터짐'이다. 못은 물이 모인 것인데, 물이 그득한 못이 높은 곳에 있으니 터지려고 한다. 그리고 아래에서 ━(양효)가 치밀어 올라오면서 위에 하나 남은 ╌(음효)를 잘라서 제거해 버린다. 양은 군자를 상징하고 음은 소인을 상징한다. 여러 양이 한 음을 잘라서 제거하기 때문에, 군자의 도가 자라나고 소인은 사라지고 쇠퇴하여서 장차 다 없어지게 되는 때이다.

　5월과 관련한 구괘의 뜻은 '만남'이다. 만난다는 것은 나뉘어 있던 것이 합치는 것이다. 본래부터 합쳐 있었다면 만난다고 할 수 없다. 그래서 터지고 갈라지는 쾌괘 다음에 만남을 뜻하는 구괘가 온 것이다. 괘의 모습은 하늘 아래 바람이 부는 모습이다. 바람은 이리저리 불면서 하늘 아래 있는 모든 만물과 접촉하기 때문에 만물과 만나는 것이다.
　또한 4월과 관련한 괘인 건괘는 위아래가 모두 하늘과 양을 상징하는 (건)이다. 4월이 지나고 5월이 들어서면 아래에서 음효 하나가 생겨나서 ☰양효와 만난다. 그래서 구괘는 만남을 나타내게 된 것이다. 음력으로 오월이면 한여름. 이어지는 유월과 합하여 오뉴월, 한여름이다. 퇴계 선생이 여름을 읊으면서 구괘의 첫 음효의 상징을 풀이한 말을 따온 것은 자연을 경건하게 대했던 선생으로서는 참 적절한 일이었다고 생각된다.
　「주역」에서는 구괘 첫 음효의 상징을 풀이하여 "쇠고동목에 매어 놓음은 유柔의 도가 끌고 가기 때문"이라고 하였다. 고동목이란, 수레를 멈추는 데 쓰이는 나무이다. 요즘으로 말하면, 브레이크 장치 같은 것이겠다. 달리는 수레도 멈추게 하는 고동목이 쇠로 되어 있으니 얼마나 단단하겠는가? 쇠고동목에 매어 놓는다는 말은 나아가지 못하게 하려는 것을 뜻한다. 음이 생겨나서 끌고 가려고 하는데 쇠고동목에 매어 놓은 듯이 단단히 단속하여서 끌려가지 말라는 말이다. 이 말은, 아직은 양이 한창이니 음이 생겨났다고 해서 바로 음을 따라가서는 안 된다는 뜻이 아닐까?

유의 도에 끌리지 말라는 말은 여름에는 여름답게 살라는 말이라 할 수도 있겠다. 여름에는 더위(양)가 기승을 부려서 만물이 왕성하게 생장하는 때이니 우리 몸도 이에 맞춰서 땀구멍이 열리고 양기가 발산된다.

그런데 바깥이 덥다고 시원한 것만 찾아서 먹고 시원한 바람만 맞으면 땀구멍이 닫혀서 양기가 제대로 나오지 못해 양기를 잃어버린다. 덥더라도 더위에 맞추어서 적절하게 더위를 피하면서 발산할 것은 발산하고 지닐 것은 지니면서 몸을 추스르다 보면 어느새 시원한 가을이 찾아오는 법이다.

추울 때는 지나치게 난방을 하고 더울 때는 지나치게 냉방을 하여 옛날에는 없던 병이 생겨나고 있다. 우리 몸은 자연에 맞추어 순리대로 반응하는데 문명은 그것을 불편해하여 자연에 거스르고 있는 것이다. 요즘에는 정말 문명의 발달이 무엇을 의미하는지 절실히 물어보게 된다.

콩은 빈 깍지, 관아에선 세금 독촉

전가사시사에 화답함(和田家四時詞)

농가에 여름 드니
자리 옮길 겨를 없다.
이랑엔 보리 이삭 빽빽하고
성긴 삼 잎사귀 진다.
누에는 아직 잠박에 오르지 않았고
모내기 때 놓칠까 걱정스럽다.
남산 아래 심은 콩은
태반이 빈 깍지
관아에선 세금을 독촉하는데
목화밭도 김매야 한다.
일은 고되고 일손은 모자라
달을 등지고 호미 메고 돌아온다.

田家當夏月 坐席未假移
壟麥有濡穗 疎麻多落枝
養蠶未上箔 分秧恐後期
種豆南山下 太半落爲萁

公家徵布急 木花田宜治
常苦日力短 帶月荷鋤歸

김응조의 '전가사시사에 화답함' 가운데 여름 부분이다.
 농사일 가운데 중심은 역시 벼농사이다. 벼농사는 늦가을에 벼를 벤 뒤 논을 갈아 물을 채워 두거나 그냥 갈아 두어서 겨울을 나게 하는 것부터 시작한다. 이른 봄에 얼음이 풀리면 논을 갈기도 한다. 곡우 무렵이 되면 못자리를 만든다. 논의 한 귀퉁이를 삶고 볍씨를 싹을 틔워 못자리를 만든다. 못자리를 만들어 모를 길러서 모내기하는 방법은 고려 말 공민왕 때부터 시작되었다고 하니 역사가 꽤 오래된 농사법이다.
 그러나 옛날 우리나라 논은 천수답이 대부분이고 관개시설이 부족한 데다 비도 장마철에 집중되어 내려서 모내기법이 널리 보급되지는 못했다고 한다.
 못자리를 만들어 모내기하려면 볍씨를 뿌리고 어린모를 길러 내는 동안 물을 잘 대 주어야 하는데, 이 기간은 우리나라에서는 가뭄이 심하기 때문이다. 그러나 임진왜란 이후 수리시설도 많이 보급되면서 조선 시대 후기에 이르러 대부분 지역에서 모내기를 하게 되었다고 한다.

 내가 어릴 때 우리 집 모내기하던 광경이다. 모내기하는 날은 이른 새벽에 아직 동녘이 희붐해지기도 전에 품앗이로 모내기할 집에 모여서 새벽 참을 먹는다. 막걸리도 한잔하고, 막 보급되기 시작한 라면을 넣은 국수를 냉면 대접 같은 큰 대접에 한 그릇씩 먹고 논으로 나간다. 일꾼들이 떠들썩하게 참을 먹는 소리에 선잠을 깬 아이들은 다시 잠이 들면서도 괜히 맘이 설레고 신이 난다. 논일을 하는 날은 반찬도 다르고 국도 고기 기름이나마 도는 국을 먹을 수 있기 때문이다. 운이 좋으면 어른들이 먹고 남은 라면 국물을 몰래 맛볼 수도 있다.

어른들이 일하러 간 뒤 할매와 어머니는 서둘러 일꾼들의 아침을 마련한다. 햇양파와 쇠미역(곰피)을 넣어서 무친 겉절이와 닭개장은 한창 먹성 좋은 어린 우리를 강력히 유혹한다. 더구나 얼마 만에 보는 하얀 이밥(쌀밥)인가? 할매와 어머니는 밥을 커다란 양재기에 퍼 담고 온갖 반찬을 또 따로 찬합에 싸고 막걸리를 담은 주전자를 나눠 이고 들고 논으로 나간다. 우리 논은 재를 하나 넘어서 철도와 지방도가 나란히 이어지는, 집에서 고개를 하나 넘어 2킬로미터쯤 떨어진 신작로 큰길(시골말로 한질)가에 있어서 밥을 나르는 것도 큰일이었다.

이렇게 아침때에 맞춰서 할매와 어머니가 밥을 가지고 간 뒤, 고모가 할배와 우리 형제들 아침을 차려 준다. 우리는 얼른 아침을 먹고 난 뒤 할배는 지게에 당장은 긴하지 않지만, 모내기에 쓸 다른 연장이나 남은 새참거리와 술을 담아 지고 우리는 술을 받아 올 주전자나 물고기를 잡아넣을 그릇을 들고 논으로 간다. 동네 동무들도 함께 간다.

모내기하는 날은 아이들한테도 신 나는 날이다. 온종일 개울가에서 물고기를 잡다가 가끔 술심부름만 하면 고깃국에 맛있는 반찬으로 점심을 먹고 새참을 얻어먹을 수 있기 때문이다. 그래서 논이 이어진 들판에서는 그날 모내기하는 논임자네 아이가 물고기를 잡든 무슨 놀이를 하든 대장이 된다. 한 마디로 모내기하는 논의 주인집 아들이라는 끗발이 있는 것이다. 술심부름과 물고기 쫓아다니기는 며칠 동안 아래위 논을 오가며 이어진다.

초등학교에는 아직 들어가지 않았으니 예닐곱쯤 되었을 때일까? 우리 논에 모내기하는 전날이었다. 중학교 다니던 아재가 한질 논에 간다고 했다. 나도 따라가겠다고 하니 거추장스러워서 안 데리고 가겠다고 했다. 그래서 나는 그럼 거꾸로 누워 자겠다고 고집을 부렸다. 거꾸로 누워서 자면 키가 안 큰다는 속설이 있었기 때문이다. 키가 안 커도 내가 안 클 텐데, 아재는 어린 조카가 키가 안 크면 큰일이라고 생각했는지 다음 날 데려가겠다고 굳게 약속하였다. 아마 재롱을 부리는 조카가 귀여워서 짐짓 그래 봤을 것이다.

이튿날 할배와 아재와 이웃집 동무들과 논에 가서 모춤도 나르고 못줄도 잡아 주고 술 주전자 들고 술심부름도 하고 물고기도 잡고 하루를 보내다가 해가 뉘엿뉘엿 할 때까지 일을 하는 일꾼들을 따라 집으로 돌아왔다. 농촌 아이들은 이렇게 일과 놀이가 이어져 있었다. 물론 아주 가난하여 남의 논밭을 부쳐 먹는 집에서는 아이들도 어른 못지않게 일을 하기도 했지만, 다행히 내 주위에는 그토록 처절하게 가난한 집은 없어서 우리는 놀이 삼아 일을 거들고 일 삼아 놀이를 하며 유년기를 보냈다.

농촌의 삶은 일과 놀이와 배움이 한데 어우러진 삶이다. 논에서 사는 장구애비, 물방개, 거머리, 거미와 같은 갖가지 벌레와 올미, 올방개, 개구리밥 같은 갖가지 풀, 논 주위를 날아다니는 제비, 논에 사는 뜸부기, 백로 같은 새들이 모두 아이들의 놀이 동무이며 생태 학습의 교재이다.

초등학교 2학년 자연 시간에 생태 관찰을 한다고 어항을 마련하여 선생님과 아이들 다 논으로 나가 올챙이와 방개, 소금쟁이 같은 물속에 사는 동물을 몇 마리 잡아서 넣어 두었다.

그런데 다음 날 학교에 가니 무언가에 반쯤 뜯어 먹히고 남은 허연 올챙이 주검이 떠다녔다. 영문을 모른 채, 우리는 어항에 또 올챙이 몇 마리 더 잡아넣었다. 그러나 며칠 뒤에는 올챙이가 한 마리도 남아 있지 않고 방개만 헤엄치고 돌아다녔다. 그러다 방개도 없어져 버렸다. 물방개가 올챙이를 다 잡아먹고 먹을 것이 없으니 날아가 버린 것이다. 올챙이가 사라진 사건은 굳이 생태 관찰을 위한 어항이 따로 필요 없을 시골 학교임에도 어항 하나씩 갖춰 두라는 행정 지시가 내려왔기 때문에 일어난 일로 여겨진다.

우리 논을 가자면 영동선 철길을 넘어가야 하는데, 이 철로는 논과 신작로에서 한참 높은 데 있어서 철둑이라고 불렀다. 우리는 논에서 일을 거들다 싫증 나면 철둑에서도 놀았다. 여기도 놀거리가 참 많았다. 지금 생각하면 위험천만한 일이었지만! 대못을 철로 위에 몇 개 늘어놓았다가 기차가 지나간 뒤 납작해진 못 가운데 반듯한 놈을 골라서 숫돌에다 일삼아 부지런히 간다. 오래 갈아서 날이 생기면 굵은 싸리나무같이 단단한 나뭇가지를 적당한 길이로 잘라서 가운데를 삼 분의 일쯤 가르고 날을 세운 납작한 못을 끼워서 철사로 꽁꽁 묶어서 칼을 만들었다.

철둑의 사방砂防을 위해 심어 놓은 댑싸리를 철둑싸리라고 불렀는데, 댑싸리의 어린 순을 꺾으면 연분홍빛 물이 나온다. 그것을 손톱에 여러 번 바르고 말리면 손톱에 분홍 물이 든다. 매니큐어인 셈이다. 중학교 들어갔을 때, 급우들이 조약돌 두 개를 주워서 문질러 갈아서 고운 가루를 내어 손톱에 자꾸 문지르는 것을 보았다. 한참 그렇게 문지르고 나니 손톱이 반들반들 빛나는 것이었다. 그것을 보니 손톱을 그렇게 문질러서 빛을 낸 뒤 댑싸리 순의 분홍 물을 바르면 좋겠다는 생각이 들었다. 그러나 청소년으로 자란 탓인지 그렇게 해 보지는 못했다. 나중에 동네 아이들한테 알려 줘야겠다고 생각했으나 그럴 기회도 얻지 못하고 말았다. 앞으로 어린 동무들하고 시골에 갈 기회가 있으면 알려 줄 생각이다.

이처럼 농촌 아이들은 모든 노리개를 직접 만들고 온갖 놀이를 생각해 내서 놀았다. 레고도 프라모델도 장난감도 없으니 뭐든지 손에 잡히는 것을 노리개로 삼았던 것이다. 창의성이란 이런 데서 생기는 것이지 특별히 교육을 한다고 해서 생기는 것은 아닐 터이다.

못줄을 잡거나 물고기를 잡고 놀다가 막걸리 심부름하는 것도 농촌 아이들한테는 누구나 어린 시절 한 번씩은 거쳐야 할 과정이다. 애초에는 일할 철에 먹을 술을 집에서 다 담갔다. 그러다가 밀주를 단속하기도 하고 지역마다 양조장이 생기고 술도가가 생겨서 마을마다 술을 공급하게 되어 필요한 술을 쉽게 살 수 있게 되자 집집이 일손을 더 효율적으로 쓰기 위해 우선 필요한 만큼만 술을 담그게 되었다.

 술을 담그는 일은 정말 손이 많이 가는 일이며, 농촌 여인네가 하는 일 가운데서도 힘든 일에 속했다. 우리 집에서도 한창 일할 철이면 여남은 살 어린 내 키만한 단지로 술을 담갔는데, 막걸리는 오래 보관할 수 없고 일할 때는 거의 물 마시듯 마셨으니 금방 동이 난다. 그래서 모내기를 하거나 나락을 베는 철이면 양조장과 술도가도 덩달아 바빠지고 아이들 술심부름도 잦았다.

 아이들한테 술심부름이 인상 깊은 까닭은 자라면서 술을 배우는 과정이기도 했기 때문이다. 일을 하는 어른들이 출출해져서 술심부름을 시킬 때면 물고기를 쫓던 우리도 배가 출출해진다. 뼈골에 사무치게 땀 흘려 일하는 어른들한테는 미안한 말이지만, 어쩌면 우리 배가 더 출출했을 것이다.

 아버지가 주전자를 들려서 술을 받아 오라고 시키면 술 주전자를 들고 오다가 한두 모금 먹어 본다. 어른들이 하도 맛있게 먹으니까! 대체 이게 무슨 맛이지, 왜 어른들은 이걸 그렇게 좋아하시지? 처음 맛을 볼 때는 시큼털털하고 얼큰해서 무슨 맛으로 먹나 하다가도 입안에 남은 술의 탄수화물 성분이 침과 섞여 달착지근해지면서 오묘한 맛이 되어서 또 한 모금 더 마시게 된다. 여남은 살 가까이 되어서 아예 술을 맛보는 데 이력이 나면 제법 술이 줄기도 한다. 그러면 길가에 있는 집에 들어가, 그 집도 일을 가기 때문에 거의 빈집인데, 펌프나 우물물을 섞어서 대충 양을 맞춰서 가져간다. 어른들도 마셔 보면 맛을 아니까 "술맛이 왜 이리 싱겁노?" "요새는 일 철이라 술이 달려서 그런 모양이지" 하면서도 속으로는 '이놈이 술심부름하다가 축을 냈구나!' 짐작하고, '하기야 배가 고 플 때도 됐으니⋯⋯.' 하면서 넘어간다. 내 초등학교 동창 여자아이 하나는 어릴 때 이웃집 동무가 술심부름 갈 때 심심하다고 같이 가자고 하면 "좀 주나? 주면 따라가고⋯⋯." 하는 식으로 타협을 보아 술심부름을 같이 다니며 꽤 여러 모금 얻어먹었다고 한다.

모내기를 할 무렵이나 벼를 벨 무렵이면 학교에서도 부모 일손을 도우라고, 가정실습이라고 정해서 며칠 동안 학교 문을 닫는다. 동네 형들이나 누나들은 이 틈에 모내기나 벼 베기를 거들고 꼴을 베어서 쇠죽을 끓여서 소를 먹이고 아기 보기를 하고 밥을 짓거나 반찬을 만들고 음식을 나르는 일을 돕는다.

이런 일들이 자질구레한 일 같지만, 날마다 살아가는 데 반드시 해야 할 일이고, 아이들이 이런 일을 도우면 한창 바쁜 농사철에는 크게 일손을 덕 보는 것이다.

모내기가 좀 늦어지면 유월 중순이나 하순까지도 모내기를 하게 되는데, 이 무렵이면 송충이도 기승을 부렸다. 요즘 사람들이 플라타너스나 다른 활엽수에 생기는, 털이 숭숭 난 애벌레를 다들 송충이라고 하는데, 이 애벌레는 송충이가 아니라 흰불나방애벌레이다. 송충이는 정말 보기에도 흉측하고 무섭게 생겼다. 검고 굵으면서 짧은 털이 숭숭 나 있고 몸 색깔도 나이에 따라 흰색이나 주황색 사이사이에 검은 줄무늬가 나 있어서 호랑이 같은 무늬. 털에 찔리면 가렵고 따갑고 퉁퉁 붓는다. 그러니 송충이에 견주면 흰불나방애벌레는 차라리 귀엽게 생겼다고 하겠다.

송충이는 솔나방의 애벌레인데, 일생동안 여러 번 잠을 자며 탈피하여 솔나방으로 우화한다. 애벌레 때 솔잎을 갉아 먹으며 소나무에 피해를 주는데 애벌레 한 마리가 갉아먹는 솔잎의 양이 엄청나게 많다. 송충이가 성한 해에는 온 산의 소나무가 벌겋게 말라 죽을 정도이다.

어른들 말을 들어보면, 송충이가 성한 해에는 이 산에서 솔잎을 다 갉아 먹으면 온 무리가 다른 산으로 옮겨 가는데 떼를 이루어 지나가기도 했다고 한다. 그래서 옛날에는 송충이 잡는 일이 산림 관리에 가장 중요한 일이었고, 주민을 동원하여 송충이를 잡았다.

정조 때 일이다. 정조는 아버지 사도세자의 능을 지금의 수원 화성에 조성하고 자주 참배하였다. 한번은 정조가 융릉에 행차하였는데, 능을 감싸고 있는 소나무 숲에 송충이가 기승을 부려서 소나무가 말라 죽어 가고 있었다.

아버지의 비운이 평생 가슴에 사무쳤던 정조는 근처 소나무 가지에 붙어 있는 송충이를 잡아서 삼켜 버렸다. "이놈아, 하필이면 비운에 가신 아버님 산소 근처 소나무의 솔잎을 갉아 먹어야겠느냐?" 하는 심정이었을 터이다. 그 이듬해, 정조가 융릉에 행차했을 때, 송충이가 한 마리도 없었다고 한다. 정조의 효심에 송충이도 감동했다는 얘기다.

야사에 전하는 이 일화가 사실일까? 물론 정조가 송충이를 삼킨 것은 있을 수 있는 이야기이다. 그러나 송충이가 정조의 효심에 감동하여 융

릉 근처에는 얼씬도 하지 않았을까? 정조의 행차에 수행했던 수원 유수와 휘하의 수령과 같은 벼슬아치들은 이 광경을 보고 민망하여 몸 둘 곳을 몰라 하고 육방의 구실아치, 좌수와 풍헌 같은 향촌의 장로들은 사색이 되어 부들부들 떨었을 것이다. 그리하여 이장을 닦달하고 주민을 동원하여 송충이 잡기에 나섰겠지. 성군과 명사또의 선정에 얽힌 감동적인 이야기에는 대개 이와 같은 배경이 있는 것이다.

어느 해 여름이었다. 초등학교 5, 6학년쯤이었을까? 그해에도 가뭄이 들었는지 모내기가 늦어져서 어른들은 바깥에서 살다시피 하면서 밤이면 물을 푸고 낮이면 모내기를 하였다.

이해에도 송충이가 기승을 부려서 학교에서도 고학년들은 한 손에는 석유가 반쯤 든 깡통을 들고 또 한 손에는 솜뭉치를 감은 막대기를 들고 이 산 저 산으로 송충이 잡기에 동원되었다.

그래도 송충이를 다 잡지 못하여 마을마다 구역을 할당하여 주민을 부역에 동원하였다. 한창 일할 철에 그것도 모내기가 늦어져서 노심초사하는 농민들한테는 부역 동원이 나랏일이라 하지 않을 수는 없지만, 여간 성가신 일이 아니었다. 그러나 부역에 동원되어도 늘 편법은 있게 마련이다. 한 집에서 누구라도 한 사람만 나가면 되는 것이다. 그래서 내가 나가기로 되었다. 면사무소의 우리 마을 분담 서기가 부역에 동원된 사람들을 모아 놓고 이름을 부른다. "김 아무개 씨!" 하고 아버지 함자를 부른다. 나는 "예!" 하고 대답한다. 아버지 함자에 내가 대신 대답하는 것이다. 그때 나는 우리 집을 대표하는 사람이 된 것이다. 한 사람 몫을 했다는, 또 집에 일이 있을 때 나름대로 도움이 되었다는 뿌듯함을 느꼈다.

의식주를 거의 모두 자급자족하던 농가에서 삼을 키워 실을 뽑고 옷감을 짜는 일은 여자의 일 가운데 가장 손이 많이 가고 힘든 일이었다. 물론 삼을 심고 가꾸고 수확하여 삶는 일까지는 남자가 하지만, 쪄낸 삼베 껍질을 벗겨서 올올이 째고 끝과 끝을 이어서 실로 만들고 베틀에 올려 삼을 짜는 일은 오롯이 여자의 몫이다.

삼을 심어 가꿔서 다 자라면 5미터까지 자라기도 하는데, 보통은 빽빽이 심어서 가지를 치지 못하게 하고 2, 3미터 정도 자라면 베어 내서 드럼통 같은 데 넣고 삶는다. 이것을 삼굿이라고 한다. 푹 삶아서 꺼내 날 좋은 날 바짝 말렸다가 흐르는 개울물에 담가서 떠내려가지 않도록 돌로 눌러 놓고 섬유질과 목질부가 잘 분리되도록 며칠을 둔다. 섬유질이 흐물흐물하게 물러졌다 싶으면 꺼내서 겉껍질을 벗겨 낸다.

겉껍질을 벗겨 낸 대는 겨릅대(마을에 따라 제립, 제릅, 저릅이라고 했다)라고 하는데 물기가 마르면 하얀색이 나며 복판이 비어 있고, 길이로 넉 줄이 나 있는데 마치 8자 둘을 반으로 갈라서 합쳐 놓은 듯한 모양으로 줄마다 속으로 움푹 패어 있으며 부러뜨려도 뚝 부러지지 않고 한쪽이 붙어 있기 쉽다. 가늘고 가벼워 한 데 엮어서 지붕을 이거나 헛간의 벽을 칠 때 쓰기도 하고 땔감으로 쓰기도 한다.

아이들은 이 겨릅대로 여러 가지 장난감을 만들어서 논다. 긴 겨릅대 한 끝을 삼각형으로 부러뜨려서 끝을 묶은 다음 삼각형 공간에 거미줄을 몇 차례 감아서 그것으로 잠자리나 매미를 잡기도 한다.

　또 여름날 이른 아침에 일찍 일어나 아침을 먹은 뒤 출출할 때, 지난밤 먹고 남은 삶은 감자를 쇠죽 아궁이에 살짝 구워서 겨릅대에 쿡 찔러서 골목길을 돌아다니며 들고 먹는다. 뜨거운 감자의 살짝 눌은 껍질은 출출한 배에 쫄깃하고 구수한 게 얼마나 맛있던지! 감자를 먹는 내 눈에 비친 골목 돌담에는 메꽃이 지천으로 줄기를 뻗어 피어 있었다.

　예전에 배고프던 시절에는 메꽃뿌리도 캐서 먹었다고 한다. 하기야 고구마도 메꽃과에 속하니 메꽃뿌리는 고구마의 할배나 증조할배쯤 되지 않을까?

　벗겨 낸 삼베 껍질은 두 가지 방법으로 길쌈을 한다. 안동을 중심으로 한 경상도 북부 지방에서는 '생내이' 라고 해서 삼베 껍질을 잿물이나 양잿물로 삶는(익히는) 과정을 거치지 않고 겉껍질을 벗겨 낸 속껍질만으로 바로 길쌈의 공정에 들어간다. 이렇게 짜낸 생내이 삼베가 바로, 그 유명한 '안동포' 이다. 물론 다른 지방에서 하듯이 겉껍질 채로 잿물로 익히는 과정을 거치는 '익내이' 도 있는데, 이것을 그 지역에서는 '무삼' 이라고 한다. 생내이와 달리 여러 번 물에 적셨다 말렸다 하는 과정을 반복하기 때문에 무삼이라는 이름이 붙었단다. 삼베 껍질을 잿물로 삶으면 섬유의 감촉이 부드러워진다.

　길쌈은 삼을 심어서 수확하여 섬유로 올올이 만들어서 베틀에 올려 짜기까지 수많은 공정을 거치며 베틀에 올려서 짜는 일도 오랜 시간이 걸리는 힘든 노동이다.

  그래서 고되고 어렵고 힘든 공정을 조금이나마 달래려고 온갖 베틀 노래가 생겨났다. 날실 사이사이로 북을 집어넣어 한 올 한 올 짜기 때문에 한 자를 짜는 데도 엄청나게 많은 시간과 노동이 필요하다. 맹자의 어머니가 짜던 베를 잘라서 어린 맹자를 훈계했다는 것은 사실 여부를 떠나서 그만큼 베 짜는 일이 품이 많이 들고 눈에 띄지 않는 노력을 많이 쌓아야 이루어진다는 사실을 말해 준다.

  삼베뿐만 아니라 누에고치로 실을 풀어서 짠 비단, 목화를 심어서 솜을 타서 실을 내어 짠 무명도 실을 잣기까지 과정이 다를 뿐 날실과 씨실을 엮어서 베틀에서 짜는 것은 마찬가지이다.

  내가 어릴 때는 이미 화학섬유도 보급되었기 때문에 누에는 주로 누에고치를 매상하여 목돈을 마련하기 위해서 치고, 목화는 이불솜을 만들거나 팔기 위해 심어 가꾸었다. 입을거리는 늘 마련하지 않아도 되지만, 먹을거리는 하루 한 때라도 없으면 안 되기 때문에 목화나 뽕은 식량을 마련하기 위한 작물을 심고 남는 자투리땅에 심거나 산지를 개간하여 심었다. 아버지도 아재와 함께 문중의 선산이 있는 '서풍바지' 밭 주변 빈터를 개간하여 목화를 심었다.

  목화는 꽃도 시집가려고 날 받아 놓은 누님처럼 소박하고 의젓하게 피지만, 꽃이 지고 꼬투리가 열려 벌어지기 전에는 씹으면 제법 달착지근한 맛이 난다. 목화의 꼬투리를 명다래라고 했는데, 명이란 무명, 곧 목면木棉이 바뀐 말이고, 다래란 말은 산에 나는 열매인 다래처럼 생겼기도 하거니와 맛도 달착지근해서 붙여진 이름이 아닐까 생각해 본다. 명다래를 주인 몰래 따 먹었는데 한창때 배고픈 아이들이 너무 많이 따 먹으면 목화 수확에 축이 날 정도였다.

농가의 한해살이는 일에서 일로 끝난다. 그래도 사이사이에 관혼상제의 의례가 잔치로 축제로 종교의례로 되풀이되고 절기와 명절, 웃어른의 생신과 회갑, 아기의 돌맞이, 풋굿으로 멀리서 가까이서 친지들이 모여 화합과 친목을 다지는 놀이와 휴식이 있었다. 이런 놀이와 휴식이 문화를 만들어 내고 마을의 전통을 전승해 왔다. 일도 놀이도 함께하면서 공동체가 줄기차게 이어졌던 것이다.

그런데 산업사회가 되면서 사람들은 농촌에서 도시로 나가고 도시에서도 뿔뿔이 흩어져서 살아간다. 더군다나 아파트라는 주거 공간은 위층과 아래층은 물론이려니와, 같은 층에 사는 옆집과도 두꺼운 벽으로 둘러쳐져 있어서, 마치 성냥갑을 포개 놓은 듯 서로 고립되어 살게 만들었다. 공동체가 없으니 공동의 놀이문화나 생활문화가 없어지는 것이다.

사람한테 문화가 없으면 짐승과 무엇이 다를까? 어쩌면 짐승들도 문화가 있는지도 모르겠다. 새들도 지역에 따라 사투리를 쓴다니 새들한테도 문화가 있는 것이 아닌가?

있는 그대로 그 모습

녹채鹿寨

빈산에 사람 모습 보이지 않는데
목소리만 두런두런 들린다
지는 해 그림자 숲으로 들어와
다시금 이끼 낀 바위에 비친다
空山不見人 但聞人語響
反景入深林 復照靑苔上

    왕유의 시이다. 녹채는 왕유가 살던 망천輞川이라는 곳에 있는 땅이름이다. 빈산에 사람 모습은 보이지 않고 사람 말소리의 울림만 들려온다. 말소리가 또렷이 들렸다면 사람의 의식을 자극하겠지만, 사람의 말소리가 아니라 말소리의 음향만 두런두런 들려서 겨우 누군가 움직이는 존재가 있다는 것만 느낄 수 있을 뿐이다.
    사람이 없는 빈산은 적막寂寞한 공空의 세계이다. 그러나 절대 진공眞空의 세계는 아니다. 텅 비었다지만, 사실은 나무도 풀도 꽃도 새도 흐르는 물도 있는 그대로 산의 모습이다.

그런데 왜 비었다고 했을까? 사람의 의식이 투영되지 않은 여여如如한 세계는 모든 것이 있어도 실상은 없는 것이나 마찬가지이기 때문이다. 색色이 공空이고, 공이 색인 세계이다. 그렇다면 있는 것과 없는 것은 같은 것이 되겠다. 공과 색, 정과 동, 없음과 있음의 경계는 무엇일까?

우리의 의식은 얼마나 분별을 하는가? 그것도 사람 위주로! 영국인가 어느 곳의 입심 좋은 사람이 이런 말을 했다.

"젖소는 왜 젖꼭지가 넷인지 아는가? 둘은 송아지한테 젖을 주고 둘은 사람한테 우유를 제공하라고 하느님이 그렇게 창조했기 때문이다."

우스개이기는 하지만, 전형적인 사람 위주의 사고방식이다.

나무로 풀로 갖가지 꽃들로 덮여 있고 새와 짐승과 바위와 물을 간직한 산이라도 사람이 없으면 빈산이 된다. 그러나 산은 산이고 물은 물이다. 산은 수천 년 수만 년 그 자리에서 그렇게 있어 왔고, 물은 물대로 수천 년 수만 년 골짜기를 흘러왔다.

있는 그대로 그 모습이다. 그 산에서 나무와 꽃과 풀은 자라고 새들이 둥지를 틀고 짐승이 풀을 뜯는다. 그 물에서 물고기와 물에 사는 갖가지 벌레가 헤엄치고 가재가 바위 사이에 숨고 물풀이 바위에 뿌리를 서려 살아간다.

왠지 이 시는 읽을 때마다 늦여름을 느낀다. 늦여름 아니면 초가을이라 해도 좋겠다. 지는 해 그림자가 깊은 숲을 침범하는 때라면……. 늦여름 오후 점차 넘어가는 햇살이 숲을 뚫고 들어와 물이 뚝뚝 듣는 이끼

긴 바위를 비추고 간다. 가재도 사람의 손길을 타지 않아서인지 바위에까지 기어 올라와 볕을 쬔다. 뜨거운 열기도 계곡의 시원한 물을 이기지 못한다. 바위에 걸터앉아 발을 담그면 그대로 '고사탁족도'의 주인공이 된다.

이 시는 매우 단순한 듯하면서도 아주 절묘한 기교를 부리고 있다. 눈으로는 사람이라고는 보이지 않는 빈산에 귀로는 사람 말의 울림이 들려온다. 시각으로는 보이지 않으나 청각으로는 존재를 느낀다.

그러니 없는 것이지만, 있는 것이다. 보이는 사람은 아무도 없으니 정靜의 세계인데 말의 울림이 들려서 동動의 세계로 변한다. 정이 깨어지고 동이 된다. 정과 동의 경계를 '들린다(聞)'는 한 마디로 허물어 버린다. 그러고서 깊은 숲의 그윽함 또는 어둠을 지는 해의 한 줄기 빛으로 밝게 만든다. 정에서 동으로, 어둠에서 밝음으로, 청각에서 시각으로 시경詩境을 순식간에 변화시킨다.

이 시를 쓴 왕유는 수묵과 옅은 담채를 주로 하는 남종 산수화의 창시자 가운데 한 사람이다. 그래서인지, 이 시는 화려한 기교도 없고 소재도 단순하고 시어도 소박하지만, 읽을수록 정감이 드는 시이다.

정말 늦여름 깊은 산에 들어 시냇가에 혼자 앉아 호젓하게 오후 시간을 보내 본 사람이라면 이 시의 맛을 잘 느낄 수 있을 것이다.

구름에 몸을 숨기다

은자를 찾아갔다 만나지 못하고서(尋隱者不遇)

소나무 아래에서 동자에게 물었더니
스승님은 산에 약을 캐러 가셨다네
이 산중에 계시기는 하지만
구름이 짙어 계신 곳을 모른다고
松下問童子 言師採藥去
只在此山中 雲深不知處

가도賈島의 시이다. 어릴 때, '새소년'이라는 잡지사에서 만화와 소년소설, 실화 같은 어린이들이 읽고 즐길 수 있는 책을 발간하였다. 이 가운데「웃으며 생각하며」,「꿈꾸는 해바라기들」이라는 동화집이 있었다. 이 책들은 교사 출신 아동문학가 이영호가 교사 시절에 겪은 일들을 콩트 형식으로 소년잡지에 연재한 것을 묶어서 펴낸 것이다. 이 책은 전기도 들어오지 않던 시절 심심산골 초등학교 아이들의 때 묻지 않은 일상을 재미있게 담고 있었다. 몇몇 이야기는 지금도 또렷이 생각난다. 거기에 그려진 삽화와 함께. 그 가운데 이런 이야기가 있었다.

시골 어느 초등학교에서 있었던 일이다. 선생님이 연구 수업을 한다고 아이들한테 노래인지 시인지를 하나씩 외어서 발표할 준비를 해 오라고 시켰다. 며칠 뒤, 연구 수업 날이 되었다. 교실 뒤편에는 학부모들이 빽빽이 들어와서 수업을 참관하였다. 선생님이 몇몇 아이들한테 차례로 발표를 시켰는데, 어느 교실에나 늘 있는 문제의 그 학생 차례가 되었다.

이 녀석은 갑자기 헛기침을 몇 번 하여 목청을 가다듬더니 책상을 탁탁 치면서 장단을 맞춰 가면서 한 곡조 뽑는다.

"송화에 무운 동자하니 언사이 채약거라……."

뒷줄 학부모들도 앞자리에 앉은 학생들도 키득키득 웃기 시작하여 마침내 읊조림이 끝날 때쯤 교실이 웃음바다가 되었다. 아무리 전기가 들어오지 않은 그 옛날 산골 초등학교에 학부모들 가운데 문맹자가 적지 않았던 시절이라 하더라도 창가唱歌인지 신식 노래인지 한두 곡은 알고 있었을 터이니 노래와 한시나 시조창을 구별할 줄 모르는 사람은 없었으리라.

선생님이 그 아이한테 어찌된 영문인지 물었겠지. 무안해진 그 녀석이 한다는 말. 할배한테 시를 가르쳐 달라고 했더니 할배 말씀이, "시라 하는 것은 시가인즉, 시가란 모름지기 점잖게 이런 것을 읊조려야 하느니라!" 하고 가르쳐 주어서 꿀밤을 몇 대 맞아 가며 밤새 배워서 익혔다는 것이다.

작가 이영호가 1950년대 후반에서 1960년대 초반에 경상남도 함안 지역에서 초등학교 교사를 지냈다니 아마 그 무렵에 있었던 일이겠다.

아무튼, 그 할배가 밤새 가르쳐 준 시가라는 것이 바로, 가도賈島의

'심은자불우尋隱者不遇'라는 이 시였다. 이 이야기가 하도 재미있고, 인상이 깊이 남아서 전체 시를 처음 접하자 바로 머리에 쏙 들어왔다. 작은 암자에서 가끔 이 시를 화제畫題로 그려 놓은 탱화를 볼 수도 있다.

요즘은 초등학교 수업 시간에 '시조'를 어떻게 배우는지 모르겠지만, 초등학교 3학년 때인가 할 무렵 처음 시조라는 장르를 배웠다. 시조의 형식을 가르쳐 준 다음 선생님께서 다음 날까지 시조 한 편씩 지어오라고 숙제를 냈다. 다음 날, 숙제 검사를 하였는데 똑같은 내용으로 시조를 써 간 아이들이 제법 많았다. 앞으로 불려나가 화끈하게 맞았다. 그들이 똑같이 써 간 시조는 다음과 같았다.

국화야 너는 어이 삼월동풍 다 보내고
낙목한천에 너 홀로 피었나니
아마도 오상고절은 너뿐인가 하노라.

어떤 녀석은 '오상고절'을 '호상고절'로 베끼고, 어떤 녀석은 '너 홀로 피었나니'를 '너 홀로 피었느냐', '너 혼자 피었느냐' 따위로 살짝 바꿔서 베끼지 않은 척하였다.

선생님이 진상을 조사했더니, 글쎄 곽영서라는 아이가 주동이 되어서 자기 집 거실에 걸려 있는 액자를 몇 명이 함께 베꼈고, 그것을 다음 날 수업 전에 숙제를 못 해 온 다른 아이들이 돌려가며 급히 베꼈던 것이다.

책을 마치며
달밤에 아우를 그리며

초고가 책의 꼴을 갖추려고 하는 즈음에 후기를 쓰려고 하니 온갖 상념이 뭉게뭉게 이는 구름처럼 일었다 스러졌다 한다. 처음 계간지 「귀농통문」에 한 철에 한 편씩 글을 쓸 때부터 연재가 끝난 뒤 반나마 원고를 새로 덧붙여 매듭지을 때까지 나는 참 많은 일을 겪었다.

아버님, 넷째 여동생, 둘째 아우, 할머니 그리고 마침내 셋째 아우까지 먼 길을 떠나보냈다. 그래서 후기를 대신하여 내 심경을 술회하고 올해 세상을 떠난 셋째 아우의 추억을 짤막하게 덧붙여 이 글을 마무리하는 갈음으로 삼을까 한다.

두보는 이맘때를 소재로 한 유명한 시 두 편을 남겼다. 하나는, 1970년대 중학교를 나온 사람이라면 누구나 입에 읊조릴 수 있는 한시 한 구절, '속대발광욕대규束帶發狂欲大叫'라는 구절이 들어 있는 '초가을 더위에 괴로운데 책상에는 서류만 쌓인다(早秋苦熱堆案相仍)'라는 시이고, 또 하나는 '달밤에 아우를 그리며(月夜憶舍弟)'라는 시이다.

초가을 더위에 괴로운데 책상에는 서류만 쌓인다(早秋苦熱堆案相仍)

7월 엿새 무덥게 찌는 날씨에
밥상을 대하고도 몇 술 뜨는 둥 마는 둥
밤마다 모기가 성가시게 하더니
가을이 되었는데도 파리가 더욱 기승을 부린다
관복 입고 앉았으니 미칠 듯 소리라도 지르겠는데
이놈의 문서는 어찌 이리 득달같이 이어지나.
남쪽 골짜기 푸른 솔을 바라봄에
맨발로 얼음장을 밟을 수 있다면
七月六日苦炎蒸 對食暫餐還不能
常愁夜來皆是蝎 況乃秋後轉多蠅
束帶發狂欲大叫 簿書何急來相仍
南望靑松架短壑 安得赤脚踏層冰

이 시는 두보가 화주華州의 지방관으로 좌천되어 부임하여 업무를 볼 때 지은 시이다.
이 글을 쓰는 오늘이 음력 7월 열여드레이니 7월 엿새는 지나고도 한참 지나 예전 같으면 정말 가을 정취가 익어 갈 텐데 근년에는 어인 일인지 아침저녁 햇빛과 노을은 가을이어도 기온은 여전히 무덥고 짜증 나는 늦더위 그대로다. 아마 두보가 느꼈을 7월 엿새의 '고염증'이 요즘 우리가 느끼는 '고염증'일 터이다. 그래서 조금 억지스럽지만, 7월 엿새를 소재로 한 시를 열여드레 이맘때 분위기로 읽는다.

 이 시의 배경은 이러하다. 당 현종 천보天寶 14년(755) 11월에 안녹산安祿山은 지금의 북경 지역에서 반란을 일으켜 한 달 남짓 만에 낙양을 함락하였다. 이듬해에 반군은 여세를 몰아 장안으로 진격하였고, 두보는 가족을 거느리고 피난을 하여 천신만고 끝에 섬서성 부주鄜州에 도착하여 성 밖 강촌羌村에 식구를 안돈시킨다.
 안녹산의 반군이 장안으로 들이닥치자 현종은 촉蜀을 향해 도망을 친다. 현종의 피난 행렬이 마외역馬嵬驛에 이르렀을 때, 수레를 호위하던 장수와 병사가 반기를 들어 양귀비와 그 일족을 모두 처단하고 이들을 무마하여 현종의 행렬은 다시 촉으로 향한다. 반군에 대항하기 위해 현종이 도성 장안에 남겨 놓은 태자가 영무靈武에서 즉위하였는데 그가 숙종이다.
 숙종이 즉위했다는 소식을 들은 두보는 인재가 필요한 난세에 지식인으로서 가만히 있을 수 없다는 생각에 식구를 남겨 두고, 숙종이 있는 행재소인 영무로 가다가 반군한테 붙잡혀 장안으로 압송된다. 다행히 직책이 낮았던 두보는 장안에 억류되기는 하였으나, 포로 신세는 면하여 성내를 다닐 수는 있었다.
 두보는 성내를 돌다가 현종이 버리고 간 왕손王孫을 우연히 마주치기까지 하였다. 장안을 거점으로 한 반군과 관군의 전투에서 잇달아 관군이 패하면서 장안에 억류된 두보는 더욱 비탄에 잠겨서 나라와 인민의 앞날을 근심 걱정한다. 그러다가 숙종 지덕至德 2년(757), 행재소가 장안에서 더 가까운 봉상鳳翔으로 옮겨 왔다는 사실을 알게 된 두보는 치밀한 계획을 세워서 탈출을 감행한다. 두보는 무사히 탈출에 성공하여 숙종을 배알하였고, 두보의 충정衷情에 감동한 숙종은 그에게 간관의 벼슬인 좌습유左拾遺를 제수하였다.

이해 10월에 관군이 장안을 수복하여 두보는 11월에 식구를 장안으로 데려온다. 그리고 12월에는 현종이 촉에서 장안으로 돌아온다. 현종이 장안으로 돌아온 뒤, 숙종과 현종의 구세력 사이에 권력 암투가 일어나서 숙종은 재상 방관房琯을 비롯한 현종의 구신을 제거한다.

이에 두보는 간관으로서 이 처사에 대해 비판을 하여 숙종의 미움을 사고 마침내 이듬해 건원乾元 원년(758) 6월에 화주의 지방관으로 좌천된다. 두보가 좌습유의 직책에 있었던 기간은 겨우 1년 남짓이었다.

이 시는 지방관으로 좌천된 억울한 심정과 익숙하지 않은 업무를 물러가지 않고 괴롭히는 초가을의 늦더위에 실어서 표현하고 있다. 이 시의 '속대발광욕대규束帶發狂欲大叫' 라는 구절은 바로 "'서중자유천종록書中自有千鍾祿' 이란, 실리주의에 밝은 중국 사람들에게 있을 법한 설법이렷다. 그러나 '속대발광욕대규' 란 형용이 한 푼의 에누리도 없는 삼복 허리에, 만종록萬鍾祿이 당장 무릎 위에 떨어진다기로서니, 독서삼매讀書三昧에 들어갈 그런 목석연木石然한 사람이 있으려고? 너무도 자아류自

我流의 변설辯說일는지 모르나……"라고 국어학자 이희승이 쓴, 청추수제清秋數題라는 제목 아래 한 동아리로 수록된 아주 짤막한 수필 몇 편 가운데 '독서'에 인용되어서 아주 유명해졌다. 아마도 두보라는 시인을 모르는 사람이라도 이 시구는 기억날 터이다.

'달밤에 아우를 그리며'는 두보가 화주의 지방관 직책을 사직하고 식구를 데리고 진주秦州에 이주하여 있을 때 쓴 시이다.

달밤에 아우를 그리며(月夜憶舍弟)

북소리에 인적은 끊어지고
변방의 가을 외로운 기러기 소리
이슬은 오늘 밤부터 내리는데
달은 고향의 그 달처럼 밝기도 하다.
아우들 모두 흩어지고
생사를 물어볼 집이 없구나.
편지를 부쳐도 닿을 길 없고
하물며 전란이 아직 끝나지 않았으니.
戍鼓斷人行 邊秋一雁聲
露從今夜白 月是故鄉明
有弟皆分散 無家問生死
奇書長不達 況乃未休兵

두보의 이 시를 굳이 후기를 대신하여 든 까닭은, 이 시가 지금 내 맘을 가장 잘 드러냈다고 보기 때문이다. 두보한테는 네 아우가 있었다. 그런데 전란 통에 뿔뿔이 흩어지고 막내아우만 진주에 함께 들어왔다. 백로절 밤에 기러기 울음소리는 들려오고 달은 '고향의 그 달처럼' 휘영청 밝아서 아우들 생각이 간절하다. 전란이 아직 끝나지 않아 편지를 주고받을 수도 없고 생사를 물어볼 만한 연고도 없다.

'달은 고향의 그 달처럼 밝다'는 구절은 객지에서 고향을 그리워하는 나그네의 마음을 대변하는 구절이 되어 오늘날도 애송된다. 이제는 밤이 되어도 아무도 달을 보지 않지만, 어두운 밤에 오로지 달을 보고 살았던 옛날 사람들에게는 달이야말로 멀리 떨어진 그리운 이들을 서로 비춰 주는 거울이었다. 오늘 밤 저 달을 그리운 그 사람도 나처럼 보고 있겠지. 저 달을 보면서 저 하늘 어느 아래에선가 그 사람도 오늘 밤 여기서 달을 보며 내가 그를 생각하듯 그도 나를 생각하겠지 하고서.

나에게도 여동생을 합하여 네 아우가 있었다. 그런데 이제는 두보처럼 나에게도 막내만 남았다. 8년 동안에 둘째, 셋째 두 아우와 넷째 여동생이 동기를 버리고 저세상으로 갔다. 둘째는 자식이 없어 그나마 홀가분하게 고통스러운 이 세상을 버렸겠지만, 셋째와 넷째는 아직 어린 조카들을 두고 갔으니 눈인들 온전히 감았을까!

이 글을 쓰고 있는 지금 눈물이 흐르는 것은 이미 적잖은 나이가 되어 안질이 침침해서 그런 것만은 아닐 터이다. 아버지가 돌아가신 그해 늦여름, 넷째가 먼저 떠나고 이태 뒤 둘째가 떠났을 때까지도 셋째가 있어서 힘이 되어 주었다. 그런데 올해 2월, 오랜 기침이 심상찮다고, 이전에도 몇 차례 심상치 않은 징조가 있어 채근하다가 고집을 부려서 검진을 더는 권하지 못하던 나와 아내가 밤중에 찾아가 사생결단으로 강권하여 병원에 데려갔더니 이미 손을 쓸 수 없는 상황이었다.

넉 달 남짓 나날이 사그라지는 기력과 꺼져 가는 눈의 총기를 보면서 지푸라기라도 잡는 심정으로 팔을 잡아끌며 "우리 아들 좀 살려 주소!" 하고 매달려 어린 간호사를 난처하게 만들던 어머니와 날개가 꺾인 새의 처지가 된 나와 막내아우의 안타까운 마음을 멍한 눈으로 보며 꺼져 가는 숨을 몰아쉬다가 어느 무더운 여름날 눈을 감고 사흘째 되는 먹구름이 짙게 깔린 날, 한 줄기 잿빛 연기로 화하여 날아가고 한 줌 뼛가루만 고향 집 뒷산 아버지 산소 발치에 골호骨壺에 담겨 묻혔다.

자식을 둘이나 앞세우고 그나마 셋 남은 아들로 위안을 삼던 칠순 어머니는 이제 하도 기가 막혀서인지 눈물도 그다지 보이지 않으셨다. 30여 년 전, 마당가 텃밭 앞에서 다섯 남매를 앞세우고 앉아 사진을 찍을 때는 이 세상에 부러울 것 없던 어머니였지만, 일흔 노경에 해로할 아버지도 없고 자식 셋을 앞세웠으니 이제 흘릴 눈물이 남아 있기나 하랴! 나도 늙은 어머니 가슴을 도려 낸 아우가 괘씸하여 이를 악물었다. 돌아가신 아버지보다 연세가 네댓 살이 많은 재종형님은 유달리 우리 집에 연이은 재앙에 한숨만 쉬며 어이가 없어 하였다.

셋째는 우리 형제 가운데서 키도 크고 가장 잘 생겼으며 마음도 곱고 유달리 잔정과 인정이 많았다. 어려서부터, 본능적으로 고기를 탐하는 나이에도 닭이나 토끼를 잡는 것을 보고는 고깃국을 먹지 못하였다. 남달리 새암(샘)이 많고 섬세한 사치심이 있어서 옷차림이나 몸 가꾸기에 깨끗하고 고운 것을 좋아하였다. 학교 공부는 그리 잘하지 못하였지만, 목소리가 좋아서 노래를 잘 불렀고 친구들 사이에 의리와 정이 많았다. 고집이 세어서 남의 말을 잘 듣지 않았지만, 남을 나쁘게 말할 줄 모르고 남의 어려운 일을 내 일보다 먼저 하려고 하였다.

그러나 세상 물정에 빠르게 적응하지 못하고 부딪히는 문제에 적절하게 대처하지 못하여 식구한테 어려움을 주기도 하였다. 여러 번 세상에 실망하고 속고서는 삶에 희망과 낙을 느끼지 못하였다. 내밀한 고독을 처자식과도 나누지 못하고 심신의 아픔을 동기들한테도 털어놓지 못하고서 일을 마치면 집에 와서 늘 술만 벗 삼다가 아주 생을 마쳤다. 그 고운 마음의 결에 차라리 저승에서나 남한테 기만당하지 않고 편히 쉴 건가!

사마천은 백이와 숙제의 전기를 쓰면서 이렇게 마무리하였다.

"…… '군자는 죽은 뒤에 이름이 드날리지 않을 것을 싫어한다' 하였다. 가의賈誼가 말하기를 '탐욕스러운 자는 재물을 따라 죽고 열사는 이름을 따라 죽으며 권세를 탐하여 뽐내는 자는 권세를 따라 죽는다. 보통 사람은 오로지 목숨에만 매달린다' 하였다. '같은 광명은 서로 비추어 주고 같은 무리는 서로 어울린다' 하고, '구름은 용을 따르고 바람은 범을 따른다. 성인이 세상에 나타나자 만물의 본질이 드러났다' 고 하였다. 백이와 숙제는 비록 현인이었지만, 공자를 통해 이름이 더욱 빛났고,

안연은 비록 독실하게 학문을 하였지만, 공자 덕분에 행실이 더욱 돋보이게 되었다. 바위굴에 사는 선비라도 이처럼 때에 따라 알려지기도 하고 잊히기도 하는데 이름이 사라져서 남들이 일컫지 않는다면 얼마나 슬픈 일인가! 촌구석에 사는 사람이 품행을 닦아서 이름을 세우고자 하더라도 학식과 덕망이 높은 사람에게 붙지 않는다면 어떻게 후세에 이름을 떨칠 수 있겠는가!"

사마천이 안연을 일컬은 내용의 원문을 글자 그대로 번역하면 '안연은 비록 학문을 독실하게 하였지만 천리마(驥)의 꼬리에 붙어서 행실이 더욱 드날리게 되었다'로 된다. 이 구절의 주석에 '파리는 천리마의 꼬리에 붙어서 천 리를 간다는 말로서 안연이 공자 덕분에 이름을 드날리게 되었음을 비유한다'고 하였다. 그리하여 기미驥尾라는 말은 뛰어난 사람의 뒤를 따른다는 말로도 쓰인다.

그러나 백이와 공자, 안연과 공자를 생각할 때 만일 공자가 현양하지 않았더라면 백이가 명예를 얻었겠으며, 공자가 칭찬을 하지 않았더라면 안연의 덕이 지금까지 전해졌을까! 이름이 현저한 사람 때문에 주위에 있는, 관련이 있는 사람의 이름도 덩달아 알려지기도 한다. 그러나 내가 어찌 아우의 이름을 드러낼 만큼 덕과 이름이 유명한 사람이겠는가!

다만, 이 책이 제 생명을 다하고 변두리 헌책방에 뒹굴더라도 이 책이 전해지는 한 아우의 이름은 남아 있기를 바란다.

아! 나는 이제 엄지손가락과 새끼손가락만 남고 가운데 세 손가락을 잃어버린 손과도 같다. 나무라면 같은 뿌리에서 함께 벋어난 가지가 부러졌고 새라면 한쪽 날개 죽지가 부러졌다. 어느 동기인들 잃으면 아프지 않으랴만, 다른 아우를 잃었을 때보다 더한 아픔을 느낀다. 서로 처자식을 둔 뒤로 가장 나를 따랐던 아우이기 때문이다.

이 책으로 亡弟 學生 英陽 金泰雄의 魂靈을 위로하며 슬하의 두 아들 裕鎰, 銘鎰의 앞날을 기원한다.

2012년 9월 14일(壬辰年 七月 十八日) 이 글을 시작해
11월 18일 밤 11시 30분에 마친다.
광주 지혜학교 철학교육연구소 연구실에서 亡弟의 박복한 형이 쓴다.

참고도서

「단연여록丹鉛餘錄」, 양신楊愼, 사고전서본.
「어우야담」, 유몽인, 돌베게, 2006
「이옥봉의 몽혼」, 하응백, 휴먼앤북스, 2009
「한국한시작가열전」, 송재소, 한길사, 2011.
「한시 바로 보기 거꾸로 보기」, 이숙희, 역락, 2004.
「당시감상사전唐詩鑑賞辭典」, 상해사서, 2004.

소개한 시의 출전은 일일이 밝히지 않는다.